고구려가
왜 북경에 있을까

저자 소개

김호림(jinhulin01@126.com)

연변조선족자치주 소재지 연길의 근교에서 출생했다. 대학을 졸업한 후 북경의 언론사에서 근무하고 있다. 평양 중앙방송과 서울 조선일보에서 연수를 마쳤다. 이민 3세로 '나'이기도 한 조선족의 뿌리를 찾아 대륙의 방방곡곡을 답사하고 있다.

그동안 보고 들은 이야기를 정리하여 『반도의 마지막 궁정 점성가 : 단군부족의 비록』(2020), 『여섯 형제가 살던 땅 그리고 고려영』(2018), 『『삼국유사』, 승려를 따라 찾은 이야기』(2017), 『조선족, 중국을 뒤흔든 사람들』(2016), 『대륙에서 해를 쫓은 박달족의 이야기』(2015), 『연변 100년 역사의 비밀이 풀린다』(세종도서 교양부문 선정 도서, 2013), 『고구려가 왜 북경에 있을까』(2012), 『간도의 용두레 우물에 묻힌 고구려 성곽』(2011) 등을 책으로 묶어냈다.

고구려가 왜 북경에 있을까
ⓒ 김호림 2012

초판 1쇄 발행 2012년 3월 28일
초판 2쇄 발행 2021년 12월 13일
초판 3쇄 발행 2023년 4월 24일

지 은 이 김호림
펴 낸 이 최종숙

책임편집 이태곤
편   집 권분옥 임애정 강윤경
디 자 인 안혜진 최선주 이경진
마 케 팅 박태훈

펴 낸 곳 글누림출판사/ 서울시 서초구 동광로46길 6-6 문창빌딩 2층
전   화 02-3409-2055 FAX 02-3409-2059
이 메 일 geulnurim2005@daum.net
홈페이지 www.geulnurim.co.kr
등   록 2005년 10월 5일 제303-2005-000038호

ISBN 978-89-6327-188-0 03910

정가 20,000원

* 이 책의 판권은 지은이와 글누림출판사에 있습니다. 서면 동의 없는 무단 전재 및 무단 복제를 금합니다.
* 잘못된 책은 바꿔 드립니다.

옛 만주국 지도
하북성 동부지역을 망라하고 있으며 옛 지명이 남아 있다.

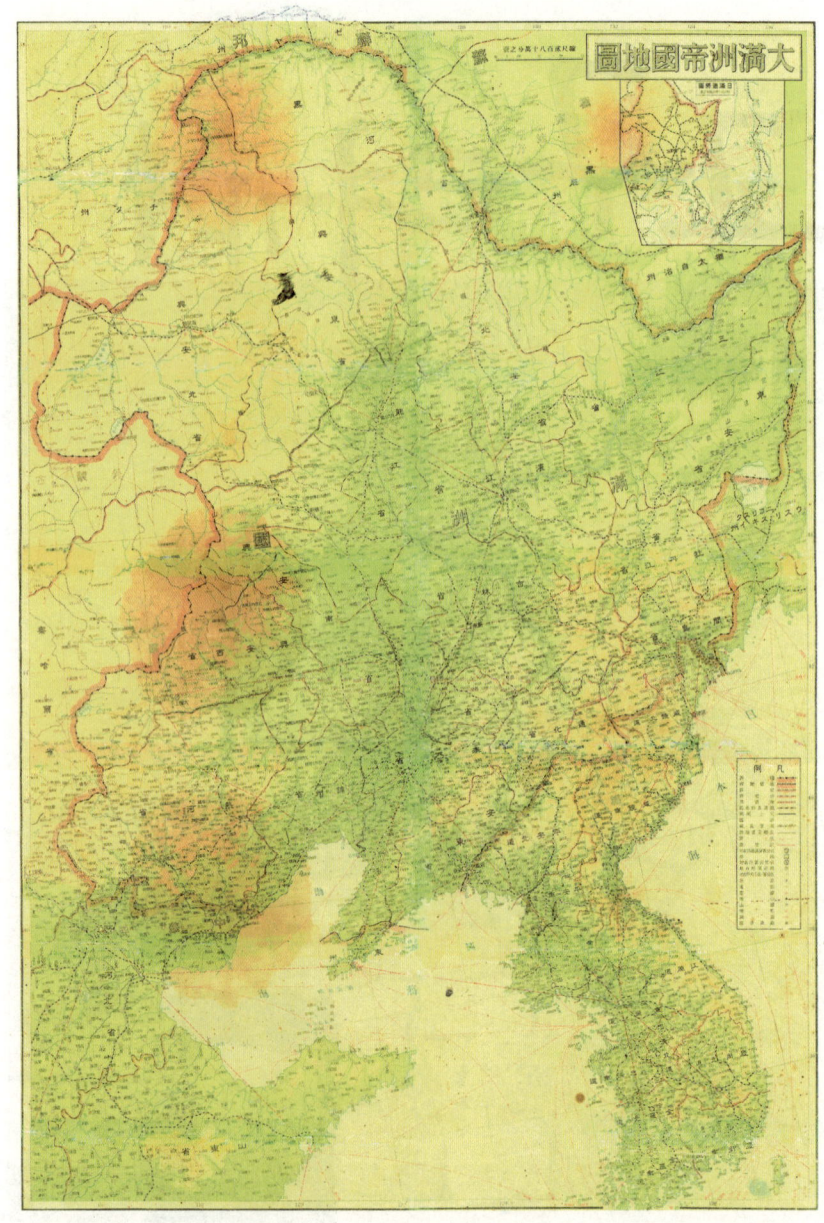

책머리에

지명을 따라 찾은 전설 같은 고구려의 이야기

북경에는 황제가 살았다고 하는 자금성紫禁城 못지않게 엄청난 호기심을 끄는 게 있다. 바로 북경 근처에 나타나고 있는 '고려'라는 이름의 지명들이다. 북경 동쪽 근교에 고려마을이라는 의미의 '고려장高麗庄'이 있으며 북쪽 근교에 고려군대의 주둔지라는 의미의 '고려영高麗營'이 있다.

나중에 알고 보니 지명 '고려장'과 '고려영'에서 등장하는 '고려'는 고구려의 약칭이었다. 고구려가 어찌하여 이역의 수도까지 와서 마을을 짓고 군영을 설치하였을까…… 그 뒤에 숨은 이야기를 찾기 위해 시작한 답사는 현재까지 장장 10여 년의 긴 여정으로 이어지게 되었다. '고려'라는 이름의 지명이 한두 개에 그친 게 아니라 마치 넝쿨에 매달린 열매처럼 연달아 나타났던 것이다. '고려포高麗浦', '고려동高麗洞', '고려정高麗井'…… '고려'라는 이름은 중국 대륙의 한복판에도 박혀 있었다. 양자강揚子江 일대의 옛 수도 남경南京에 '고려산高驪山'이 있었고 진시황秦始皇의 병마용兵馬俑으로 유명한 서안西安에 '고려거高麗渠'라는 마을이 있었다.

처음에는 산해관 남쪽에서 나타나는 이런 지명을 모두 당나라 때 이주, 유배되었던 고구려 유민과 포로들의 흔적 정도로 여겼다. 그런데 '고려'라는 이름의 지명 전부를 그렇게 쉽게 해석할 수 있는 게 아니었다.

하나의 예로 '고려성高麗城'을 당나라에 끌려온 고구려 유민이나 포로들의 거주지라고 하는 것이다. 솔직히 '고려성'을 '고려인 수용소'로 우기는 이런 황당한 주장은 억지라고 볼 수밖에 없다. 당시에는 '성城', 다시 말하면 성의 영향력 범위를 그 나라의 영토로 확정지었기 때문이다.

지명은 토착 원주민들의 생활의 반영이라는 역사성을 지니고 있다. 지명에 얽힌 이야기들은 단순한 전설이나 민간설화가 아니라 그 고장의 진실한 역사를 투영하고 있다. 역사적 사건은 지명으로 인하여 문헌보다 더 오랫동안 또는 뚜렷하게 남게 된다.

산해관 남쪽에 남아 있는 '고려'의 지명은 백의겨레의 고대사에 얽힌 많은 비밀을 풀어나갈 수 있는 키워드의 역할을 하고 있었다. 여기에서 '고려'라는 이름이 들어 있지 않는 다른 지명도 간과할 수 없었다. 그것은 적지 않은 지명이 고구려와 직·간접적인 상관관계를 맺고 있기 때문이다. 더구나 사료가 몹시 결여된 상황에서 이런 지명의 역할은 극명하게 두드러지고 있었다.

옛 지명을 추적하는 현장에는 고구려인은 물론 고구려와 떨어질 수 없는 인연을 맺고 있는 전대前代의 상商나라 유민과 후대後代의 발해 사람들이 나타나고 있었다. 고구려의 적석총이 있었다고 하는 '고려성'이 있었으며 기자箕子가 살고 있었다고 하는 '조선성朝鮮城'이 있었고 말갈靺鞨인들이 와서 이뤘다고 하는 마을 '발해진渤海鎭'이 있었다. 또 고구려와 같은 시대의 신라인들이 살고 있던 신라채新羅寨가 있었다.

한편 고구려와 아무런 연줄이 없는 것 같은 지명도 적지 않았다. 하북성河北省 동부의 신나채新挪寨는 새로 옮긴 마을이라는 의미로, 실은 당나라 정관貞觀연간(627~649년) 지금의 노룡현盧龍縣 진관향陳官鄕 지역에 살고 있던 고구려인들이 한데 모여서 생긴 마을이라고 한다. 또 하채下寨 마을은 군영을 세운다는 의미로, 당나라 설인귀薛仁貴의 군대가 요동으로 고구려를 치러 갈 때 동쪽의 토이산兎耳山을 공략하기 위해 이곳에 주둔했다고 해서 지어진 이름이라고 한다. 옛 지명에는 그야말로 전설 같은 고구려의 이야기가 살아 숨 쉬고 있었다.

당시의 영토는 고정불변한 것이 아니었다. 진한秦漢 이래 황하黃河 이북 특히 하북성 지역은 삼국三國, 동진東晉과 서진西晉, 5호16국五胡十六國, 남북조南北朝 등 여러 시기에 걸쳐 퍼즐처럼 사분오열 되었다. 중원은 수시로 군웅이 각축하는 혼란한 국면에 빠졌고 또 북방민족의 정권과 밀고 당기는 쟁투를 빈번하게 벌였다. 따라서 이 지역의 귀속은 춘삼월의 날씨처럼 변화무상하였으며 서로의 경계가 톱날처럼 들쭉날쭉하였다. 고구려 역시 여러 시대나 사회에 따라 강역이 동서로 넓어지기도 했고 또 남북으로 좁아지기도 했다. 이 와중에 산해관 남쪽에 나타나는 유수의 '고려성'은 고구려가 분명히 어느 한 시기 하북성의 많은 지역을 실효적으로 지배했다는 증거물로 된다.

18세기 사절단의 일원으로 중국을 다녀갔던 박지원朴趾源의 여행기록 『열하일기熱河日記』를 잠시 주목할 필요가 있다. 열하는 지금의 하북성 동부의 승덕承德을 말한다. 이 여행기록에 따르면 열하에 있는 태학 대성문大城門 밖의 동쪽 담에 건륭乾隆 43년(1778년) 황제가 내린 글을 새겨서 액자처럼 박아두었다고 한다. 거기에 이르기를, "열하지방은 고북구古北口 장성의 북쪽이며…… 진한秦漢 이래로 이곳은 중국의 판도에 들어오지 않았고 위魏나라 때 안주安州와 영주營州 두 고을을 세웠으며 당唐나라 때는 영주 도독부를 두었으나 먼 지방에 옛 명칭을 그대로 따서 지방 장관을 둔 것에 불과하였다."라고 적혀 있다. 다시 말하면 적어도 하북성 동부지역에는 오랜 기간 고구려를 비롯한 북방민족의 정권이 존립할 수 있었다는 것이다.

답사를 통해 새롭게 만난 고구려성은 대부분 연산 기슭에 위치, 중원에서 요동으로 통하는 하북성 동부의 요로에 포진되어 있었다. 이런 성곽들은 고구려의 전방방어체계를 이루는 전연지대前緣地帶의 군사 시설물로, 고구려가 중원의 세력을 감시하고 그들의 침입을 맨 먼저 감지하는 '촉각觸角'이었다고 볼 수 있다.

답사 도중에 고조선의 강이라고 하는 '조선하朝鮮河'에 발목을 적실 수 있었고 또 고구려 경계의 비석이나 다름없는 '지경바위'에 올라설 수 있었다. 고구려의 성곽은 심지어 유주幽州(지금의 북경) 일대를 지나 하북성의 중남부에도 나타나고 있었다.

실제 고구려는 산해관 남쪽 고조선의 옛 땅에 한때 고토수복의 '다물多勿' 깃발을 꽂았으며 훗날에는 또 그들의 유민과 후손들이 이 고장에서 새로운 삶의 터전을 가꿨던 것이다.

결국 고구려의 강역은 많은 부분이 아직 미스터리로 남아있다. 그래서 이런저런 설을 두고 학계는 지금도 시야비야 논쟁의 열풍에 휩싸여 있는 것이다. 와중에 고구려의 서쪽경계가 만주의 요하遼河 일대이며 기껏해야 대릉하大凌河 일대에 미쳤다는 주장이 예나 지금이나 계속 정설로 자리하고 있다. 고구려의 강역이 북경 근처까지 이르렀다고 하는 걸 그냥 잘못된 속설로 치부하고 있는 것이다.

　그렇다고 이를 무작정 탓할 수만도 없다. 문헌으로만 증명하기에는 근거가 너무 부족하고 또 산해관 남쪽의 고구려 유적은 확실하게 알려진 것이 너무 적기 때문이다. 그런데 이런 유적의 대부분은 자연과 인위적인 파괴로 소실되었거나 심각하게 훼손되고 있었다. 이마저 상당 부분의 기록은 근래에 출판된 지명지地名志나 현지縣志 등 지방문헌에서 자의든 타의든 적지 않게 누락되고 있다. 촌락과 성곽, 사찰, 섬, 우물, 나무 등에 담겨있는 옛 이야기는 그렇게 무심하게 역사의 뒤안길로 사라지고 있었다. 기록이 없고 증거물이 없는 역사는 제 아무리 고집한들 더는 진실이 아니라 허구의 전설로 간주되기 십상이다.

　이 책을 쓰면서 고구려의 전모全貌를 밝히는데 벽돌 한 장이라도 놓는다는 마음으로 심혈을 기울였지만, 그래도 본의 아니게 빠뜨린 지명이나 유적이 다소 있으리라고 생각한다. 기억의 저쪽에 소외되어있는 한 단락의 역사를 재량껏 문자와 사진으로 충실하게 기록하고자 한 것에 그 의미를 두고 싶다.

　어려운 출판 환경에도 불구하고 이 책을 출판할 수 있도록 해준 글누림출판사에 재삼 고마운 마음을 전한다.

2012년 봄
북경에서 저자

차 례

책머리에 – 지명을 따라 찾은 전설 같은 고구려의 이야기 _ 5

제1부 고구려로 가는 천년의 길

제1장 전설의 머나먼 고향 연산

연산에 알을 떨어뜨린 '제비'의 전설 · 18
'오랑캐'를 막은 치우의 고향 · 28
탁록 전장의 비석 치우괴수 · 39
나귀 등에 실린 나라 고죽국 · 48
노구교의 저쪽에는 천지가 있었다 · 59

제2장 기자 전설의 고장

갈석산, 발해 기슭의 천년의 비석 · 70
기자 전설의 동네 '조선성' · 80
호두석, 머리가 떨어진 천년의 호랑이 · 90
고려동, 청룡하 기슭에 있는 '국서대혈' · 99
고려정의 옛 주인은 어디에 · 109

제3장 '삼국의 마을'

한족으로 사라진 만주족 박씨의 마을·120

발해인이 이주한 발해마을·129

고북구의 백가 성씨의 마을·139

미곡촌, 안개에 쌓인 미스터리의 동네·149

제4장 미주에 비낀 고구려의 천년의 기억

당산, 상처로 남은 천년의 기억·160

문신, 중국인의 저택을 지켜주는 영웅·169

역수 기슭에 울린 고려곡·177

천년의 거미줄이 드리운 몽롱탑·187

고려산의 미주에 비낀 미인도·195

제2부 산해관 남쪽에 그려지는 고구려의 옛 지도

제1장 북경 자금성에 있는 고구려의 '동네'

북경으로 가는 길목의 역참 풍윤 고려포 · 208

구룡산에 울린 고구려의 말발굽소리 · 218

고려인이 없는 고려영 · 228

십만 무사의 원혼이 서린 법원사 · 237

제2장 전설의 '고려성'이 산해관 남쪽에 떠오르다

압자하가 흐르는 석문채 · 248

조조가 군영을 세웠던 고려성 · 257

고구려, 쌍성산에 드리운 천년의 그림자 · 267

발해 기슭의 옛 '조선족 마을' 신나채 · 278

금기의 지명 려산 · 287

'굴욕의 전설' 하간 고려성 · 297

제3장 강과 산에 복원되는 고구려의 옛 지도

조선하에 울린 '공후인'의 노래 · 308
   조선의 강 조선하 _ 308
   백년 나루터, 흘러간 천년의 옛 이야기 _ 312
   '님아 가람 건너지 마소' _ 317

고구려의 지경이 청룡하 서쪽 기슭에 있었다 · 321
   땅을 파던 사람의 '괴담' _ 321
   봉화대에 연기는 없었다 _ 325
   목이 잘린 백두산의 토룡 _ 331

제4장 대륙의 산과 들에 묻힌 고구려의 눈물

철제 형구에 묶인 청룡의 고려포 · 338

고려장, 옛 운하에 사라진 이야기 · 348

장안을 파헤친 수로 고려거 · 357

북망산, 낙양성 십리 허에 묻힌 고구려의 눈물 · 366

하북성 고구려 유적

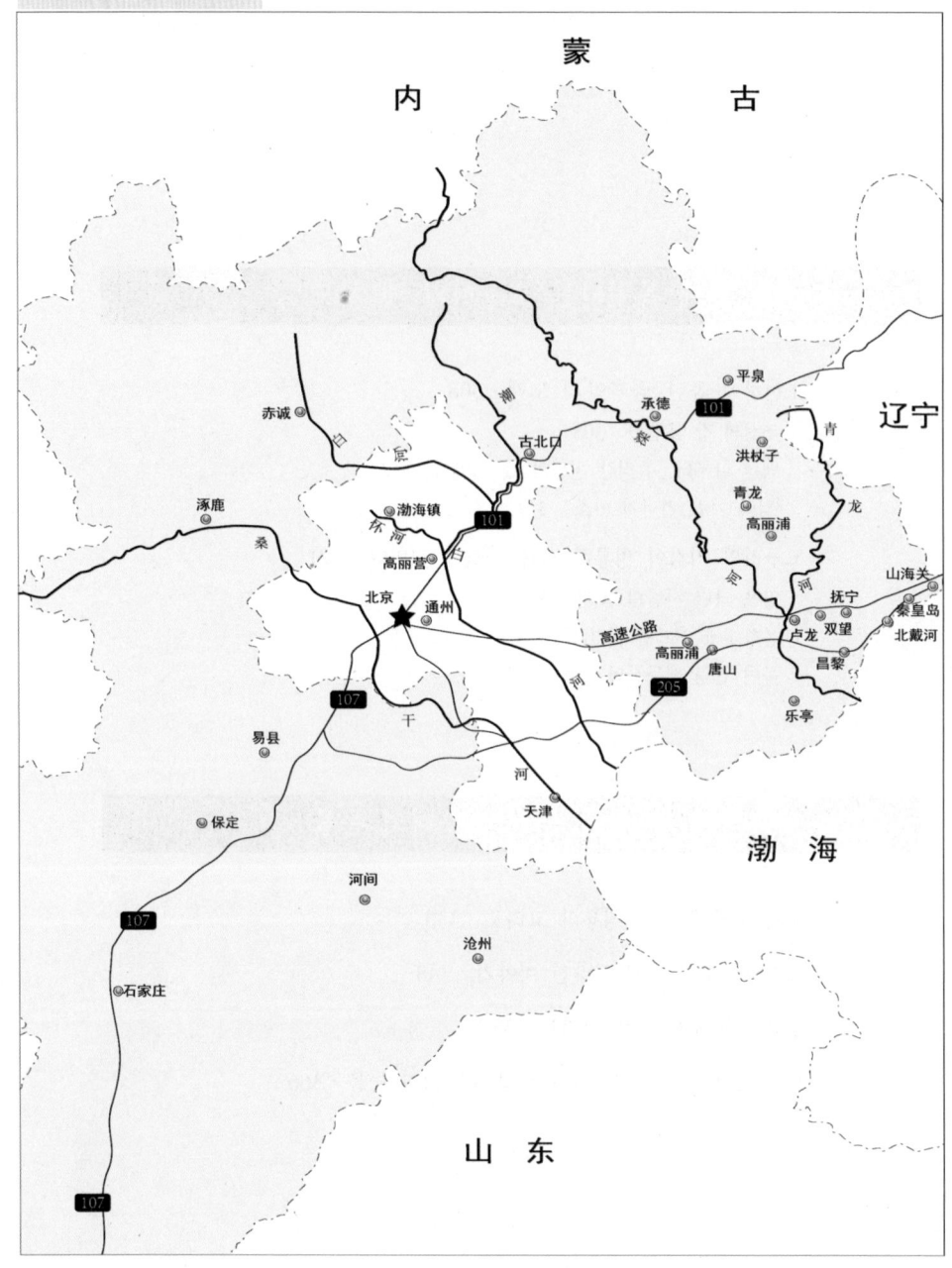

제1부

고구려로 가는 천년의 길

대륙 저쪽의 산과 들에는 백의겨레의 옛 모습이 비껴있다.

촌락과 성곽, 사찰, 탑, 우물

그리고 산과 강, 섬, 호수, 바위, 나무에는

백의겨레의 자취가 깃들어있다.

옛 땅에 남아있는 지명은 그 천년의 이야기를 전하고 있다.

제 1 장

전설의 머나먼 고향 연산

연산은 백의겨레의 성산이다.
동이의 수장 치우가 바로 연산 기슭에 있었고
백이와 숙제의 고축국이 바로 연산 기슭에 있었으며
상나라의 유민이 세운 기자조선이 바로 연산 기슭에 있었다.

연산에 알을 떨어뜨린 '제비'의 전설

북경역에서 연산燕山으로 가는 완행열차가 있다. 이때의 연산은 산이 아니라 북경 서남쪽에 있는 작은 행정 지역을 일컫는다. 이 연산은 연산산맥의 서쪽 끝머리에 있다고 해서 지어진 이름이라고 한다.

연산산맥은 북경 부근을 흐르는 조백하潮白河의 하곡지대에서 만리장성의 제일 동쪽 관문인 산해관山海關까지 대체적으로 동서주향이며 연연이 300여 km 이어진다. 연산은 예전부터 중원 북쪽의 천연적인 병풍이었으며 따라서 모든 전술가들이 호시탐탐 노리던 지역이었다.

열차에 오르니 금세 제비의 등에 올라 탄 듯 기분이 상쾌하다. 솔직히 '제비의 산'이라는 의미의 '연산'이 그저 반갑기만 하다. 제비는 예로부터 우리 백의겨레에게 길조로 간주되고 있지 않던가.

연산 기슭에 자리 잡은 연산 기차역 모습

동석한 어느 중년 사내에게 '연산'이 무슨 의미인지 아느냐고 넌지시 물었다. 화두를 잡아 이번 답사의 목적지인 '제비의 산' 이야기를 나누고 싶었다.

"연산이요? 그건 연燕나라의 국명에서 따온 이름 아닙니까?"

이건 무슨 말일까? 전혀 뜻하지 않았던 대답에 뭐라고 답을 해야 할지 몰라 잠시 머뭇거리는데 통로 건너 저쪽에 앉은 노인 한 분이 또 한마디를 건네 온다. "북경은 연나라의 도읍이 있던 곳이라네. 그래서 이전에는 연경燕京이라고 불렀다네."

아닌 게 아니라 이목구비가 오목오목 갖춰진 그럴 듯한 설법이다. 보아하니 '연산'이 실은 '제비의 산'이라는 의미라고 말하면 오히려 역사가 무엇인지 쥐꼬리도 모르는 '낙제생'으로 취급 받을 것 같았다.

사실 따져보면 연산의 본명은 '제비의 산'이 아니다. 상고시대 연산은 오랑캐 이夷자를 쓴 이산夷山이라고 불렸다고 한다. 옛날의 오랑캐 '이'는 갑골문의 상형象形으로서 활모양의 큰 대大자와 활 궁弓자가 위 아래로 합친 하나의 글자였다. '이'는 사실 '오랑캐'가 아닌 '대궁'이라는 의미이며 따라서 '이산'은 '큰활을 잘 다루는 민족'이 살고 있었다는 얘기가 된다. 실제 이곳에 웅거하고 있던 고대 부족은 바로 치우蚩尤라는 절세의 영웅을 배출한 동이족이었다. 동이족은 이름 그대로 '동쪽의 큰활을 잘 다루는 민족'이다.

제비 한 쌍 그림

부계씨족 후반, 여러 부족은 인구와 자원과 세력범위를 쟁탈하기 위한 전쟁에 자주 휘말려 들었다. 전쟁은 황하 유역의 중원부족 사이에 일어났을 뿐만 아니라 중원부족과 동쪽 이夷의 부족 사이에도 일어났다. 치우는 이 시기에 출현한 동이부족 영웅으로서 황제와 더불어 중국 사상 신화의 영웅시대를 열어놓았다. 그때 치우는 동이의 군사수령이었고 황제는 중원부족의 수령이었다. 그들은 이산 기슭의 탁록 일대에서 천신天神까지 끌어들여 하늘과 땅을 진동하는 전대미문의 싸움을 벌였다.

결국 탁록대전涿鹿大戰은 치우의 처절한 패배로 끝났지만, 그가 휘하에 인솔했던 동이족의 일부는 여전히 이산 기슭에 남아 그 혈맥을 이어갔다. 이 가운데서 상商 부족이 세상에 유명한 그 '난생설화'를 엮었던 것이다.

『사기·은본기史記·殷本紀』등 사서의 기재에 따르면 상 부족의 시조 설契은 그 내력이 아주 특이하다. 그의 모친 간적簡狄은 '오제五帝'의 한명인 제곡帝嚳의 비妃라고 한다. 어느 날 간적은 여동생과 함께 '현구玄丘의 물'에서 목욕을 했다. 이때 현조玄鳥가 알 하나를 물고 지나다가 그만 떨어뜨렸다. 간적과 여동생은 달려가서 다투어 이 알을 차지하려 했다. 먼저 알을 주은 간적은 여동생에게 빼앗길까봐 냉큼 입에 물었는데 조심하지 않아 삼켜버리고 말았다. 이로 하여 간적은 잉태하게 되었으며 나중에 계를 낳았다는 것이다. 계는 훗날 우禹를 보좌하여 물을 다스린 공으로 자子 씨 성을 하사 받는다.

앞에서 말한 전설 속의 '현구의 물'은 이산의 중추로 되는 청룡하青龍河를 말하며 현조는 검은 새 다시 말해서 제비를 말한다. 나중에 계를 수령으로 받든 상 부족은 제비를 토템으로 삼게 되었으며 그들이 살고 있었던 청룡하 기슭의 이산을 연산이라고 개명했다. 이때부터 '대궁의 산'

물놀이 하는 제비

은 홀제 '제비의 산'으로 둔갑하게 되며, 계는 후손들에게 '제비의 왕'이라는 뜻의 '현왕玄王'이라고 불린다.

그런데 훗날의 고구려의 개국시조도 상나라의 시조처럼 '알'에서 태어났다는 '난생설화'를 갖고 있다. 『삼국사기』에 따르면 하백河伯의 딸 류화柳花가 햇빛을 받은 후 태기가 있어 알을 낳게 되었는데, 나중에 이 알을 깨뜨리고 사내아이가 나온다. 이 사내아이는 7살 때 벌써 활을 백발백중으로 명중하였다. 부여夫餘 사람들은 민속에서 활 잘 쏘는 사람을 '주몽朱蒙'이라고 하였기 때문에 사내아이의 이름을 그렇게 불렀다고 한다. 훗날 주몽은 졸본천卒本川이라는 고장에 이르러 도읍을 정하고 나라 이름을 고구려라고 했던 것이다.

이런 '난생설화'에는 모두 하늘현조와 햇빛과 물현구의 물과 강의 신 하백, 알현조의 알과 햇빛을 받아 낳은 알이 함께 등장한다. 상나라와 고구려가 모두 이처럼 비슷한 '난생설화'를 전승하고 있다는 건 우연한 일치가 아니다.

역사상 상 부족은 그냥 한 고장에 머물러 있은 게 아니라 "설契부터 탕湯까지 여덟 번 이주"를 했다. 그들은 연산 기슭의 청룡하 일대에서 남하하여 선후로 하북河北의 중부와 산동山東의 서부, 산서山西 북부 지역에 머물렀다. 이런 고장에서는 모두 선상先商 혹은 신석기 시대의 옛 촌락

유적이 출토되어 그들의 이주 경로를 단면적으로 밝히고 있다. 기원전 1600년 경, 상 부족은 부족수령 탕을 따라 하나라의 걸왕桀王을 멸망하고 중원에 상商나라를 세웠다. 상나라는 또 은殷이라고 불렸는데, 이 은은 또 'yan'이라고 읽으며 제비 연자와 같은 발음이다. 은은 연에 그 연원을 두고 있다는 것을 알 수 있다.

상 부족이 남쪽으로 이주할 때 연산 기슭에는 부족의 일부가 여전히 남아있었다. 훗날 청룡하와 난하灤河의 합수목 부근에 고죽국孤竹國을 세운 고죽인孤竹人들은 바로 상 부족 친족인 묵태墨胎 씨의 씨족이었다.『통지・씨족략通志・氏族略』에 따르면 고죽국 임금 묵태 씨는 상 부족의 수령 설契와 마찬가지로 자子 씨 성이다. 그들은 시초에 연맹과 분리되어 따로 독립생활을 했으며 나중에 서쪽으로는 하북성河北省의 당산唐山, 동쪽으로는 요녕성遼寧省의 금서錦西까지 이르는 천리 땅의 주인으로 되었던 것이다.

한편 연산 기슭에 남아있던 일부 유민은 그 어느 시점에서 동쪽으로 이주하였으며, 차츰 혼강渾江, 압록강鴨綠江 심지어 송화강松花江 등 유역에 정착했다고 볼 수 있다. 그들 역시 고죽인孤竹人들처럼 상商 부족과 탈리되어 새로운 부족과 민족을 형성하고 심지어 나라를 세웠지만 상 부족과 같은 풍속과 생활방식을 보류했으며 '난생설화'를 공유하게 되었던 것이다.

'난생설화'를 갖고 있는 부여가 그러하며 또 부여에서 파생되어 나온 고구려가 더구나 그러하다. 고구려는 또 '난생설화'를 제쳐놓고라도 상 나라와 많은 유사성을 보이며 상 부족과 근친관계라는 것을 나타내고 있는 것이다.

갑골문이 발견된 상나라 옛터

은허터의 토기

상나라는 중토, 동토, 서토, 남토, 북토 등 오방토五方土가 있으며
고구려는 중부, 동부, 서부, 남부, 북부 등 오부五部가 있다.
상나라는 귀족을 가家라고 부르며
고구려는 귀족을 대가大家 혹은 제가諸加라고 부른다.
상나라는 선조를 고양高陽 씨, 고신高辛 씨라고 하며
고구려는 그들이 고양의 후예라 하며 성씨를 고高 씨라고 자칭한다.
상나라는 국인國人, 야인野人의 구분이 있으며
고구려는 성민城民, 곡민谷民의 구분이 있다.
상나라는 귀신을 숭배하고 제사가 아주 많으며
고구려는 영성靈星과 귀신, 사직社稷에 제사를 잘 지낸다.

절두의 피라미드 모양의 집안 장군총

상나라의 건축에는 절두載頭의 피라미드 모양이 있는데, 주왕紂王이 분신한 녹대鹿臺가 바로 그러하다.

고구려의 고분에서 '동방의 피라미드'로 불리는 유명한 장군총은 바로 절두의 피라미드 모양이다.

더구나 상나라 사람들이 태양빛과 통하는 흰색을 숭상한데 비해 고구려 사람들 역시 고분에 백호를 그리고 궁중에 백호기를 휘날리며 잔치에 백차일을 치는 등 밝은 흰색을 몹시 즐겼다.

……

정말이지 멀리 강남으로 날아갔던 제비처럼 언제인가는 꼭 돌아와야 하는 땅이 아니었을까 한다. 상나라가 멸망한 후 태사太師 기자箕子가 유민과 온갖 기술자들을 인솔하여 중원에서 청룡하 기슭으로 찾아와서 나라를 세우며 그로부터 천년 후 고구려도 멀리 만주 땅에서 말을 달려와서 연산 기슭에 '고려' 이름자를 찍어놓는다. 제비가 '알'을 떨어뜨렸던 '대궁의 산'은 그들 모두에게 그리움으로 남아있던 옛 고향이요, 마음에 쌓아두고 있던 성전聖殿이었다. 연산은 시초부터 기자조선箕子朝鮮과 고구려와 피할 수 없는 숙명의 만남을 예고하고 있었던 것이다.

기자조선과 고구려가 한때 연산 기슭에 있었다는 사실은 남아 있는 유적은 물론 고서의 옛 기록에도 나타나고 있다.

『수서隋書』권 67의 기록에 따르면 고구려 영양왕 시절에 수나라가 고구려를 침공하려 하자 배구裴矩라는 사람이 수양제隋煬帝에게 이런 글을 올렸다고 한다. "고려고구려의 땅은 본래 고죽국이었으며, 주나라 때에는 기자를 봉한 곳이었다." 이것은 고죽국은 기자조선의 강역이며 훗날에는 또 고구려 강역의 일부였다는 것을 반증하고 있다. 이러한 기록은 『신·구 당서唐書』의 '배구열전裴矩列傳'에 그대로 기술되어 있으며 또 이를 인용한 일연一然의 『삼국유사』도 똑같은 기술을 하고 있다.

상기 고서에 등장하는 고죽국은 바로 연산 기슭에 있었던 고대 국가이다. 연산은 기자조선이 활동무대로 삼은 중심축이었고 또 훗날에는 고구려의 강역에 들어있었던 성스런 산이었던 것이다.

천년의 세월 속에 많은 왕조들이 철을 따라 피고 지는 꽃처럼 쉴 새 없이 엇바뀌었다. 상나라와 고죽국과 연나라 그리고 선비족과 거란족, 만주족…… 그들은 한때 제노라고 세상에 호기를 부렸지만 모두 연산 기슭의 청룡하와 난하와 조백하에 실린 몇 떨기의 낙엽처럼 어느덧 역사의 뒤안길로 사라졌다.

연산의 남북에 울렸던 고구려 무사들의 말발굽소리도 더는 들리지 않는다. 고구려는 전설의 '제비'처럼 역사의 저쪽에 있는 '강남'으로 날아간 것이다. 다행이 원래의 땅에는 '제비'가 떨어뜨린 '알'이런 듯 아직도 옛 지명과 유적이 적지 않게 남아서 옛날의 모습을 더듬을 수 있게 한다. 아, 천리의 연산에는 '난생설화'처럼 얼마나 많은 고구려의 이야기가 깃들어 있을까……

어느덧 연산에 도착했다고 알리는 열차 승무원 목소리가 객차 내에 울린다. 북경 역에서 불과 한 시간 정도의 짧은 거리였다. 그러나 '전설'과 '현실'은 그토록 건너기 힘든 시공간을 장벽처럼 사이에 두고 있었다.

'오랑캐'를 막은 치우의 고향

싯누런 속살을 드러낸 민둥산이 병풍처럼 둘려 있었고 아직도 흙벽 돌로 지은 농가들이 드문드문 시야에 나타나고 있었다. 북경에서 서북쪽으로 200여 km 떨어진 적성赤城은 그렇게 황량한 모습으로 처처히 다가왔다.

옛날 이 고장에는 옛 적성이 있었다고 한다. 적성은 붉은빛의 성곽이라는 뜻으로 부근 산의 돌들이 거의 붉은색을 띠었기 때문에 지어진 이름이다. 그런데 오늘날의 적성이라는 현성 이름은 옛 적성이 아닌 동쪽의 적성산赤城山 때문에 생겼다고 한다. 적성의 이름이 적성산을 만들었는지 아니면 적성산의 이름이 적성을 만들었는지 헛갈릴 정도이다. 정말이지 "닭이 먼저냐, 계란이 먼저냐" 하는 원초적인 질문이 떠오른다.

백하(일명 고수) 기슭의 적성산 모습

이걸 어떡하지, 적성산이라는 이름을 처음 듣는다고 하는 택시기사의 말에 더욱더 갈피를 잡기 힘들었다. 가賈 씨 성의 택시기사는 이 말을 증명이라고 하듯 자기는 적성 태생이라고 열백 번 곱씹는다.

"이봐요, 현성 주변이 모두 산인데 어느 걸 말하지요?"

적성이라는 이름 자체가 성곽이라는 뜻이지만 가 씨는 현성 부근에 옛 성이 있었다는 건 더구나 모르고 있었다.

『독사방여기요讀史方輿紀要』는 적성은 옛날 치우蚩尤가 살던 곳이라고 기록하고 있다. 그래서 적성은 본래 치우의 이름자를 따서 지은 이름이라는 주장이 내두하는 모양이다. 치우 이름의 어리석을 치蚩와 적성의 붉은 빛 적赤은 중국어 발음이 비슷하기 때문이다.

'갑을 을로 착각하는 일'은 그냥 꼬리를 물고 있었다. 1990년대의 현지縣志에서 적성은 더는 치우 부족이 아닌 황제 부족의 진운縉雲 씨가 있던 고장으로 거듭났던 것이다. 이때부터 적성은 치우의 고향이라는 이야기가 마치 적성을 감돌아 흐르는 백하白河에 씻긴 듯 가뭇없이 자취를 감춘다.

나귀와 마구간 그리고 농부

사실 적성이 세간에 이름을 얻게 된 것은 상고시대의 치우나 황제를 떠나서 북위北魏(386~534년) 때 설치한 어이진御夷鎭 때문이다. 말 그대로 어御는 방어의 뜻이고 이夷는 오랑캐라는 뜻이니 어이御夷는 오랑캐를 막는다는 것. 『위서魏書』에 따르면 북위는 북방민족 유연柔然의 남하를 막기 위해 동쪽의 적성부터 서쪽으로 오원五原(내몽고 중남부에 위치)까지 장장 1천km의 장성을 세웠다고 한다. 어이진은 그때 장성 기슭에 구축했던 여섯 요새의 하나로서 제일 동쪽에 위치했으며 또 변경의 안쪽에 있었다. 지명에서 나타나 듯 어이진은 외족의 침입을 막기 위한 여러 요새의 상징물로 되고 있었다.

여기서 등장하는 유연柔然은 4세기 말부터 6세기 중반 흉노와 선비를 이어 고비사막 남북과 서북지역에서 활동했던 고대민족이다. 유연은 역사상 무려 150여 년 동안 중국 북방 대초원을 지배했다. 그들은 일반적으로 봄과 여름 날씨가 따뜻할 때는 고비사막 북부에 분산되어 유목생활을 하였으며, 가을과 겨울에는 다시 합쳐 무리를 짓고 고비사막 남부 지역으로 내려와 방목을 하다가 기회를 틈타 중원 부락의 양식과 재물을 약탈하기도 했다. 그래서 유연과 남방의 인접국 북위 사이에는 전쟁이 자주 일어났다.

그맘때 적성 동쪽의 '오랑캐'는 광개토왕, 장수왕 등의 인솔을 받아 전성기를 겪고 있던 고구려였으며 단지 약탈을 일삼는 북방의 유연보다 훨씬 심각한 위협이었다. 고구려는 한때 요서遼西의 난하灤河 지역에 성곽을 축성하는 등 어이진 부근까지 그들의 세력을 거미줄처럼 뻗치고 있었다.

북위의 장성이 고구려 등 나라를 방어하기 위한 일환이었다는 것은 훗날의 북제北齊(550~577년) 장성에서 뚜렷하게 나타난다. 북제의 장성은 북위가 설치한 장성과 참호를 이용하여 축성, 지금의 산서성山西省 대동大同에서 동쪽의 발해까지 이르렀는데 유연柔然과 돌궐突厥, 선비鮮卑, 거란契丹, 해奚, 고구려 등 북방민족을 막기 위한 군사 시설물이었다고 많은 문헌들이 동일하게 밝히고 있다.

옛터로 통하는 길 양쪽의 돌담

철거 직전의 묘옥촌 마을학교

그러고 보면 장성 동쪽 끝머리에 위치한 어이진은 북방의 유연이 아닌 동쪽의 고구려 등을 방비하기 위한 요새였던 것이다.

어이진의 정확한 방위方位는 『수경주·고수주水經注·沽水注』에 나타나고 있다. 이 문헌의 기록에 따르면 "대곡수大谷水(일명 고수沽水)는 남쪽으로 독석獨石 서쪽을 지나며 이어 남쪽으로 어이진의 성 서쪽을 지난다. 고수는 계속하여 남쪽으로 협곡의 벼랑 독고문獨固門을 지나며 서남쪽으로 적성을 지난다." 『수경주』의 작자는 북위의 지리학자 역도원酈道元(466~527년)으로, 어이진이 존속했던 동시대에 생활했던 인물이다. 그는 어이진이 독석성獨石城의 남쪽, 독고문獨固門 북쪽에 있었다고 밝히고 있는 것이다.

독석성은 현성에서 북쪽으로 60여 km 떨어진 독석구이며, 독고문은 현성과 독석구의 중간쯤에 위치한 사신애舍身崖를 말한다. 옛날 만주의 서북부에서 북경으로 통하는 요로는 독석성을 지나 독고문을 경유했다. 명나라 때 몽고지방의 와자족瓦刺族 군대는 바로 이 요로를 통해 북경으로 진격했으며 적성 남쪽의 토목土木전투에서 명나라 군대를 전승하고 황제 주기진朱祁鎭을 나포했던 것이다. 사신애舍身崖는 이 무렵에 생겨난 지명이다. 그때 창상보倉上堡를 수비하고 있던 천호千戶 전곤田坤이 부하를 인솔하여 와자족 군대에 저항하다가 전장에서 숨졌다. 그러자 전곤의 딸은 독고문에서 남은 군사들과 함께 계속 저항하였으며 나중에 중과부적으로 벼랑에서 뛰어내려 순국했다. 독고문은 그때부터 '몸을 던진 벼랑'이라는 의미의 사신애로 불렸다는 것이다.

현성에서 북쪽으로 독석구로 가는 길가에는 옛 보루 흔적이 자주 나타나고 있었다. 현성을 떠난 지 얼마 후 난데없는 바위벼랑이 병풍처럼 길을 막아 나섰다. 뻥하니 뚫린 터널이 입을 벌린 괴물처럼 벼랑 기슭에 엎드려 있었다. 터널 앞에 패쪽이 있어서 보니 독고문도 아니고 사신애도 아닌 용문애龍門崖 터널이라고 씌어 있었다.

저수지와 용문벼랑 그리고 터널

"옛길은 벼랑 서쪽을 돌아서 지났지요." 가 씨에 따르면 1970년대 사신애의 서쪽에 물길을 가로막고 저수지를 세웠다고 한다. 그때부터 옛길 역시 옛 지명처럼 저수지의 수면 아래로 영영 잠적했던 것이다.

세상에 이름을 떨친 고대의 천험天險은 터널 때문에 더는 난공불락의 요새가 아니라 남북을 관통한 통로가 되어있었다. 천년 세월의 놀라운 변화가 현실로 떠오르는 대목이다. 그런데 이 터널은 또 상고시대로 통하는 타임머신이 아닐지 모른다는 또 다른 생각이 들게 한다. 현지 학자들은 얼마 전 용문애 그러니까 사신애 아니 독고문 바로 북쪽의 묘욕猫峪 촌에서 어이진으로 판명되는 고대유적을 발견하였던 것이다. 이에 앞서 어이진은 적성 현성 북쪽에 위치하며 독석구 장성 안쪽에 있다는 것을 알고 있었지만 확실한 위치는 정론이 없었다. 이번에 발견된 유적의 위치는 "어이진의 성 동남쪽에서 첨곡수尖谷水가 고수沽水에 흘러든다."고 서술한 『수경주水經注』의 고수沽水 지류 기록과 일치한다. 첨곡수尖谷水는 지금의 청천보하清泉堡河이며 고수沽水는 지금의 백하白河를 말한다.

묘욕猫峪촌은 원래 묘욕보猫峪堡로, 명나라 선덕宣德 5년(1430년) 설립되었다고 한다. 이 마을 이름 역시 '운주雲州' 등 이름으로 바뀌다가 언제인가 다시 묘욕촌이라고 '도루메기'가 되었다는 것이다. 아무튼 부근의 독고문獨固門이나 고수沽水 등 지명과 달리 자기의 원래 이름을 되찾았으니 이마저 다행이 아닌가 한다.

묘욕촌의 한가운데는 아직도 명나라 때의 보루가 남아 있었다. 고양이의 묘猫와 산골짜기의 욕峪을 합친 이 마을은 이름 그대로 고양이와 골짜기와 연관되는 고장이다. 옛날 이 보루를 보수하면서 성안에서 홀연히 나타난 고양이 한 마리를 쇠솥으로 덮었는데, 그 고양이가 동산 골짜기로 도망하였다고 해서 지은 마을 이름이라는 것이다.

동네 공터에서 한담을 하고 있던 노인들은 고성 옛터를 묻자 대뜸 알은체를 했다. "고성 밭을 말하는구먼. 바로 마을 남쪽에 있다네."

마을 한복판을 가로 지른 흙길을 따라 발길을 옮겼다. 어느 담 모퉁이에는 검정 나귀가 여물을 먹고 있었고, 그 뒤에는 하얀 승용차가 주차되어 있었다. 붉은 벽돌집과 누런 흙벽돌집이 한데 어우러져 사뭇 이색적인 광경을 연출하고 있었다. 흡사 고대와 현대가 실뭉당이처럼 한데 엉켜있는 것 같았다.

마을 중심에 있는 명나라 때의 옛 보루

길 오른쪽이 일명 고성 밭이라고 한다.

동구 밖에 개활지가 펼쳐져 있었다. 성터 자리를 찾지 못해 우왕좌왕 하는데 밭으로 나가던 아줌마가 한마디 던진다.

"고성 밭은 여긴데요, 아무것도 없지요."

그는 3년 전인가 손가락 두께의 큰 기와를 발견했으며 그걸 10위안에 팔았다고 자랑하였다. 여기 밭에서는 이전에 늘 갑옷 조각이며 쇠로 만든 화살촉, 독, 질그릇 등 기물이 보습 끝에 묻어나왔다고 한다. 이런 실물은 현지 학자들에 의해 이미 남북조南北朝 시대의 것으로 판명되었다.

'고성 밭'은 개활지대로 도시를 세우는데 아주 적합하며 또 두 강의 합수목 요충지에 위치, 군사적인 전략지위를 갖고 있었다. 사서의 기재와 실물의 증명으로 어이진 옛터가 마침내 세상에 드러난 것이다. 이름이 몹시 괴상하지만 오늘의 묘옥이 바로 어이진인 것이다. 정말이지 누군들 고양이 때문에 우연하게 작명된 마을이 '오랑캐'를 막기 위한 옛날의 군정軍政 방위의 요새였다는 걸 상상이나 할 수 있었을까……

멀리 산기슭을 흐르는 강물의 소리가 귓가에 들릴 듯하다. 옛날 고수沽水는 변경 밖의 말발굽소리를 실어왔으며 전쟁의 공포를 실어왔던 것이다. 상고시대 동이부족이 중원부족과 처절한 싸움을 벌였던 탁록은 바로 적성의 서쪽에 위치한다. 그런데 훗날 이 고장은 또 옛 고향을 찾아오는 고구려를 막기 위한 군사요새로 탈바꿈했으니 참으로 세상의 아이러니가 아닐 수 없다.

어이진은 상전벽해의 세월 속에 어느덧 전설 속의 옛 성 유적으로 남았다. 남으로 흘러가는 고수는 옛 성의 흔적을 야금야금 잠식하고 있었으며 또 옛 성의 기억을 뭉텅뭉텅 뜯어가고 있었다. 그런데 고수라는 강의 이름도 백하로 바뀐 지가 오래며, 묘욕의 사람들은 아예 백하의 옛 이름을 까마득하게 잊어버리고 있었다. 고수 아니 백하에는 천년 역사의 기억이 그렇게 물거품처럼 허무하게 사라지고 있었다.

탁록 전장의 비석
치우괴수

상고시대 중원의 황제와 북방의 치우가 일장 대결을 벌인 싸움터로 유명한 탁록은 치우의 고향인 적성에서 서쪽으로 100여 km 떨어져 있다. 탁록의 벌판에는 황제묘黃帝廟, 정차대定車臺, 치우분蚩尤墳, 치우채蚩尤寨 등 고대 전장의 많은 흔적이 지명으로 남아있다.

치우채는 이름 그대로 치우가 설치한 군영이라는 뜻이다. 5천 년 전의 전설이 그대로 지명에 녹아 있는 것이다. 치우채는 탁록 현성의 동남쪽 용왕당촌龍王塘村에 위치하며, 치우분은 치우채의 남쪽으로 약 20km 떨어진 곳에 있다.

용왕당촌 부근에 있는 관광구 '황제성黃帝城'에 잠깐 들려 치우 유적을 소개해줄 가이드를 찾았다.

"치우채를 찾는 분들이 그리 많지 않은데요." 가이드는 약간 괴이쩍다는 표정이었다. 이 한두 달째 필자가 첫 손님이라는 것이다. 그는 '황제성'을 다녀가는 관광객들이 이곳을 찾는 경우가 간혹 있지만 가물에 콩 나듯 하다고 말한다.

그의 말에 따르면 용왕당촌은 옛날 마을에 용왕당사龍王塘寺가 있어서 지어진 이름이라고 한다. 마을에 들어서자 '치우채'라는 글자를 새긴 돌비석이 유표하게 안겨 왔다. 마을사람들이 약 50년 전에 세운 석물이라고 한다. 동네 입구의 벽에 모신 토지신과 농가의 바깥벽에 옴폭하게 자리를 파고 모신 신상神像에는 아직도 옛 사찰의 색다른 분위기가 오랜 향내처럼 남아 있는 것 같았다.

해묵은 소나무가 마을 빈터의 한 귀퉁이에 서 있었고 졸졸 흐르는 물가에는 아낙네들이 옹기종기 모여 빨래를 하고 있었다. 이 물은 옛 사찰터에 있는 치우천에서 흘러나온다고 한다. '용왕당'은 말 그대로 '용왕이 사는 못'이라는 뜻이다. 용왕당사에 '치우천'이 성물처럼 모셔진 것으로 보면 마을사람들은 치우천을 용왕이 사는 못인 용왕당과 동일시했던 모양이다. 그런데 서너 평 크기의 이 뜰에는 커다란 자물쇠가 걸려 있었다.

이전전李佃全 촌장이 소식을 듣고 금방 달려왔다. "애들이 들어와서 장난을 칠까봐서요." 그는 자물쇠를 열면서 변명조로 이렇게 말한다. "방문객이 그리 많지 않아요. 그래서 평소에는 문을 잠그고 있습니다."

치우천은 '탁록대전涿鹿大戰' 때 치우부족의 인마人馬가 물을 마시던 곳이라고 전한다. 우물은 3미터 정도의 둘레에 4~5미터의 깊이였는데, 돌로 쌓여 있었고 밑바닥에는 물이 한두 뼘 정도로 차있었다. 몇 년 전만

치우천 샘터

해도 물은 사시장철 우물터의 언저리에서 찰랑거렸다고 한다. 그러나 지금은 웬일인지 여름철을 제외하고 거의 말라있는 상태라는 것이다.

치우천의 앞뒤에는 각기 천년고목이 서 있었다. 고목 앞에는 모두 돌로 된 제대祭臺가 있었다. 제대에는 누가 놓고 갔는지 붉은 점을 찍은 만두가 놓여 있었고 타다 남은 향대가 향로 삼아 놓은 모래 대야에 꽂혀 있었다.

"이걸 보시지요." 이전전 촌장은 그 중 앞쪽에 있는 나무를 가리킨다. "뭐가 비슷하게 보여요? 모두들 이 나무에는 신령이 현신했다고 말합니다."

아닌 게 아니라 나무줄기에 박힌 나무옹이는 이상한 모양을 하고 있었다. 자세히 살펴보니 흡사 뿔이 돋친 짐승의 머리가 나무에 박혀 있는 듯 했다. 전설에 따르면 치우는 81명의 형제가 있었는데 모두 생김새가 괴이했다. 그들은 동銅으로 된 머리와 쇠로 된 이마를 갖고 있었고 사람의 몸뚱이에 소의 발굽이 있었다. 머리에는 긴 뿔이 돋쳐 있었으며 몸에는 날개가 돋쳐 있어 하늘을 날 수 있었다. 솔직히 사람과 비슷하지만 또 전혀 다른 짐승 모양의 괴물이었다. 그래서 현지인들은 치우의 신령이 샘터의 고목에 나타났다고 주장한다. 말라드는 샘물과 더불어 5천 년 전의 위용이 역사의 뒤안길에 영영 사라질까 두려워 진짜 치우가 세상에 현신할 걸까……

치우의 군사가 숙영했던 군영이 근처라고 해서 그리로 발길을 옮겼다. 치우천 북쪽의 수십 미터 되는 곳에 자그마한 산 둔덕이 있는데, 그곳이 바로 치우가 담을 쌓고 군대를 주둔했던 숙영지라고 한다. 이곳은 치우의 북쪽 군영이라는 뜻의 치우 북채北寨라고 부른다. 고증에 의하면 그때 치우의 군영은 남, 북, 중 세 부분으로 나뉘었는데, 남채南寨는 후방의 공급기지, 중채中寨는 지휘중심, 북채北寨는 전연진지였다.

우리 일행은 반달음으로 둔덕에 올랐다. 둔덕 기슭에는 한그루의 고목이 있고, 그 뒤로 토담이 있는데 고대 전장의 잔재한 성벽이라고 한다. 저쪽 둔덕은 깊은 골짜기를 사이에 두고 이쪽과 금방 발끝에 닿을 듯 했다. 이런 둔덕의 뒤쪽은 산에 막혀 있었고 앞쪽에는 들판이 펼쳐져 있었다.

전설에 따르면 치우는 청동으로 창의 일종인 과戈와 모矛, 극戟, 그리고 쇠뇌弩를 만들었으며, 이런 선진적인 무기를 이용하여 선후로 21개 제후를 멸했다. 세력범위를 쟁탈하기 위해 그는 또 중원 부족의 수령 황제와 전쟁을 선포한다.

4,700여 년 전, 치우의 부족은 염제炎帝의 부족과 연합한 황제의 부족과 이곳에서 대결전을 벌인다. 이 전쟁에서 황제는 천녀天女 발魃과 응룡應龍, 풍후風後, 구천현녀九天玄女의 도움을 받고, 치우는 과부족夸夫族인, 풍백우사風伯雨師, 이매망량魑魅魍魎의 도움을 받았다고 한다. 대진對陳을 보아도 범상하지 않는 이 싸움은 중국의 신화에서 제일 유명한 전쟁으로 평가되고 있다.

치우는 연기를 빨아들이고 안개를 뿜으며 공중을 날고 험한 곳을 뛰어넘는 재간을 갖고 있었다. 치우의 법술로 천지간에 안개가 자욱하게

치우천 중화3조당

끼자 황제의 군사는 그만 방향을 잃는다. 황제는 나중에 '지남차'를 만들어 인도를 받는다. 싸움에서 패한 치우는 황제에게 붙잡혀 죽임을 당한다. 이때 그의 피는 도리깨를 붉게 물들여 단풍 수림을 이뤘다고 전한다.

이로써 치우의 이야기는 마침표를 찍는다. 그러나 후세 사람들은 그를 잊지 않고 있었다. 그건 그가 발명한 병기들이 모두 청동시대의 주전 병기로 되었던 것이다. 이때 그의 적수 황제는 이중 유독 하나의 병기만 장악하고 있었는데, 그 병기가 바로 검劍이라고 한다. 아무튼 청동시대 병기의 시조나 다름없는 치우는 비록 싸움에서 패배했지만 더구나 이름을 떨치게 되며 명실공한 군신軍神으로 추앙된다.

지금 탁록의 고대 전장 유적지에는 치우의 무덤이 3기나 있는 걸로 알려져 있다. 현지인들은 그중 남쪽의 치우무덤이 진짜 무덤이라고 말한다. 황량한 들판에 있는 자그마한 둔덕에 천년의 비밀이 숨어 있다니 전설인지 신화인지 언뜻 분간이 되지 않는다. 더구나 일각에서는 지금까지 치우의 무덤이 산동성山東省의 수장壽長과 거야巨野에 있다고 주장하고 있기 때문이다. 황제가 치우를 죽인 후 수급과 몸을 떼어 수장과 거야에 각기 파묻었다는 것이다. 그런데 탁록의 치우무덤 위치는 오랫동안 부근 사찰의 스님들에게 비밀리에 유전遺傳되었으며 훗날 사찰에 있던 거사居士에게 전승되었다가 얼마 전에야 비로소 그 거사의 후손에 의해 세상에 공개되었다고 한다. 지금 무덤 앞에 세워진 흰 비석도 '문화대혁명' 시기 땅에 파묻혔다가 이때 볕을 보게 되었다는 것이다.

　탁록은 황제의 정차대, 치우군영 등이 있을 뿐만 아니라 또 부근에 치우의 고향 적성赤城이 있는 등 탁록대전의 이목구비를 골고루 갖췄으며 이곳의 치우무덤이 진짜일 가능성에 무게를 실어준다. 이와 함께 산동에 있는 치우의 무덤은 훗날 동이의 상 부족이 남하할 때 그들을 따라갔던 의관衣冠 무덤이라는 설이 등장하고 있다.

　황제는 이 대전에서 치우를 전승한 후 많은 부락의 옹호를 받았다. 그러나 이어 염제炎帝의 부족도 황제의 부족과 충돌이 발생하여 탁록 부근의 판천阪泉에서 싸움을 벌인다. 이 싸움에서도 승전한 황제는 이때부터 명실상부한 중원지역의 부락연맹 수령이 되었다. 염제의 하족夏族이 황제의 화족華族과 근친이고 또 한데 융합되었기 때문에 중국인들은 자기들을 염황炎黃의 자손이라고 부른다. 대륙에서 화하華夏족의 융합과 통일은 이때로부터 서막을 열게 되는 것이다.

　결국 '탁록대전'에서 패한 치우의 부족은 상당 부분 원래의 고장을 떠났다고 한다. 훗날 대륙의 서남부로 이주한 묘인苗人, 즉 지금의 묘족苗族 역시 한민족처럼 치우를 선조로 섬기며 치우를 '우공尤公'이라고 부른다. 치우의 부족인 동이구려족東夷九麗族의 변천사를 볼 수 있는 한 단락이다. 이 동이의 한 갈래는 우여곡절 끝에 중원에 이주하여 상商나라를 세웠고 연산 기슭에 남아있던 한 갈래는 나중에 고죽국孤竹國을 세웠던 것이다.

　중국에서는 치우의 부족이 점차 염제와 황제의 부족에게 융합되어 염황炎黃자손의 일부로 되었다고 주장한다. 이 주장은 훗날 북방의 고구려가 멸망된 후 고구려인은 나중에 중원의 한족에게 동화되었다고 하는 설과 똑같으며 흡사 '붕어빵'을 구워낸 것 같다. 아무튼 1990년대의 초반, '황제성'에 세워진 '중화 삼조당三祖堂'은 바로 그런 설법의 결과물이라고 할 수 있다. 중화 3조祖는 황제, 염제, 치우가 이른바 '중화민족'의 선조라는 뜻이다. 중국 정사正史에서 치우는 반역을 대표하며 황제는 정통을 상징한다. 사서에서 여태껏 짐승의 몸을 갖고 인간의 말을 하는 '수신인어獸身人語'의 악인으로 기술되었던 치우는 이로써 졸지에 비천한 신세를 고치게 된 것이다.

치우괴수

아득한 옛날 산과 들을 채웠던 피바람과 창칼의 소음은 모두 전장을 뒤덮었던 운무처럼 어디론가 가뭇없이 사라졌다. 아, 탁록의 광야에는 얼마나 많은 이야기들이 숨어 있을까…… 산 둔덕에 서있는 고목은 멀리 들판을 굽어보며 비석처럼 묵묵히 전쟁터를 지키고 있었다.

이 고목은 수령이 천년을 훨씬 넘는다고 하는데 모양은 느릅나무와 흡사하였다. 이상한 것은 도대체 수종이 무엇인지 알려지지 않고 있다는 것이다. 어찌했든 해마다 가을철이 오면 나무에는 예나 이제나 앵두 크기의 노란 과일이 풍성하게 달린다고 한다.

"그림속의 떡이지요. 식용이 불가능하니까요." 이전전 촌장의 설명이다. 그에 따르면 현지인들은 이 이상한 나무를 '치우괴수怪樹'라고 부른단다. 어쩌면 전세前世의 인물 치우가 수천 년의 시공을 뛰어넘어 천년의 괴수로 현신한 듯했다. 치우의 신상에 얽힌 수두룩한 비밀은 지금 무명無名의 과일로 응고되어 세상에 뭔가 하소연하고 있는 것 같았다.

나귀 등에 실린 나라
고죽국

<u>노룡</u>^{盧龍} 현성 남쪽의 채가분^{蔡家墳} 마을에서 농가에 들어서는데 담 근처에서 여물을 썹던 나귀가 먼저 '어흥' 하고 기척을 한다. 마치 "웬 나그네가 찾아 왔어요." 하고 서둘러 집주인에게 귀띔을 하는 것 같았다.

중국에는 '하늘에는 용의 고기, 땅에는 나귀 고기'라는 속담이 있다. 볼품없는 나귀가 적어도 식탁에서는 용에 비견할 만큼 대단하다는 것이다. 이 때문인지는 몰라도 나귀 등속은 일찍 고죽국^{孤竹國}의 방물^{方物}로 주나라의 왕실에 진상되었다고 선진^{先秦}시기의 『일주서^{逸周書}』가 전한다. 이 기록에 따르면 그때 나귀 등속은 고죽국에서 '거허^{距虛}'라고 불렸다고 한다.

아쉽게도 '거허'라는 이 생소한 이름은 벌써 잊혀진지 오래다. 그러나 나귀는 여전히 고죽국의 옛 땅에서 색다른 시골 풍속도를 그리고 있는 것이다.

　고죽국은 상商과 주周 시대에 난하灤河 유역을 중심으로 요서遼西 지역에 존재했던 나라이다. 고죽인은 원래 상 부족의 분파인 묵태墨胎 씨이며 상 부족이 남하했을 때 부족 연합을 이탈한 후 독립된 세력을 형성하였다. 그들은 연산 기슭에서 농업과 유목에 종사하다가 약 B.C.1600년에 나라를 세운 걸로 알려진다. 춘추시대 고죽국은 서쪽으로는 연燕, 남쪽으로는 제齊와 맞닿아 있었으며 북쪽으로는 산융山戎의 압박을 받았다. 고죽국은 B.C.664년, 제齊의 정벌로 멸망하였다.

고죽문화의 고향 노룡 현성

　채가분의 북령北嶺은 마을사람들에게 '고자성孤子城'이라고 불리는 곳으로, 현지 학계에 의해 고죽국의 도읍이 있었던 것으로 비정되고 있다. 옛 문헌의 기록대로 청룡하靑龍河와 난하灤河의 합수목에 근접하며 또 청동기를 비롯한 대량의 유물이 출토된 것이다. 채가분에는 아직까지 성벽유적과 제사유적, 대형 귀족무덤 등 직접적인 증거가 부족하지만 고죽국의 도읍이 이 부근에 있었다는 주장은 옛날부터 정설로 자리하고 있다. 더구나 채가분 주변에는 고죽국의 '얼굴'로 간주되는 백이伯夷와 숙제叔齊의 유적이 남아 있다. 그래서 노룡은 항간에서 백이와 숙제의 고향이라는 의미의 '이제고리夷齊故里'로 불리고 있다.

백이와 숙제가 책 읽던 곳의 바위에 새긴 글

노룡 현성에 있는 백이숙제 고향 비석

노룡 부근의 마을에 있는 전형적인 북방 농가

백이숙제 청절묘 옛터 비석

백이와 숙제는 사기열전史記列傳의 제1편을 장식한 유명한 인물이다. 그들은 고죽국의 국왕의 아들들이다. 고사古事에 따르면 무왕武王이 상나라를 멸망시키자 모두 주나라를 종주국으로 섬겼다. 오직 백이와 숙제만이 무왕이 천도天道와 인도人道를 저버린 일을 용서하지 않았다. 그들은 이런 주나라의 땅에서 나는 곡물은 먹지 않겠다고 맹세하고 수양산首陽山에서 은둔하며 나중에 고사리를 캐 먹다가 굶어 죽었다. 그때부터 백이와 숙제는 고대 충절의 상징적 인물로 추앙되었다. 먼 훗날 조선 사절들은 사행使行 때마다 난하 기슭의 백이·숙제 사당에 들려 고사리를 먹는 게 명문화되지 않은 관례로 되었다고 한다.

그때 연행록에 실렸던 이 백이·숙제 사당은 현성 가운데의 둔덕에 있었던 '청절묘淸節廟'가 아닐지 한다. 청절묘는 일명 백이·숙제 사당이라는 의미의 '이제묘夷齊廟'라고 하는데, 요동에서 북경으로 통하는 길목에 위치하고 있기 때문이다. 청절묘는 중국 사학자 사마광司馬光이 남긴 시 '이제묘'로 미뤄 적어도 송나라 때 이미 세워진 걸로 추정된다. 청절묘는 명나라 때 이전되고 보수되었으며 청나라 건륭乾隆 황제는 두 번이나 청절묘를 찾아 백이와 숙제를 찬양하는 시를 지었다고 한다. 이 청절묘는 옛터마저 전부 사라지고 백이와 숙제의 이름을 박은 비석으로 외롭게 남아있었다.

'이제묘'는 난하를 건너 현성에서 서북쪽으로 10여 km 떨어진 강기슭에도 하나 있다. 그런데 사당 건물은 1950년대 이미 철거되고 어느 공장이 들어섰으며 토담의 일부만 남았을 뿐이다. 사당 뜰에 있던 고목은 남김없이 잘려나갔고 줄느런하던 비석들은 남김없이 모조리 마을의 관개용 우물을 쌓는데 들어갔다고 한다.

사당 앞의 하늘을 찌르는 수양산도 더는 노룡 여덟 경물의 하나로 꼽혔던 그 수양산이 아니었다. 철광채굴 때문에 산정이 풀썩 주저앉았고 또 산을 메웠던 수풀도 자취를 감추고 있었다. 산등성이에는 고사리 대신 폐광석 덩어리가 지저분하게 널려있다.

백이와 숙제가 은둔했다는 수양산은 훗날 그들의 충절을 기리기 위해 지은 '이제묘'처럼 여러 개나 된다. 하남성河南省의 안양安陽과 언사현偃師縣의 망산邙山, 섬서성陝西省의 청원현淸源縣, 산서성山西省의 뇌수산雷首山, 감숙성甘肅省의 농서현隴西縣에 있으며 심지어 대륙이 아닌 한반도의 황해남도 해주에도 있다.

이제묘와 수양산은 여러 곳에 등장하며 이 때문에 고죽국이 황하유역에 있었고 또 한반도의 황해남도에 있었다는 이런저런 황당한 설을 만들어내기에 이른다. 고죽국은 마치 나귀 등에 실린 짐짝처럼 여기저기 제멋대로 이동한 것이다. 그러나 '공자孔子사당이 있다고 해서 꼭 공자의 고향 곡부曲府가 아닌 것'처럼 이제묘와 수양산은 단지 백이와 숙제가 그토록 만천하에서 숭앙을 받던 인물이라는 걸 나타낼 뿐이라는 게 전문가들의 지적이다.

이와는 달리 백이와 숙제의 생활체취가 묻어나는 유적은 청룡하와 난하 기슭에만 있으며 따라서 고죽국의 지리위치를 확정하는 중요한 단서로 되고 있다.

　백이와 숙제가 마셨다는 우물 '이제정夷齊井'은 노룡 현성의 청절묘 비석에서 약간 북쪽으로 떨어져 있다. 담 기슭에 서있는 2~3평 크기의 허름한 건물 안에 우물이 있는데, 문짝에 큰 자물쇠가 달려 있었다. 명나라 『영평부지永平府志』에 따르면 우물 옆에는 원래 옛 비석이 있었다고 한다. 비석에는 "이제가 여기에 살았으며 물을 마시면 단맛이 난다."는 글이 쓰여 있었다는 것이다. 그러나 명문이 있었다는 옛 비석은 20세기 중반의 동란 시기에 행방불명이 되었다. 지금의 비석은 10년 전 옛 우물을 보호하기 위해 우물 밖에 작은 집을 지을 때 보호 표지로 세운 것이라고 한다.

3천 년 전에 백이숙제가 마셨다는 우물이 노룡 현성에 남아 있다.

"물이 정말 시원하고 맛이 있었지요." 우물동네에서 만난 왕王 씨 성의 노인의 말이다. 동네 사람들은 현성에 수돗물이 통한 후에도 오랫동안 '이제정'의 물을 마시는 걸 고집했다고 한다.

노인은 또 옛날 이 우물을 '팔보유리정八寶琉璃井'이라고 불렀다고 알려준다. 그러나 언제부터 이렇게 불렀는지, 또 여덟 보배라는 뜻의 팔보八寶는 도대체 무엇을 뜻하는지는 누구도 모른단다. 이상하게도 이 우물이름은 약 3천 년 전 난하 맞은쪽에 축성된 '조선성朝鮮城'에도 나타난다.

천년의 시공간을 뛰어넘어 백이와 숙제와 만날 수 있는 유적은 또 하나 있었다. 바로 백이와 숙제가 글을 읽던 곳이라고 하는 '이제독서처夷齊讀書處'이다. 이곳은 채가분에서 남쪽으로 약 7km 떨어진 육음산六音山에 위치한다. 육음산은 사찰이 운집하여 종소리가 아침저녁으로 그칠 줄 몰랐다고 해서 지어진 이름이다.

육음산 입구에서 과수나무를 손질하고 있던 고각장高各庄의 촌민 조봉루趙鳳樓 씨가 안내인으로 나섰다. 육음산은 세 개의 산으로 이뤄졌는데 옛 서

백이숙제가 책 읽던 곳에 세워진 현대 비석

당이 있었다는 서원산書院山은 가운데 위치하고 있었다. 산중턱에는 키 높이의 비석이 두 개 있었다. 아래쪽의 비석은 노룡현 전부가 얼마 전에 세운 것이었고, 위쪽의 평지에 있는 비석은 청나라 건륭황제 때 세운 것이었다. 청나라 때의 비석은 1976년 당산唐山 지진에 넘어졌고 기반에 금까지 실렸는데 훗날 그 자리에 다시 세웠다고 한다. 비석 서쪽의 바위에

는 '전서篆書'체로 '이제독서처夷齊讀書處'라는 다섯 글자가 쓰여 있었다. 이 글자는 당나라 때의 유명한 학자인 한유韓愈의 필적이라고 한다.

산중턱의 평지는 얼핏 보기에도 수십 평 크기가 되었다. 옛날 이곳에는 사찰과 이에 딸린 건물들이 여러 채 있었다. 그러나 약 50년 전에 현지인들이 집을 짓느라고 온전한 자재들을 전부 뜯어가서 말끔히 소실된 상태였다. 평지 뒤쪽에는 옛 우물이 하나 있었다. 우물의 입구는 지름이 1미터 정도 되었으며 입구의 돌에는 꽃모양의 그림이 새겨져 있었다.

백이숙제가 책 읽던 곳 옛 우물가의 꽃무늬

"예전에 이 우물에는 물이 참 많았지요." 조봉루 씨는 1960년대 중반까지 우물에는 늘 2미터 깊이로 물이 넘쳤으며 사시장철 마르지 않았다고 말한다.

"우물에서 물이 하도 많이 흘러 겨울에는 아래의 골짜기에 얼음판이 생겼지요."

우물에서 몇 걸음 떨어진 북쪽에는 2~3미터 높이의 바위가 병풍처럼 막아 서있었다. 바위 아래의 옴폭한 구덩이에는 물이 찰랑찰랑 고여 있었다. 이 구덩이의 이름은 벼루를 씻는 못이라는 의미의 '세연지洗硯池'라고 불리는데, 옛날 백이와 숙제가 이 구덩이의 물에 벼루를 씻었다고 전한다. '문화대혁명' 시기, 마을의 무지막한 젊은이들이 다이너마이트로 바위를 폭파하면서 구덩이는 원 모양을 잃었으며 그 무렵부터 못 아래에 있는 우물의 물도 말라들었다는 것이다.

영평부 서문 일각

솔직히 백이와 숙제의 고사로 알려져 있는 고죽국의 이야기도 그렇게 고갈되는 것 같아 울적한 기분이 들었다. 이런 허전한 마음을 달래려는 듯 조봉루 씨는 점심식사를 하고 가라면서 초면인 우리 일행을 극구 만류했다. 오랜만에 풋풋한 고향의 정취와 순수한 시골 인정을 느낄 수 있었다.

일찍 서한西漢 시기의 『방언方言』과 『설문해자說文解字』는 모두 노룡과 고조선의 풍습이 비슷하다고 전하고 있다. 더구나 옛 문헌에 따르면 "고려(고구려)의 땅은 본래 고죽국이었으며, 주周나라 때에는 기자箕子를 봉한 곳이었다." 고죽국의 옛 땅에는 고구려가 있었고 또 기자조선箕子朝鮮이 있었다는 얘기가 된다. 노룡과 고죽국, 고조선, 고구려에 얽힌 인연을 보여주는 대목이다.

지금도 노룡과 부근의 지역에는 기자조선과 고구려의 유물, 유적이 적지 않게 남아있다. 옛 문헌의 기록을 실물로 증명하고 있는 셈이다.

그런데 이런 유적과 유물은 이런저런 원인으로 '고죽孤竹'이라는 이름처럼 세간에는 거의 알려지지 않고 있다. '고죽'은 주나라에 공물로 바쳤던 '거허距虛'와 마찬가지로 중국어 계통이 아니란 건 확실하지만, 그 진실한 내용은 오래 전에 벌써 사람들의 집단의식에서 소실된 이름이다. 정말이지 '고구려'의 이야기 역시 나귀 등에 실린 고죽국처럼 종내는 엉뚱한 곳으로 끌려가지 않을까 하는 우려가 갈마들었다.

노구교 저쪽에는 천지가 있었다

황당한 말 같지만 정말로 "똥을 잘(잘못) 누면 역사를 만든다." 노구교盧溝橋의 저쪽에서 일본군이 귀영하다가 뒤를 보러 갔던 병사를 찾는 소동을 벌이며 급기야 중일 양군兩軍의 싸움으로 치달은 그 사건이 바로 1937년 7월 7일 장장 8년의 중국 항일전쟁 꼭지를 뗀 '노구교사변'이다.

여기에 등장하는 노구교는 북경 서남쪽으로 약 15km 되는 곳에 위치한다. 옛날 이 지역에는 갈대가 무성했으며 노구교는 이 때문에 얻은 이름이라고 한다.

노구교는 평일에도 유람객이 그치지 않는다. 저마다 돌사자 난간에 기대어 사진을 찍느라고 분주하다. 그들에게 다리 아래에 흐르는 강 이름을 아는가 하고 물었다. 웬걸, 쉬운 문제라고 생각했던 이 '퀴즈풀이'에 하나 같이 머리를 절레절레 흔든다. 나중에 북경에서 대학을 다닌다는 이 씨가 딩동 하고 벨을 울렸다.

"영정하永定河라고 부른답니다. 청나라 때 수로가 영원히 안정하라는 소망을 담아 지었다고 하지요."

영정하 위의 노구교

이 씨는 학교도서관에 들려 일부러 자료들을 찾아보았다고 한다. 그는 노구교가 북경에 현존하는 제일 오랜 다리이며 또 난간에 있는 돌사자가 무려 501개나 된다고 하면서 다리에 감긴 말 다발을 풀어놓는다. 정작 강 이름 이야기는 거기서 물 흐름이 끊긴 듯 동강이 나고 있었다. 그역시 노구교의 황홀한 그림자에 가려 "나무만 보고 숲은 보지 못한" 실수를 저지른 것이다.

북경 지명지地名志에 따르면 강의 옛 이름은 뽕나무 상桑, 마를 간干 자를 넣은 상간하桑干河이다. 이 이름은 특정시기의 강의 수위를 강기슭에 무성한 뽕나무에 연계시키고 있다. 실제 해마다 뽕나무 열매가 익는 4월이면 강바닥이 말라 붙어 잔등처럼 허옇게 드러난다고 한다.

계절적으로 마르는 상간하는 산과 들을 지나는 천연적인 통로를 만들었다. 적어도 5천 년 전에는 중국 대륙에서 유일한 인간 대통로였다. 이 시기의 인간은 아직 길을 닦을 능력이 없었으며 다만 천연 통로를 이용하여 이동했기 때문이다. 상고시대 황제黃帝와 치우蚩尤가 전쟁을 벌였던 탁록涿鹿은 바로 이 통로 부근에 위치한다. 중원의 황하유역에서 생활하고 있던 황제는 이 옛 통로를 진공로로 이용하여 북방의 연산 기슭까지 거침없이 진군할 수 있었다는 것을 알 수 있다.

그런데 다소 충격적인 주장이 있다. 중국 고대사에서 한자리를 차지하고 있는 이 상간하가 실은 고조선의 강 습수濕水라는 것이다. 『사기·조선전史記·朝鮮傳』은 "조선에는 습수濕水, 열수洌水 산수汕水의 세 강이 있으며 이것이 합류하여 열수가 되었다."라고 기록하고 있고 『사기집해史記集解』는 "낙랑樂浪이나 조선은 여기에서 이름을 딴 것인 듯싶다."라고 하고 있다. 중국에서 현존하는 가장 오래된 지도 '우적도禹迹圖'에는 수도 북경 남쪽을 흐르는 큰 강이 '습수'로 표시되어 있다. 현재의 지도를 보면 습수는 상간하일 수밖에 없다는 것이다.

이 명제의 옳다 그르다를 떠나 북방문화와 중원문화는 정말로 상간하의 기슭에서 만나고 있다. 1970년대 상간하 상류의 장가구시張家口市 삼관三關 유적에서 북방 홍산紅山문화의 대표문양인 용무늬 채두와 중원의 앙소仰韶문화를 대표하는 꽃무늬 채도는 한곳에서 나왔다. 홍산문화와 앙소문화가 상간하 일대에서 접변했다는 근거이다.

태원해방기념관

태원해방기념관의 조각상 폭탄을 안고 돌진하는 해방군의 모습을 형상화했다.

상간하에 얽힌 천년의 '인연'은 그네들의 굴레로 세기를 뛰어 넘어 북방과 중원을 기어코 한데 묶어놓는다.

황제와 치우의 탁록대전涿鹿大戰이 지난 먼 훗날 이번에는 북방의 고구려가 원정군을 파견하여 중원의 병풍인 태원太原을 진공한다.『삼국사기』고구려본기의 기록에 따르면 "2년(49년) 봄, 왕(모본왕慕本王)이 장수를 보내 우북평右北平, 어양魚陽, 상곡上谷, 태원太原을 침습케 했다." 우북평과 어양은 상간하의 바로 북쪽에 있고 상곡은 모두 상간하 기슭에 있으며 태원은 상간하의 끝머리인 발원지의 부근에 있다. 그런데 고구려 원정군이 '침습'한 시점이 상간하의 갈수기인 봄철이라는 것은 고구려 원정군이 옛날 황제가 탁록으로 진군하던 통로를 이용했을 개연성을 높이고 있다.

그로부터 100년 후인 한漢나라 건녕建寧 원년(168년) 12월, 선비와 예맥이 유주幽州와 병주幷州를 침구侵寇했다고 『후한서後漢書』가 기록한다. 예맥은 부여와 고구려, 옥저 등을 포괄하는 단어로 여기서 등장하는 예맥은 시기나 위치를 보아 고구려를 지칭한다. 유주는 지금의 북경 일대이며 병주는 태원 일대이다. 고구려가 재차 태원을 진공했다는 것도 그렇지만 이 시기가 또 상간하의 갈수기인 겨울철이라는 걸 단순한 우연의 일치라고 보기 어렵다.

그런데 물음표가 하나 생긴다. 고구려의 서쪽경계가 지금의 요녕성遼寧省 요하遼河 일대에 있었다면 원정군은 중간의 광대한 땅을 무인지경처럼 쉽게 통과하여 한나라를 진공했다는 얘기가 된다. 그건 둘째치고서라도 왕복 약 5천리나 되는 강행군에서 군량미와 교통로를 어떻게 확보했을까…… 설사 강대한 기병일지라도 군량미의 운수와 소모는 무서운 지출이다. 『사기史記』의 기재에 따르면 진나라 때 중원에서 1섬의 식량을 북방 전선까지 운송하는데 운수대가 도중에 소모하는 식량은 무려 192섬에 달했다고 한다. 그래서 훗날 수隋나라와 당唐나라는 고구려를 칠 때 먼저 수개월의 시간을 허비하면서 먼저 군량미를 유주까지 운반하여 집결하는 과정을 겪었던 것이다.

『삼국사기』는 태조太祖 "3년(55년) 2월에 요서에 10성을 쌓아 한나라 군사를 방비했다."고 기록하고 있다. 늦어도 1세기 중반에는 지금의 하북성 동부를 망라한 요서 지역이 고구려 강역에 들어가 있었던 것이다. 또 고구려는 한때 상간하 유역의 하북성河北省 중부 심지어 남부까지 강역을 넓힌 것으로 보인다. 상간하의 남쪽 지류인 역수易水 기슭에는 연燕나라 고토의 미인을 읊은 북주北周 때의 시 '고구려'가 등장하고 있다. 시는 경국지색의 이 미인들이 연나라가 아닌 고구려 사람이라는 것을 밝히고 있다. 역수 남쪽의 창주시滄州市 하간河澗에는 '고려성' 유적이 나타나 이 시의 내용을 증빙하고 있다.

중국의 고문헌에도 이러한 진기록이 남아있다. 25사史의 하나인 『송사宋史』는 고려열전에서 "고려는 본래 고구려라고 한다. 우왕禹王이 구주九州로 나눴는데, 기주冀州의 옛 땅에 속한다. 주나라는 기자국箕子國이라고 했고 한나라의 현토군玄菟郡이다."라고 밝히고 있다. 하북성은 우왕 때 대부분의 지역이 기주에 속했다. 그래서 하북성은 지금도 약칭을 기冀로 쓴다. 하북성 일대에 나타나는 고구려인들의 정체를 알려주고 있는 대목이다.

천지로 들어가는 입구 ▶

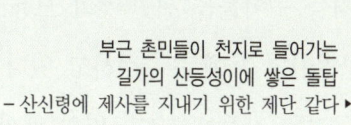

부근 촌민들이 천지로 들어가는
길가의 산등성이에 쌓은 돌탑
– 산신령에 제사를 지내기 위한 제단 같다 ▶

사찰 해영사에서 보는 천지 ▶

천지 북쪽 비탈에 있는 해영사 ▶

실제 하북성 중부와 남부 지역에는 고구려인들이 적지 않게 거주하고 있었다. 『위서魏書』 도무제기道武帝記에 따르면 "천흥天興 원년(398년), 산동山東 6주州에 있는 한족의 일부 백성과 관리, 모용부慕容部의 백성, 고구려와 그 밖의 소수민족 잡부 36만 명, 온갖 기술자와 예인藝人 10여 만 명을 경사京師로 이주하여 채웠다." 산동 6주는 역사적으로 통상 지칭하는 발해 기슭의 산동이 아니라 태항산太行山 동쪽과 서쪽의 중산中山, 기주冀州, 유주幽州, 평주平州, 병주幷州, 옹주雍州를 말한다. 36만 명의 인원 구성에서 관리와 백성들과 더불어 일원으로 단독 등장하는 고려인들은 최소 수 만 명 단위로 헤아릴 수 있다. 중국의 학자들은 이들을 전연前燕의 모용황慕容皝에 의해 연나라 땅에 끌려왔던 고구려인의 후예로 추정하고 있다. 모용황은 고국원왕故國原王 12년(342년) 고구려를 침공하고 5만 명의 백성을 붙잡아갔다고 한다. 그런데 반백년이나 지난 후 이런 '포로'들이 구경 얼마나 생존하고 있었을지 의심하지 않을 수 없다. 사실 한꺼번에 수 만 명의 인원을 모집하여 이주할 수 있었다는 건 천흥 원년을 위시하여 태항산 주변에는 대량의 고구려인이 장기간 거주, 생활하고 있었다는 것을 알 수 있다.

이런 내용을 묵살하고 그저 '포로'라는 이름에 끼워 맞추다 보니 앞뒤가 안 맞는 뒤죽박죽의 이야기가 엮어진다. 옛날 영토지배의 상징물이었던 성곽 '고려성'은 '포로수용소'로 해석되며 문헌에 한두 줄 남아있는 고구려의 '태원太原 원정'은 아예 잘못된 기록으로 치부된다. 푸른 물결이 넘실거리던 그 단락의 역사는 마치 갈수기에 접어든 상간하처럼 메마른 강바닥의 처량한 기억으로 남게 되는 것이다.

그럴지라도 상간하는 수나라와 당나라 때에도 여전히 중원과 북방을 잇는 통로였다. 그때 고구려 정벌에 나선 수나라와 당나라의 군량과 인마는 수로 상간하를 통해 유주幽州(지금의 북경)에 집결한다.

상간하는 고구려가 존속한 수백 년 동안 내내 고구려와 한데 연결되고 있는 것이다. 그런데 이 상간하는 기이하게도 '천지天池'에서 흘러나온다. 천지는 곧바로 백두산의 천지를 상기하게 하는 지명이다. 상간하를 따라 서북쪽으로 약 300km 올라가면 바로 태원의 녕무현寧武縣에 있는 천지가 나타난다. 전하는데 의하면 북위北魏 때 효문제孝文帝가 금 구슬을 달아맨 일곱 마리의 물고기를 천지에 놓아 주었는데 훗날 이 물고기를 백 리 밖의 상간하에서 잡았다고 한다. 천지가 상간하와 통하고 있다는 증거이다.

녕무의 천지는 전국戰國시기부터 역시 백두산 천지처럼 명승지로 소문을 놓았다고 한다. 천지는 수隋나라와 당唐나라 시기 더더욱 각광을 받는 명승지로 되었다. 수양제隋煬帝는 일찍 천지 주변에 행궁 수양궁隋陽宮을 지었으며 당나라는 정원貞元 15년(799년) 천지 주변에 황실 목장을 세우고 해마다 전마戰馬 70만 마리를 방목했다. 그래서 현지에서는 아직도 천지를 전마 군영이라는 의미의 마영해馬營海라고 부른다. 천지 기슭에는 또 수나라 때 지었다고 하는 고찰古刹 해영사海瀛寺가 있다.

하늘 못의 천지가 있는 상간하는 제단의 신성한 장소로 사용되기도 하였다. 대업大業 7년(611년), 수양제는 고구려 출정을 앞두고 계성薊城 남쪽의 상간하 기슭에 지신地神과 곡신穀神의 제단을 쌓고 출정 제사를 올렸다. 이때 각국 사절과 여러 번왕藩王이 제사 의식을 구경했다고 한다. 수양제는 이 성대한 의식을 빌어 주변국에 수나라 천자에게 머리를 숙이지 않으면 기필코 좋은 결말이 없다는 경고의 메시지를 주고자 했던 것이다. 그러나 이 제사는 고구려와 벌인 전쟁에서 참패를 예고하는 의식이 되었고 이어 수나라의 멸망을 자초한 제전이 되었다.

녕무의 천지는 그 이름처럼 백두산 천지와 나란히 쌍벽을 이룬다. 중국 동서남북에 천지가 약 100개 정도 되지만 고대 지리서 『산해경山海經』에 기재된 '천지'는 백두산의 천지와 녕무의 천지 일뿐이다. 상간하의 천년의 진실 역시 그렇게 백두산의 '천지'와 이어지는 것일까…

잠깐, 에피소드가 하나 있다. 노구교에서 최초로 일본군과 접전했던 중국 국민군 제29군단에는 뜻밖에도 조선인 장교가 둘이나 등장한다. 김자열金子烈(1897~1961년)이라고 하는 조선인이 소속 180사단에서 소장급 참모장으로 있었으며 강석훈姜錫勛(1896~?)이라고 하는 다른 조선인은 소속 113여단의 상교上校 부관으로 있었다고 한다. 이 같은 놀라운 사실은 20년 전 북경에 살던 김자열 아들의 기술記述에 의해 밝혀졌다.

'중국 항일전쟁의 첫 총소리를 울린 조선인 장교'라는 이 명제는 어딘가 이상하지만 그렇다고 황당한 진실은 아니었다.

제 2 장
기자 전설의 고장

고조선의 옛 땅 위에 기자의 동네가 있다.
기자가 살던 마을, 기자가 수련하던 동굴,
'고려'의 우물이 있는 바닷가슭……
그러나 옛 주인은 말이 없었다.

갈석산,
발해 기슭의 천년의 비석

창려昌黎 현성에서 북쪽으로 손을 내밀면 금방 잡힐 듯 빤히 보이긴 했지만 정작 산기슭까지 5km나 된다고 한다. 갈석산은 연산산맥이 바다 쪽으로 삐죽 내민 여맥으로, 발해 기슭에서 제일 높은 산봉우리이다. 깎아지른 듯한 절벽 위에 비석처럼 우뚝 서있는 산정은 그야말로 하늘 아래의 돌비석을 방불케 한다. 비석 갈碣 자를 쓰고 있는 갈석산碣石山의 이름은 이 때문에 얻어진 것이라고 한다.

버스 배차시간이 너무 길어서 택시를 불렀더니 밋밋한 그 바위산에 올라가서 뭘 하느냐고 묻는다. 장蔣 씨 성의 이 기사는 언제인가 친구들을 따라 재미 삼아 산정에 올랐는데 여독 때문에 반나절이나 차를 몰지 못했다고 한다.

갈양호 저쪽에 서있는 갈석산

갈석산 정상에서 본 갈양호와 현성

"온몸이 쑤시는 것 같았어요. 산에 괜히 올라갔다는 생각을 했어요"

아닌 게 아니라 갈석산을 너무 쉽게 본 게 아닌가 하는 생각이 들었다. 하늘에서 가파른 비탈을 타고 돌계단이 산사태처럼 무시무시하게 쏟아져 내리고 있었다. 어떤 곳은 아예 계단을 쌓을 대신 집채 같은 바위에 발을 들여놓을 홈을 드문드문 파놓았을 뿐이었다.

어느 산 기행의 달인이 지었는지 바위에 새겨진 이름이 자석처럼 눈길을 당긴다. '해탈령解脫嶺', '비래봉飛來峰' '천문제일天門第一', '입승入勝' …… 그야말로 속세를 떠난 천계天界의 경지에서 노니는 것 같다.

자욱한 운무를 헤집고 어디선가 산행객의 외치는 소리가 간간히 들렸다. 머리 위에 무지개처럼 걸린 돌계단에서 홀연히 선인들이 모습을 드러낼 것 같았다. 금세라도 산 어디인가 묻혀있는 태고의 울림소리가 샘물처럼 졸졸 흘러나올 듯…

갈석산의 기록은 『상서·우공尙書·禹貢』에 제일 먼저 나타난다. 『우공』은 갈석산의 위치에 대해 "조이鳥夷의 짐승 가죽은 갈석을 오른쪽으로 끼고 강에 들어간다."라고 적고 있다. 여기서 조이는 새를 토템으로 삼고 있는 동이를 말하고 짐승 가죽은 공물을 말하며 오른 쪽은 서쪽을 뜻하고 강은 옛날 황하를 이르던 명칭이다. 그 뜻인즉 동이족은 공물을 갖고 갈석산의 서쪽으로 가서 황하에 들어섰다는 것이다. 옛날 황하의 바다어구는 오늘의 천진시 일대에 있었으며 갈석산과 서쪽으로 불과 170km 떨어져 있었다. 상고시대 중원으로 가던 북방의 사절단은 발해 바다에서 갈석산을 지상 표지물로 삼아 서쪽으로 가서 황하의 바다어구에 들어갔던 것이다.

갈석산 기슭의 수암사

지금도 진황도秦皇島 일대의 어부들은 바다에 2~3백리 나가서 물고기를 잡을 때 갈석산을 향해 표지로 삼는다고 한다. 엄지처럼 하늘로 쑥 치켜든 이 갈석산은 바다에서 '등대'처럼 멀리서도 보인다고 속칭 '엄지산'이라고 불린다.

그럴지라도 갈석산은 도대체 어디에 위치하고 있는지 세간에 시야비야의 화제를 낳고 있다. 이름이 똑같은 '쌍둥이'가 여러 곳에 등장하고 있기 때문이다. 진황도시의 창려를 제외하고 말해 남쪽의 산동성과 북쪽의 요녕성에도 또 갈석산이 있는 것이다.

당나라의 사마정司馬貞이 완성한 『사기색은史記索隱』은 사마천司馬天의 『사기史記』를 해설하고 분석한 연구서이다. 사마정은 『태강지리지太康地理志』라는 책을 인용하여 "낙랑樂浪의 수성현遂城縣에는 갈석산이 있으니 장성이 시작되는 곳"이라고 설명을 부연했다. 『태강지리지』는 서진西晉 태강太康(280~289년) 연간에 완성된 지리책이다.

여기서 말하는 낙랑은 B.C.108년 무렵, 한무제漢武帝가 위만조선衛滿朝鮮의 땅에 설치한 그 낙랑군이다. 수성현은 한무제 때 이미 창설된 곳으로 낙랑군이 관할하던 6개 현縣의 하나이며, 수성현에서 시작된다고 하는 장성은 진시황이 쌓았다고 하는 만리장성이다.

당나라 때의 인물인 두우杜佑 역시 갈석산은 "진晉나라 때의 '태강지리지'가 말하는 것처럼 진 나라의 장성이 시작된 곳이다."라고 밝히면서 의례서의 일종인 『통전通典』에 이렇게 기록하고 있다. "(노룡현은) 한나라 때의 비여현肥如縣이다. 갈석산이 있으니 바닷가에 우뚝 솟아있으므로 이런 이름을 얻었다."

그렇다면 노룡현이 어디라는 것을 밝히면 갈석산은 그 위치가 드러나는 셈이다.

여러 가지 문헌을 종합하면 노룡현은 수나라 개황開皇 18년(598년) 비여현을 대체한 이름이라는 것을 알 수 있다. 비여肥如는 제환공齊桓公의 북벌에 의해 고죽국孤竹國이 멸망한 후 그 자리에 출현한 비자국肥子國의 다른 이름이다. 비여현은 한무제가 즉위한 초반기인 B.C.140년 전국을 103개 군으로 나누고 13개 주자사부州刺史部를 설치할 때 유주자사부幽州刺史部가 관할하는 요서군遼西郡에 소속되었다. 그 후 비여현은 여러 조대를 두루 거쳐 나중에 수나라에 들어갔던 것이다. 노룡현은 개칭된 후 이런저런 변혁이 있기는 했으나 지금까지 진황도시를 구성하는 현의 하나로 그 역사를 쭉 이어오고 있다.

현재의 노룡현에는 백이, 숙제의 흔적이 적지 않게 남아있으며 이들 형제가 왕자로 있었다는 고죽국의 자리로 지목된다. 고죽국은 나중에 위만조선이 정권을 탈취한 기자箕子朝鮮과도 밀접한 곳이라는 기록이 여러 문헌에 남아있다. 노룡 지역에는 또 기자조선의 유적들이 산발적으로 널려있으며 이와 관련한 전설이 적지 않다. 이로써 진시황이 옛날 순행 때 올랐다는 갈석산은 지금의 진황도시 일대에 있었음을 부인할 수 없다. 따라서 갈석산은 진한과 기자조선, 연나라와 위만조선 경계지역에 있었던 지상 표지물이었다는 사실을 확인할 수 있는 것이다.

일각에서는 고조선의 본거지이었던 요동이 지금의 요하 일대라는 주장을 들어 갈석산을 요녕성 흥성興城의 '갈석산'에 비정하며 또 갈석산 서쪽에 황하가 있다는 점을 주목하여 갈석산을 산동성 무체현無棣縣의 '갈석산'에 비정하기도 한다. 그러나 고조선의 유적은 주로 하북성 지역에 나타나며 또 황하가 바다로 흘러드는 출구는 한나라 때만 여러 번 바뀌었던 것이다.

뜻밖에도 역사학자 이병도는 갈석산을 중국 대륙이 아닌 한반도의 황해도에서 찾는다. 그는 낙랑군 수성현에 갈석산이 있으며, 이곳이 바로 만리장성이 시작하는 기점이라고 적은 『태강지리지』의 기록에 주목하고 황해도 북부의 수안遂安이 수성遂城과 음이 비슷하다는 이유로 이곳을 낙랑군 수성현의 자리로 지목했다. 이에 따라 갈석산도 자연히 황해도 수안 일대에 있을 수밖에 없었으며 기자조선도 단숨에 발해를 건너 한반

도에 정착하게 되었던 것이다.

지금은 황당하게 보이는 이 주장은 오히려 갈석산이라는 지명이 고조선의 위치를 밝히는 데서 '등대'로 되고 있다는 사실을 새삼 확인하게 한다.

그야말로 갈석산에 오르면 먼 바다와 이어진 발해가 보이고 또 역사의 저쪽에 숨어있는 '조선'이 보일 것 같다.

그런데 몇 걸음 더 걷고 나니 저도 몰래 한숨이 나온다. 돌계단은 정말로 하늘 위까지 이어졌는지 도무지 끝이 보이지 않고 있었다. 등산길에 만나 함께 오르던 젊은 친구 몇몇은 아예 내려갈까 하고 저들끼리 의논을 한다. 한 시간 내내 가파른 비탈을 오르면서 체력에 바닥이 났고 또 마음도 힘들어진 것 같았다.

"꼭대기에 올라가도 바위뿐이잖아? 그만 둘까?"

진시황 바위(위)
여섯 힘장사가 옮겨왔다고 한다.
갈석산 정상(아래)

"힘들게 여기까지 왔는데…… 아쉽단 말이야. 산에 다시 올 기회도 없거든."

뒷이야기이지만 갈석산의 북쪽비탈은 남쪽과 달리 완만하다고 한다. 갈석산 북쪽으로 10여 km 떨어진 마가욕馬家峪에서 후명산後明山을 지난 후 산 사이의 하곡지대를 따라가면 역시 갈석산 정상까지 오를 수 있다는 것이다.

갈석산은 창려 현성의 북쪽을 막고 있는 천연적인 병풍이다. 옛날 동이와 중원 부족이 만나던 이 요충지는 전술가들이 호시탐탐 노리던 곳이었다. 후명산은 바다 기슭의 창려 현성에서 북쪽의 무녕撫寧 현성으로 통하는 길목에 위치, 또 갈석산 등산로의 북쪽 입구여서 더구나 이목을 끈다. 이런 후명산을 갈석산 지역을 차지하고 있던 역대의 전술가들이 그대로 놓아둘 리 없었다.

후명산 바로 남쪽의 대동산大同山과 양두산羊頭山의 절벽 위에는 촌민들이 옛 성이라고 부르는 석성 한 쌍이 서로 마주하고 있다. 옛 현지縣志에 따르면 대동산 산성의 우물에는 요나라 성종聖宗(971~1031년)의 연호가 새겨져 있었다고 한다. 그러나 쌍둥이 성으로 보이는 양두산의 산성에서 발견된 쇠도끼 등 유물로 미뤄 선인들의 발자취는 요나라를 거슬러 전

산기슭 수풀 속에 있는 돌담(위)
갈석산 수풀 속에 있는 연자방아(아래)

국시기로 올라가고 있다는 것을 알 수 있다. 대동산과 양두산의 산성은 갈석산 북쪽의 토이산兎耳山과 흑봉산黑峰山 사이의 협곡에 있는 고대의 유명한 통로 갈석도碣石道처럼 유래가 아주 오랜 산성이라는 것이다.

선인들의 삶의 흔적은 갈석산 동남쪽 기슭의 수풀에도 오랜 이끼처럼 흠씬 묻어난다. 진시황의 역사力士가 옮겨놓았다는 전설의 진황석秦皇石은 물론 연자방아, 물을 가둬놓던 못, 산과 산 사이를 막은 돌담 등 유적이 남아 있다.

길가의 바위에 기대어 가쁜 숨을 몰아쉬는데 금방 앞쪽에서 야호 하

고 외치는 소리가 들린다. 일행 중 누군가 몇 발자국 앞서 꼭대기에 있는 바위에 올라 선 것이다.

사서의 기재에 따르면 진시황과 한무제를 비롯하여 여러 제왕이 갈석산에 올랐다고 한다. 심지어 꼭대기의 낭낭정娘娘頂은 한무제가 올랐다고 한무대漢武臺로 불리기도 한다. 진시황과 한무제가 모두 갈석산의 바위에 글을 새겼다고 하지만 세월의 비바람에 잠식되어 더는 진나라 전서篆書와 한나라의 예서隸書를 찾을 수 없다.

다만 207년 위무제魏武帝 조조曹操가 오환烏桓을 정벌하고 돌아오는 길에 갈석산에 올라 창해를 내려다보면서 감개무량하여 즉흥적으로 지었다는 시 '관창해觀滄海'가 지금도 세인들에게 흥미진진하게 독송되고 있을 뿐이다.

東臨碣石, 以觀滄海. 동쪽으로 갈석산에 이르러 푸른 바다를 바라보니
水何澹澹, 山島竦峙. 물결은 출렁이고 산은 섬처럼 우뚝 솟았구나.
樹木叢生, 百草豊茂. 수목은 빽빽하고 온갖 풀들이 우거졌구나.
秋風蕭瑟, 洪波涌起. 가을바람 소슬한데 큰 파도 솟구치니
日月之行, 若出其中. 일월의 운행이 그 안에서 이뤄지는 듯하구나.
……

옛 지리서 『수경주水經注』의 기록에 따르면 한나라 때 발해의 바닷물은 연해 기슭을 널리 잠식했다고 한다. 그게 진짜 사실史實이라면 갈석산의 기슭에는 바닷물이 넘실거리고 있었던 것이다. 조조가 읊은 '관창해'는 바로 이때의 갈석산의 풍경화와 같은 미묘한 시경詩境을 눈앞에 그리고

있다.

　그리고 보면 갈석산은 천년의 비석처럼 상전벽해의 세월을 묵묵히 기록하고 있는 것이다. 쨍쨍 내리쬐는 정오의 햇볕에 운무가 걷히고 멀리 푸른 바다와 육지의 경계가 잣대로 그은 듯 또렷하게 시야에 드러나고 있었다.

기자 전설의 동네 '조선성'

난하灤河와 청룡하青龍河의 합수목 서쪽에 있는 백불사白佛寺는 명나라 때 원근에 소문이 자자한 사찰이었다. 옛 현지에 따르면 정전正殿은 좌우에 곁채가 딸려 있었으며 주위에는 으리으리한 담이 둘려 있었다. 사찰은 북경에서 요동으로 통하는 길목에 위치, 강 건너 맞은쪽에 영평부永平府(지금의 노룡盧龍 현성)를 두고 있는데다가 주지 또한 고승이어서 인기가 하늘을 찔렀다고 한다.

보통 절이 서면 마을이 형성되고 또 절의 이름을 따서 마을의 이름을 짓는 경우가 많다. 백불사의 근처에 나타난 '백불원촌白佛院村'이 바로 그러하다. 그런데 무슨 인과응보인지 마을은 미구에 200여 가구나 되는 큰 동네로 늘어났지만 정작 마을의 진원지인 백불사는 나중에 완전 소실되는 엄청난 법난法難을 당했다는 것이다.

"옛날 마을 동쪽에 있었다고 하던데요…… 지금은 아무 것도 없지요."

마을 노인들은 수십 년 전 사찰 자리에는 학교가 들어섰고, 이때 사찰의 기와며 벽돌은 전부 학교의 지붕과 벽으로 둔갑했다고 말한다. 중국 대륙을 휩쓴 '문화대혁명'은 '봉건세력의 낡은 잔재'인 사찰을 그대로 놓아두지 않았던 것이다. 그런데 얼마 전에 이 학교마저 철거되고 향 소재지의 학교와 통합되었다고 한다.

백불원 마을 이름이 적혀있는 담

그맘때 사찰의 남쪽 언덕에 있던 옛 성곽의 비석도 어디론가 자취를 감췄다고 한다. 노인들은 이 비석에 '고려성'이라는 글씨가 있었다고 말하는 것이었다. 그러나 현지 학계에서는 이 성곽을 '조선성'이라고 부르

밭 언덕 가장자리에 쌓은 고분의 벽돌(위)
성터에 흔한 기와와 토기 조각(아래)

고 있었다. 보아하니 '고려성'이라는 이름은 조선이나 고구려, 발해를 모두 '고려'라고 부르는 옛날의 습관 때문인 것 같았다. 아무튼 산해관 남쪽에서 '조선성'이라고 불리는 옛 성곽은 백불원촌의 '고려성'이 유일하다.

옛 성곽의 상징물인 비석의 행방을 찾으려고 촌민들에게 꼬치꼬치 캐물었다. 성터는 부지가 2㎢나 되는 제형모양이라고 전하는데, 그것을 제외하고 또 어떤 내용이 적혀 있는지 궁금했다. 마침 밭으로 나가던 촌민 유정국劉正國 씨가 비석은 옛 우물을 묻을 때 함께 파묻은 것 같다고 얘기한다. 이전에 마을에서 발견된 옛 우물은 무려 10여 개나 되었으며 약 20년 전 수돗물이 들어오면서 전부 묻어버렸다는 것이다. 그중 우물 하나는 마을 동쪽에 있는 어떤 농가의 뜰에서 발견되었다고 한다. 그동안 우물은 지면에서 전혀 보이지 않았지만 잦아드는 빗물에 땅이 꺼지면서 문득 나타났던 것이다.

"우리 마을에 100세 넘은 할아버지가 한 분 계셨는데요. 그분도 이 우물이 언제 만들어졌는지 모른다고 하셨지요."

유정국 씨는 우물은 깊이가 10여 미터나 되었으며 돌로 벽을 층층이 올려 쌓았다고 알려준다. 언제인가 우물에 내려갔던 사람들이 예쁜 기와며 구리로 만든 비녀를 주었으며, 한때 마을의 재미있는 화젯거리로 되었다고 한다. 마을에서는 한동안 이 우물의 물을 퍼서 식수용으로 사용했지만 그 후 마을에 수돗물이 들어오면서 이 우물을 흙과 돌로 메워버렸다. 옛 우물은 세상에 볕을 본지 얼마 되지 않아 다시 땅속으로 잠적했던 것이다.

옛 우물은 마을 남쪽의 성터 주변에서 또 여러 개가 발견되었다고 한다. 와중에 일부는 나무구조의 벽으로 되어 있었으며, 이런 나무들은 특이하게 조금도 썩지 않았고 또 화강석처럼 단단했다고 한다. 보아하니 중국에서 '음침목陰沉木'이라고 부르는 매목埋木인 것 같았다. 이런 매목은 나무와 돌 사이의 화석나무로서 땅 밑에 최소 3천년 이상 묻혀있어야 형성된다. 조선성의 축성연대가 기원전 1천년을 넘어 아득하게 거슬러 올라간다는 사실을 확인해주는 부분이다.

성터 남쪽에 있었다는 옛 우물의 이름 하나가 무척 귀에 익었다. '팔보유리정八寶琉璃井', 분명 '이제정夷齊井'의 별명이었다. '이제夷齊'는 3천 년 전의 고죽국孤竹國 왕자 백이伯夷와 숙제叔齊의 준말이며, '이제정'은 당시 백이와 숙제가 물을 길어먹던 우물이라고 전한다. '이제정'은 바로 백이와 숙제의 고향이라고 일컫는 노룡현성에 위치한다. 그렇다면 강을 사이 두고 함께 출현한 이 동명이 옛 우물 이름은 과연 무엇을 암시하고 있는 걸까……

몇 년 전 마을에서는 성터 서쪽의 변두리에

마을 변두리에 있는 현대 우물(위)
밭 가운데 있는 옛 우물 자리(아래)

관개용 우물을 여러 개 팠는데, 이 우물에서 옛날의 황금 장신구가 발견되었다고 한다. 현재 이런 장신구의 행방을 알 수 없지만 새로운 우물 이야기여서 귀가 솔깃했다. 옛 성곽에 깃든 천년의 미스터리는 우물과 끊지 못할 인연을 갖고 있는 것 같았다.

성터 부근의 둔덕 아래에 빠끔하게 뚫린 작은 구덩이가 보였다. 이 구덩이는 1년 전에 도굴된 무덤이라고 한다. 무덤은 한두 평 정도의 크기의 단칸이었다. 천장은 벽돌들에 의해 무지개와 같은 둥그런 모양을 하고 있었다.

비탈에 있는 조선성 도굴무덤

도굴무덤 입구

유정국 씨는 이전에 옛말처럼 듣던 도굴사건이 마을 근처에서 쥐도 새도 모르게 벌어졌다는 게 아직도 믿기 어렵다는 기색이었다.

옛 성터와 멀리 보이는 구천산

"그때는 옥수수가 키를 넘어서 정말 발견하기 힘들었지요. 며칠 후에야 무덤을 팠다는 걸 알게 되었으니까요."

당시 도굴된 무덤은 둔덕 위쪽에도 하나 있었다. 밭 가운데 위치한 이 무덤자리는 이미 형체 없이 매몰되었으며, 누군가 일부러 알려주지 않으면 찾기 힘들었다. 둔덕 가장자리에는 무덤벽돌을 올려쌓은 덕분에 그런대로 무덤의 작은 흔적이 남아 있었다. 일설에 이런 무덤에는 골회를 넣은 토기가 있었으며 일부 토기에는 또 주사朱砂가 들어있었다고 한다.

현지 학자들은 조선성이 기자箕子가 상나라의 유민 '5천명을 인솔하고' 또 '많은 기술자들'이 그들과 함께 한반도로 가면서 잠깐 머물던 곳이라고 주장한다. 기자일행은 이곳에서 힘을 기르며 나중에 동쪽으로 멀리 이주했다는 것이다. 그런데 지금까지 발견된 조선성의 무덤은 단칸이고 궁륭穹窿식 천장으로 되어있는 작은 벽돌칸 무덤이다. 이런 형상과 구조의 무덤은 현지 학자들이 주장하는 것처럼 기자가 한반도로 이주했다고 하는 시점인 주周나라 시기가 아니라 그 후의 전국戰國 시기를 훨씬 지나며 서한西漢 초부터 비로소 시작되는 무덤양식이다. 따라서 조선성의 옛 주인은 여러 조대를 아우르는 장장 1천년 동안 이곳에 칩거하고 있었으며, 제일 빨라야 서한 때 비로소 한반도에 이주했다는 것을 알 수 있다. 이 시기는 마침 위만衛滿에 의해 기자조선箕子朝鮮이 멸망되고 위만조선衛滿朝鮮이 등장하는 때와 서로 맞물리고 있다.

성터 주변에 널려있는 옛 우물 역시 조선성이 임시 주거지가 아니며 장시기 사용되었을 가능성을 열어 놓는다. 뭐니 뭐니 해도 우물들은 모두 돌과 나무로 테두리를 수 미터 심지어 10여 미터나 어렵게 쌓아올렸으며, 임시방편으로 대충 우직하게 만든 게 아니기 때문이다. 거주자들은 임시 기거할 목적이었다면 부근에 흐르는 난하의 물을 직접 이용하는 편이 한결 쉬웠을 것이다.

각설하고, 성터에는 손바닥 크기의 기와장과 토기조각이 널리 산재하고 있었다. 와중에는 회색기와가 주종을 이루고 있었으며 또 고구려의 특유한 네모무늬의 붉은색 기와가 들어있었다. 조선성이 기자조선뿐만 아니라 훗날 고구려와 얽힌 관련성을 드러내고 있는 것이다. 『수사隋史』는 고구려에서 궁성과 사원 및 공공건물에만 기와를 사용했다고 기록하고 있다. 기와가 상대적으로 적었던 고조선 시기에 기와건물이 대량 존재한 것은 조선성이 특별히 지정되었다는 의미로 해석된다.

중국 초기의 나라는 성읍을 주체로 하고 있는 바 성이자 나라요, 나라이자 성이었다.『좌전左專』,『여씨춘추呂氏春秋』의 기재의 따르면 상商나라의 탕왕湯王 때 연방나라가 3천이요, 주周나라의 무왕武王 때 연방나라가 8백이었다. 주나라가 분봉한 제후 대국인 제齊, 노魯, 진晉 등의 나라는 둘레가 고작 백리밖에 되지 않았다고 한다.

더구나 기자조선은 상나라 유민들이 중원을 떠나 새롭게 건국한 나라로, 초기의 인력이나 물력은 물론 시간적으로 금방 큰 나라를 설립하기에는 몹시 부족한 형편이었다. 아직 '조선성'이 기자조선의 도읍지라고 확정할 수 없지만 주나라의 무왕이 분봉을 했다는 기자조선 역시 초기에는 일개 성읍으로 된 작은 나라였다고 예단할 수 있다. 기자조선이 난하 유역뿐만 아니라 고죽국 강역을 두루 아우른 큰 나라로 변신한 건 훗날의 이야기이다.

사실 기자가 난하 유역에 성을 쌓고 거주하고 있었으며, 훗날 주나라 무왕이 이 소식을 들은 후 기자를 이곳에 분봉했다는 설은 근자에 등장한 게 아니다. 일찍 수백 년 전『대명일통지大明一統志』는 "조선성은 영평永平부의

조선성 길가의 기와와 토기조각(맨 위)
조선성 무덤벽돌(중간)
마을 골목 입구에 보이는 주춧돌(아래)

경내에 있으며, 기자가 분봉을 받은 곳이라고 전한다."라고 기술하였다. 명나라 때 영평부는 지금의 노룡 현성에 치소를 두고 있었으며 조선성이 위치한 백불원촌을 예하에 소속하고 있었다.

이러니저러니 조선성은 북쪽으로 15km 떨어진 마초馬哨에서 발굴된 기자의 유물, 마초의 맞은쪽의 강 건너 기자가 있었다고 하는 단가구段家溝의 고려동高麗洞, 조선 국왕의 무덤이 있었다고 하는 노룡 현성 북쪽의 묘산墓山, 기자의 딸이 고죽국 왕실에 시집을 갔다는 노룡의 전설 등과 더불어 기자조선 자체가 이 지역에 있었다는 설과 서로 맞물리고 있다. 훗날에는 또 고구려가 이 지역을 점거하고 조선성을 비롯한 산해관 남쪽의 여러 장소에 발자취를 남겼던 것이다.

그야말로 '조선성'은 산해관 남쪽에 있는 반가운 이름이다. 이 이름에는 상나라 유민들의 망국의 서러움이 젖어있고, 고구려인들의 연산 기슭을 달리던 말발굽소리가 숨어있는 것이다. 성터의 옛 우물을 파면 금세라도 기자의 천년의 이야기가 두레박에 묻어나올 것 같고, 고구려의 갑옷 입은 무사들이 맑은 물에 거울처럼 비낄 것 같다.

그러나 조선성은 이름 한 번 제대로 불리지 못하고 소박맞은 꼴이다. 백불사는 그나마 마을에 이름으로 남아있지만 조선성은 비석마저 잃은 무명의 농경지로 자리하고 있을 따름이다. 유정국 씨는 자기가 만난 방문객으로는 우리 일행이 처음이라고 말한다.

"성터를 찾는 사람들이 별로 없습니다. 언제인가 북경에서 다녀갔다고 하던데요."

새삼스레 "옛 우물에 새가 없다."는 『역경易經』 정괘井卦의 효사爻辭가 머리에 떠오른다. 그 뜻인즉 오랫동안 방치된 마른 우물은 주변에 흘린 물이 없어 새도 날아오지 않으니 시운時運의 버림을 받았다는 것이다. '조선성'에 깃든 천년의 이야기는 그렇게 옛 우물에 묻힌 비석처럼 아른거리는 기억에서 차츰 잊혀가고 있었다.

호두석,
머리가 떨어진 천년의 호랑이

실제 반세기 전까지 있었던 실제 이야기라고 한다. 백불원촌白佛院村 '조선성'의 맞은쪽에는 강을 사이에 두고 호랑이의 흉흉한 머리통처럼 생겼다고 하는 거석 호두석虎頭石이 있었다는 것이다.

사실 강 건너 쪽에서 보면 호두석이 있는 산등성이의 전체가 그야말로 웅크린 호랑이와 흡사하다. 호두석의 동쪽에는 양산楊山산맥이 내처 수십 리를 이어지면서 줄레줄레 기복을 이루고 있고, 서쪽에는 청룡하靑龍河와 난하灤河가 한 곳으로 합류하면서 물보라를 흩날리고 있다. 마치 호랑이가 양산의 깊은 산중에서 달려 나와 강가에 엎드려 물을 먹으려고 하는 것 같다.

정말이지 '조선성'의 옛 주인들은 강 건너 엎드려 있는 이 '호랑이'를 보면서 과연 어떤 생각을 했을까 하는 추측을 하게 된다.

이 '호두석'이 유명하게 된 건 기자조선이 멸망한 후의 이야기로 전한다. 서한西漢 때의 장군 이광李廣은 대단한 명궁이었는데 무제武帝 때 우북평右北平의 태수로 있었다. 그러던 어느 날의 달빛이 없는 저녁이었다. 이광은 병사들을 거느리고 성곽 주변을 순시巡視했다. 그들 일행이 양산 기슭의 청룡하 부근에 이르렀을 때였다. 바람이 나무 우듬지를 우수수 스쳐 지나고 강물이 합수목에서 사품을 치는 소리가 한결 으스스한 기운을 몰아오고 있었다. 이때 앞쪽의 산비탈에서 웬 검은 그림자가 한 쌍의 불심지를 켜고 있었다. 방불히 호랑이가 피발이 서린 눈을 부릅뜨고 그들을 노려보고 있는 것 같았다. 머리털이 삐죽 솟아오르는 찰나였다. 이광은 급히 흰 깃의 화살을 궁대弓袋에서 꺼내 들었다. 호랑이가 너무 가까이 있었기 때문에 이 화살이 빗나가면 자칫 호랑이의 밥이 되고 말 처지였다. 이광은 눈이 버글버글 타오르는 호랑이의 머리통에 온몸의 신경을 도사리고 화살을 만궁으로 날렸다. 그런데 호랑이는 분명히 화살을 맞았는데도 아무런 기척이 없었다. 마침 동녘이 푸름푸름 밝아왔다. 산비탈에 올라가서 보니 그것은 호랑이가 아니라 호랑이의 형상을 한 집채 같은 너럭바위였다. 이광이 쏜 화살은 바위에 꽂혀 있었는데 몸통은 바위에 깊숙이 박혔고 단지 흰 깃만 밖에 드러나 미풍에 흐느적이고 있었다.

그러고 보면 청룡하의 물을 마시려고 달려왔던 '호랑이'는 화살에 명중되어 결국 강기슭에 엎드린 채 그 자리에서 영영 일어나지 못하게 된 것이다.

호두석은 산중턱에 위치하고 있다.

호두석이 있었던 자리

당나라의 시인 노륜盧綸은 시 '새하곡塞下曲'에서 그때의 정경을 이렇게 그리고 있다.

> 林暗草驚風, 어둑한 숲 속의 풀 위에 돌연히 바람이 일어
> 將軍夜引弓, 장군은 밤중에 활을 당겨 쏘았다네.
> 平明尋白羽, 날이 밝아 화살을 찾아보니
> 沒在石棱中. 화살은 돌 모서리에 깊숙이 박혀 있었다네.

이광은 바위에 꽂힌 이 화살 한 대로 소문이 들썩하게 났다. 우리에게 익숙한 사자성어 '사석위호射石爲虎' 즉 "호랑인 줄 알고 활을 쏘았는데 다시 보니 바위였고 그 바위에 화살이 꽂혀 있었다."는 바로 『사기史記 이광열전李廣列傳』에서 나오는 말이며 이광이 쏜 화살에 대한 이야기에서 유래된 것이다. 사람들은 이광이 활을 쏘아 바위에 구멍을 냈다는 소문을 파다하게 전했다. 이 이야기를 들은 흉노 군사들은 이광이 수비하는 우북평을 감히 넘볼 엄두를 내지 못했다고 한다.

오랜 훗날에도 중국인들은 외적이 중원을 침범할 때마다 명장 이광을 몹시 그렸다. 당나라 때의 시인 왕창령王昌齡이 남긴 시 '출새出塞'는 그런 절박한 심정을 잘 보여주고 있다.

> 秦時明月漢時關, 진나라의 명월이 한나라의 요새를 비추는데
> 萬里長征人未還. 먼 길로 원정을 떠난 사람은 돌아오지 않누나.
> 但使龍城飛將在, 다만 용성龍城의 비장군飛將軍이 있더라면
> 不教胡馬度陰山. 오랑캐의 말들이 음산陰山을 넘어오지 못하게
> 하였을 것을.

호두석이 있었던 자리를
가리키고 있는 촌민 주학령 씨(위)
사진 왼쪽의 바위가 바로
호두석이 있었던 자리이다.(아래)

여기에서 용성은 다른 당시(唐詩)에 자주 등장하는 '용성(龍城)'과 마찬가지로 흉노의 본거지 용성(지금의 요녕성(遼寧省) 조양(朝陽) 일대)이 아닌 국경 요새를 비유하는 말이며 '비장군(飛將軍)'은 흉노족이 이광의 용맹함을 보고 지은 별명이다. 음산(陰山)은 한나라 때 흉노족이 중원을 침범할 때 넘던 내몽고의 음산산맥을 말한다.

이광은 '호두석' 때문에 중국에서 활을 잘 쏘는 사람을 일컫는 대명사가 되었다. 훗날 '수호지'에 등장하는 명궁 화영(花榮)의 별명도 작은 이광이라는 의미의 '소이광(小李廣)'이다.

정말로 '호두석'에 그때의 화살 구멍이 있었는지는 몰라도 눈알 모양의 흰 돌은 한 쌍의 보석처럼 바위에 박혀있었다고 한다. 눈에 화등잔을 켰던 호랑이의 형형한 모습은 산비탈에 그림처럼 비껴 있었던 것이다.

"정말 호랑이와 비슷하게 생겼지요." 호두석 바로 아래의 비탈밭을 정리하던 촌민 주학령(朱學領) 씨도 이렇게 수긍하는 것이었다.

그런데 1950년대 마을 젊은이들이 장난기가 동해 바위에서 눈알에 해당되는 주먹 크기의 흰 돌을 기어이 파냈다고 한다. 당시에 그들은 호랑이의 눈알은 물론이요, 호두석 자체도 통째로 까냈다는 것이다.

"하도 유명하니까 호두석을 외지에 갖고 가서 팔려고 했답니다. 그런데 호두석을 사려는 사람이 없었다고 하지요."

"명기^{名器}는 명인^{名人}과 만날 때에야 빛을 발한다." 청룡하 기슭을 떠난 호두석은 금세 천고의 전설과 멀어졌고 졸지에 명기의 가치를 상실했던 것이다. 나중에 호두석은 어디에 버렸는지 감감무소식이라고 한다. 아직도 호두석이 있었던 비탈에는 움푹한 자리가 흉터처럼 남아있었다. 주학령 씨는 비탈 밭에서 돌조각을 하나 줍더니 호두석을 까낼 때 생긴 부스러기라고 알려 주는 것이었다. 옥돌 비슷한 재질의 이런 흰 돌에는 흡사 핏줄처럼 실올 같은 붉은 선이 가로세로 박혀있었다.

옛날에도 '호두석'은 달빛 없는 밤이면 부근을 왕래하는 사람들을 놀라게 했을까…… 살아 움직일 듯 생생했다고 전하는 이 '호두'^{虎頭}의 조형석^{造形石}은 전설을 떠나서 이 고장의 일대 명물임이 틀림없다.

"꽃에 향기가 나면 나비가 날아드는 법"이다. 상고시대 이 고장에서 살고 있던 기자^{箕子}조선의 사람들 역시 '호랑이'의 앞에 그들의 자취를 남겼을 수 있으며, 또 훗날 이 고장을 찾아왔던 고구려 무사들도 '호랑이'의 잔등에 올라섰을 수 있다. 그러나 이에 대한 기록은 한 줄도 없으며 전설 역시 한마디도 전하는 게 없다. 흉노족이 가장 두려워했던 이광만큼이나 유명한 인물이 '호두석'에 오지 않았고 또 그가 '사석위호' 만큼이나 유명한 고사를 만들지 못했던 모양이다.

'호두석'은 '사석위호'의 고사 때문에 세월을 흘러도 그 인기가 청룡하처럼 마를 줄 모른다. 지금도 외지는 물론 외국에서도 '호두석'을 찾는 사람들이 종종 있단다. 얼마 전에도 주학령 씨는 '호두석'을 보러 온 일본인들을 안내했다고 말한다.

호두석이 있었던
자리에서 본 마을

"모두 실망을 하던데요. 정말 호두석이 그대로 있었더라면 우리 마을이 관광 명승지로 되었겠는데요."

주학령 씨는 '호두석'의 땅 주인인 덕분에 구경꾼들과 기념사진을 여러 장 남겼다고 자랑한다.

일설에 옛날 호두석을 구경하러 왔던 사람들이 간혹 부근에 머물렀으며 나중에는 산기슭에 자그마한 촌락을 이뤘다고 전한다. 그러나 현지의 기록에 따르면 최초의 촌민들은 속설처럼 '호두석'을 구경하러 왔던 사람들이 아니었다. 이 기록에 따르면 호두석 기슭에 촌락이 앉은 것은 청나라 강희康熙 13년(1674년)이라고 한다. 이때 주朱 씨, 류劉 씨, 리李 씨, 등鄧 씨 등 성씨의 사람들이 이곳에 와서 마을을 세웠다는 것이다. 그들은 발해渤海 기슭의 산동성에서 기근을 피해 이곳으로 정처 없이 유랑을 왔던 유민流民들이었다고 전한다. 마을은 동쪽 산비탈에 있는 호랑이의 머리모양 거석으로 해서 '호두석촌虎頭石村'이라고 작명했다고 한다.

혹여 호두석 아래에는 항간의 속설처럼 산동 유민들의 정착에 앞서 구경꾼들로 이룬 마을이 잠깐 있었을지 모른다. 이 고장은 중원 왕조와 북방민족 정권이 자주 벌인 전쟁 때문에 마을이 생성, 발전, 소실되는 과정을 한두 번 겪은 게 아니기 때문이다.

아무튼 '호두석'은 이광이 바위에 활을 날린 후 사서에 기재되고 세간에 널리 알려질 정도로 유명세를 타게 되었다. '호두석' 앞에는 언제부터인가 시대미상의 옛 비석이 세워지기에 이른다.

마을의 토박이인 등鄧 씨 성의 노인은 옛 비석은 거북이가 돌비석을 업은 모양이라고 하면서 마을사람들은 이 비석을 '왕팔배석비王八背石碑'라고 불렀다고 알려준다. '왕팔'은 사투리이며 거북이라는 말이다. 이 돌비석은 불과 몇십 년 전 마을 가운데를 가로지른 대로를 닦으면서 땅에 묻혔다고 한다. 그때 돌비석은 비탈에서 끌어내리면서 약간 훼손되었지만 형체는 온전하다는 그의 말에 귀가 솔깃해진다.

"마을 서쪽의 길목에 묻혔지요. 마음 먹으면 지금이라도 찾아낼 수 있지요"

그러나 마을에서는 누구도 그런 엄두를 내는 사람이 없으며 현지의 문물부문에서도 전혀 관심을 하지 않는다고 한다. 옛 비석은 '호두석'처럼 그렇게 사람들의 시야에서 멀리 떠나 있는 것이다.

등 씨는 옛 비석에 명문이 각인되어 있었던 건 알고 있었지만 무슨 글이었던지는 전혀 기억하지 못하고 있었다. 18세기 조선 사절단의 일행으로 이곳을 거쳐 갔던 박지원이 연행록 『열하일기熱河日記』의 사호석기射虎石紀에 그 진기록을 남기고 있다.

영평부永平府 남쪽으로 십여 리를 가면 끊어진 언덕에 바위 하나가 마치 노려 보듯 서있다. 바위의 색깔은 희고, 그 아래에 '한비장군사호처漢飛將軍射虎處'라는 비석이 있다. 나는 이 비석에 "청나라 건륭乾隆 45년 (1780년) 7월 26일 조선인 박지원이 구경하다"라고 적었다.

아쉽게도 호두석은 물론 박지원이 낙서를 남겼던 옛 비석도 전부 소실되었다. '사석위호'의 화려한 전설에 밀려 세파에 잠겼던 많은 이야기들은 이로써 수면 위에 부상할 수 있는 기회가 더욱 묘연하게 된 것이다. 강 건너 '조선성'처럼 난하灤河 기슭의 고적에 깃든 천년의 미스터리들이 '호두석'에 그대로 투영되고 있는 것 같았다.

고려동,
청룡하 기슭에 있는 '국사대혈'

노룡盧龍 현성에서 청룡하 기슭을 따라 북쪽으로 15km 정도 떨어진 단가구段家溝는 백이숙제의 전설만큼이나 오래된 고장이다. 현지의 기록에 따르면 마을의 역사는 당나라 정관貞觀 연간인 638년으로 거슬러 올라가고 있다. 그때 산서성山西省 단段 씨 성의 사람이 이 골에 와서 이삿짐을 풀면서 최초로 마을이 생겼다는 것이다.

동네 입구에서 만난 단각군段殼軍 씨에 따르면 현재 수십 가구로 덩치가 불어난 마을은 세대주가 거의 일색으로 단 씨 성이며 다른 성씨라곤 왕 씨 한 가구뿐이라고 한다.

설 대목이 한참 지난 마을은 텅 빈 것처럼 한적한 분위기였다. 그러나 배꽃이 활짝 피는 봄부터 배의 향기 그윽한 가을까지 늘 관광객으로 북

길라잡이로 나선 단각군 노인과 고려동 표지석

적인다고 한다. 단가구는 1986년 하북성河北省으로부터 잡과雜果의 기지로 되었으며, 10여 년 전부터는 수백정보의 과수밭에 전부 배를 심으면서 배의 고장으로 소문을 놓고 있었다.

정작 기자箕子가 있었다고 전하는 고려동高麗洞을 일부러 찾아오는 관광객은 단 한 명도 없다고 한다. 그저 '엎딘 김에 절'이라고 단가구의 배꽃이나 배따기 구경을 왔다가 잠깐 고려동을 눈요기하는 경우라는 것이다. 기자는 고조선 시대 전설상으로 전하는 기자조선의 시조이다.

그건 그렇다 치고 단각군 씨가 알고 있는 고려동의 주인은 딱히 기자가 아닌 듯 했다. "옛날 노인들이 그러시던데요, 고려국의 고려인들이 판 동굴이라고 합니다."

고조선이나 고구려를 모두 '고려'라고 호칭하는 중국인들의 관습에 따르면 '고려국'은 '고조선'으로, '고려인'은 '조선인'으로 해석할 수 있으며 또 '고구려'와 '고구려인'으로 해석할 수 있는 애매한 부분이기도 했다.

고려동은 마을에서 1km 남짓이 떨어진 서북쪽의 산비탈에 있다고 한다. 마을 부근의 연연이 이어지는 나지막한 야산이 시야를 꽉 채우고 있었다. 고려동으로 가는 길을 물어보니 어디가 어딘지 이제 갈피를 잡기 어려웠다. 나중에 단각군 씨가 손님안내는 마을의 당연지사라면서 일손을 놓고 길라잡이로 나섰다.

동네 입구에서 서쪽으로 청룡하의 기슭에 이른 후 산등성이를 타고 다시 북쪽으로 향했다. 청룡하는 원래의 이름이 검은 강이라는 의미의 칠하漆河로, 하북성에서 두 번째로 큰 강인 난하灤河의 지류이다. 이때부터 길옆에 난데없는 참호가 불쑥 나타나 산등성이를 타고 줄레줄레 기어가고 있었다. 고려동과 그 무슨 연관이 있나 해서 호기심이 부쩍 동했다. 마침 배나무 아래에 '참호'라는 글귀를 새긴 비석이 서있었다. 비문을 읽어보니 6백 년 전 명나라 초기의 유적이었다. 북평北平의 연왕燕王 주체朱棣가 건문제建文帝의 방대한 군대와 철갑전차를 방어하기 위해 단가구 일대에 무려 수천 미터나 되는 참호를 구축하였던 것이다.

"여기에 포대가 있었지요. 과수를 심으면서 전부 허물어버렸지요." 단각군 씨가 산마루의 어느 배나무를 가리키며 하는 말이다. 유적이 아니라 어느 폐가의 부뚜막을 헐었다는 얘기를 하는 듯 무덤덤한 어조이다. 산기슭을 감돌아 흐르는 청룡하의 싸늘한 기운이 금세 등골을 타고 흘러내리는 것 같았다.

산정에 있는 벽돌과 기와 조각

다행인지 배나무 주변에는 옛 기와 조각과 벽돌이 자주 눈에 뜨였다. 회색의 기와는 간혹 천 무늬가 있었다. 명나라 때의 유적에 앞서 그전에도 옛 건축물이 있지 않았을까 싶었다. 그런 유적 때문인지는 몰라도 마을에서는 고려동을 옛 성의 뒤쪽이라는 뜻의 고성배古城背라고 부른다고 한다.

옛 보루를 재현하는 걸까, 산마루의 배나무 가운데 서있는 '고려동' 비석이 더구나 유표하다. 그런데 산꼭대기의 가장자리에 다가서도 동굴 입구가 전혀 보이지 않았다. 나중에 보니 낭떠러지와 다름없는 가파른 비탈의 숲에 오솔길이 숨어있었다. 올해 따라 늦게 내린 눈 때문에 오솔길과 주변의 경계가 드러났던 것이다.

압록강 기슭에 있는 국동대혈

산비탈에는 크고 작은 동굴이 2개 있었다. 고려동이라고 불리는 큰 동굴은 윗부분이 폴싹 주저앉으면서 굴 입구를 메워버리고 있었다. 틈새로 가까스로 보이는 동굴 안쪽은 뭔가로 바위를 찍어낸 듯한 인공적인 흔적이 뚜렷했다. 어릴 때 가끔 동굴에서 숨바꼭질을 했다는 촌민 단회성段會成 옹에 따르면 고려동은 높이가 약 2미터 남짓하고 서너 명 정도 동시에 기거할 수 있을 만큼 널찍했다고 한다. 동굴의 뒷부분은 벽과 천정의 암반을 까서 네모반듯한 거실모양을 만들있는데, 땅바닥에는 고물로 보이는 누런 토기 따위가 적지 않았다는 것이다. 그러나 이런 토기는 1950~60년대 전부 동굴 기슭의 강물에 던져버렸다고 한다. 막상 동굴에 조각이 한두 개 남아 있다고 해도 흙과 돌에 파묻혀 더는 찾을 길 없다. 동쪽에 있던 작은 동굴은 이보다 더 심하게 붕괴되어 아예 동굴 입구도 잘 드러나지 않는다.

현지에서는 고려동을 옛날 기자가 있었던 곳이라고 전한다. 정작 기자의 유물이 나타난 곳은 고려동이 아니라 단가구 서남쪽의 강 건너 마초馬哨 마을이었다. 1992년, 마초에서 상商나라의 기물이 발견되었던 것이다. 이 기물 밑바닥에는 명문 '기箕'자가 새겨져 있었다. 다른 기물의 내벽에도 명문 '복卜'자가 있었다고 한다. 명문 '기箕'와 '복卜'은 상나라 청동기의 휘장이다. 기箕는 또 기자箕子 부족의 휘장이기도 하다. 부족휘장의 출현은 기자가 정말로 이 고장에 있었으며 백이숙제의 고죽국과 깊은 연관을 가지고 있다는 것을 말해준다.

『삼국유사』의 '고조선'은 벌써 천 년 전에 『수서隋書』를 인용하여 이 단락의 역사를 기술하고 있다. 이 기록은 "고려(고구려)는 원래 고죽국이었다. 주나라에서 기자를 봉해줌으로 해서 조선이라고 했다."고 전한다.

노룡 부근에 산재한 많은 유적들도 단연 이 주장에 가세한다. 노룡의 옛 현지에 따르면 고려동의 북쪽으로 10여 km 떨어진 몽산夢山은 일명 묘산墓山이며 고려국왕이 묻혀있다고 한다. 이 고려국왕이 '조선국왕'이라면 고죽국이 기자조선이며, '고구려국왕'이라면 고죽국이 고구려였다는 것으로, 결국 고죽국이 고구려이며 나아가 기자조선이라는 설을 방증하는 셈이다. 그런데 청룡하 상류의 열하熱河, 지금의 승덕承德 부근에는 정말로 '고구려지경'이라는 글씨가 쓰인 바위가 있었다는 목격자의 증언이 있다. 더구나 고조선이나 고구려가 지배하고 있는 강역이라는 것을 증명하는 유수의 고려성高麗城이 산해관 남쪽에 엄연히 존재하고 있는 현 주소이다.

그러고 보면 고구려가 한 시기 고조선 지역을 수복, 고구려의 지경은 산해관 남쪽에 있었다는 걸 단지 허황한 속설이라고 치부하기 어렵다.

"우리 단 씨는 고려인들이 다른 데로 간 다음 이곳으로 온 거지요." 단각군 씨가 나름대로 해석하는 말이다. 그도 대륙의 귀퉁이인 한반도에 칩거하는 줄로 알고 있던 고려인들이 장성 너머 머나 먼 이 고장에 있었다는 게 무척 흥미롭단다.

알고 보면 옛날 상나라를 떠났던 기자가 이곳에 주거한 것은 결코 우연한 일이 아니다. 상나라의 사람들의 선조는 일찍 난하 기슭에서 생활했으며 고죽국과 뿌리가 한데 얽혀 있었기 때문이다. "여우는 죽어도 머리를 동굴 쪽으로 향한다." 망국의 슬픔을 안은 기자가 나중에 고죽국 지역을 피난지로 선택한건 물이 낮은 곳으로 흐르듯 아주 자연스런 일이었다. 마침 고려동 부근은 또 과수의 본산지로, 풍요롭고 살기 좋은 고장이었다. 『전국책・연책戰國策・燕策』은 연나라는 "북쪽에 대추(음식)와 뽕나무(의복)의 이로움이 있어 주민들이 농사를 짓지 않아도 되며, 대추와 뽕나무는 백성들을 먹이고 입힐 수 있는 천혜의 땅이다."라고 하고 있다. 이 기록에 따르면 적어도 2천 년 전에 이 고장 사람들은 과일을 생계로 삼아 대추나무를 심고 뽕나무를 심어 누에를 길렀다. 기자가 기거하고 있었던 3천 년 전에도 이와 비슷한 경상이었다고 유추할 수 있는 대목이다. 훗날 명나라 때 북경-심양 옛길이 보수됨에 따라 노룡은 더구나 유명한 과일산지로 거듭났던 것이다.

북경 봉황령 요·금시기 현원동

그런데 기자가 있었다고 하는 곳은 평지의 가옥도 아니고 산성도 아닌 동굴이다. 고려동은 산비탈에 은밀하게 숨어있으며, 또 유일한 통로인 오솔길이 너무 험해서 마을사람들조차 웬만해서는 다니지 않는다. 그래서 1940년대 일본군이 마을에 '토벌'을 왔을 때 일부 촌민은 이 동굴에 몸을 숨겼다고 한다. 멀리 북쪽 하늘가에서 청룡하가 마치 용처럼 꿈틀거리며 내쳐 동굴 기슭으로 달려온다. 말 그대로 하늘과 땅의 기운이 한데 엉켜 막 동굴에 쏠리는 것 같다. 옛날 이런 동굴은 수행하는 장소로 이용되는 경우가 많았다. 고려동 역시 시끌벅적한 마을을 떠나 조용하게 수행을 하던 장소가 아닐까 한다. 기자는 일국의 국왕 보좌에 앉은 정치의 '달인'일 뿐만 아니라 또 천인天人 감응설과 왕도학설을 내놓은 전세世傳의 '도인'이기 때문이다. 마침 연산의 일맥一脈 봉황령鳳凰嶺에 있는 요·금 시기의 현원동玄元洞이 고려동과 사뭇 같은 모양을 하고 있으며 또 고대 도인의 수련장소로 유명하다. 어찌했든 기자가 있었다는 그 하나로만도 고려동은 후손들에게 성지나 다름없는 장소인 것이다.

『삼국사기』는 "고구려는 풍속에 음사淫祀가 많고 영성靈星 및 해日, 기자箕子, 가한可汗 등의 신에게 제사를 지냈다. 나라의 왼쪽에 큰 굴이 있어서 이를 신수神隧라고 하며, 매년 10월 왕이 이들에게 친히 제사를 지냈다."고 기록하고 있다. 이 기록에 등장하는 굴은 바로 국내성 동쪽의 압록강 기슭에 위치한 큰 동굴로 알려지며 일명 국동대혈國東大穴이라고 불린다.

고려동 입구 흙과 돌무지에 막혀 있다.
고려동 동굴 벽의 인공 흔적
고려동으로 통하는 산비탈의 오솔길
참호표지석 바로 뒤에 있는 참호에는 과수나무가 병사처럼 서있다.(시계방향으로)

10월 3일은 하늘이 열리는 개천開天의 날로 단군이 고조선을 세운 날이라고 한다. 고구려가 제사를 지내는 날이 마침 10월인 것도 재미있지만 동굴에서 제사를 지냈다는 게 참으로 공교롭다. 하필이면 고구려와 전혀 관련이 없는 듯한 동굴에서 제사를 지낼 일이 있었던가?

　단군신화의 '곰 동굴'과 기자전설의 '고려동', 고구려 제사의 '국동대혈'은 천년의 시공간을 헤가르고 그렇게 하나로 합쳐지고 있는 것이다. 어쩌면 고려동은 고구려라는 나라의 서쪽 변계에 있는 큰 동굴 즉 '국서대혈國西大穴'이 아닐지 모른다. 실은 압록강 기슭의 국동대혈과 쌍벽을 이룰 수 있는 고장이라는 것이다.

고려장의
옛 주인은 어디에

2월의 바다에서 찝찔한 해풍이 쌀쌀한 기운을 몰아오고 있었다. 그늘진 곳에는 아직도 눈이 소복이 쌓여 있었지만 해변을 찾는 사람들은 여전히 삼삼오오 떼를 짓고 있었다.

발해 기슭의 이 작은 도시는 국내외에 아주 많이 알려져 있다. 피서지로 너무 유명한 고장이기 때문이다. 북대하北戴河은 일찍 청나라 광서光緒 19년 피서지로 개척되었으며 그때 벌써 64개국 사람들이 이곳에 와서 피서를 했다고 한다. 공화국이 창립된 후 또 중앙정부의 공식 피서지로 되면서 더더욱 선망의 관광지로 부상한 것이다.

택시가 멈춰 서기 바삐 길가에 옹기중기 모여 있던 사람들이 한꺼번에 몰려왔다. 왁작 떠드는 소리가 금세 해변의 파도처럼 밀려온다.

해변가에 있는 금산취 표지석

"여보세요, 어딜 가세요?"

"가이드를 찾지 않으세요?"

"해변의 명승지를 안내하는데 50위안만 받습니다."

"……"

그런데 금산취金山嘴의 고대 유적을 찾아간다고 하자 사람들은 대뜸 택시에서 물러선다. 그들의 말인즉 금산취는 대부분 관광객의 출입이 금지된 구역이며 먼발치에서 외곽을 눈요기하면 그만이라는 것이다.

금산취는 북대하의 제일 동쪽 끝머리가 바다로 뻗어나간 유일한 반도이다. 바다에 쑥 내밀어진 그 모양새가 마치 새의 주둥이와 흡사하다고 해서 금산취라고 불린단다. 금산취는 삼면이 바닷물에 빙 둘린 형국이며, 그래서 설사 무더운 여름철이라도 기온이 반도의 밖에 비해 섭씨 2~3도

가량 낮다고 한다.

　북대하의 '노른자위' 격인 이 곳에는 군부대의 요양원이 앉아있었다. 뒤쪽 바다가의 특이한 건물은 한때 중국의 지도자 등소평鄧小平이 들렸던 별장이라고 한다. 요양원에는 아직 피서객이 한 명도 없는지 철문이 굳게 닫혀있었다. 당번을 서고 있던 경비실 아저씨는 불청객을 차문하다가 '기자증記者證'을 제시해서야 딱딱한 기색을 풀

금산취에 있는 군요양원

었다. 투숙객의 대부분이 군부대 간부들이여서 보안유지 의식이 투철한 것 같았다. 일부러 관광 성수기인 여름철을 피해 왔으나 요양원의 답사는 끝내 무산되고 말았다. 결국 경비실 아저씨와 짧은 대화를 나누는데 만족해야 했다.

해변가에서 멀리 보이는 금산취

반도의 남쪽에는 북대하의 '천애해각天涯海角'으로 불리는 남천문南天門과 조어대釣魚臺이 있다. 이런 천연적인 명소와 짝을 이루는 게 바로 옛 우물 '고려정高麗井'이다. 그런데 경비실 아저씨는 요양원에 온지 이슥하지만 금산취에 옛 우물이 있었다는 건 금시초문이라는 것이었다.

혹시 옛 우물이 비상용의 기계우물로 둔갑하지 않았을까 하는 생각이 들었다. 군부대의 요양원인지라 그럴 가능성이 충분히 있을 것 같았다. 그러자 경비실 아저씨는 어처구니가 없는 듯 미간을 잔뜩 찌푸린다.

"이봐요, 이곳이 어떤 데라고 아직도 그런 우물을 쓴대요?"

사실 '고려정'은 민국民國연간(1911~1949년) '해변 24경景'이라고 불렸던 북대하 명물의 하나이다. 그런데 이런 명물의 대부분은 세월의 풍운변화에 시달려 원래의 모습을 잃었으며 또 '문화대혁명'의 동란 속에서 훼손되었거나 심지어 폐허로 되었다고 한다. 금산취도 옛날에는 4대 명물을 자랑했지만 지금은 남천문과 조어대만 덩그러니 남은 것이다.

현지의 옛 지명지가 기록한데 따르면 금산취의 동남쪽에는 작은 우물이 있었으며 '고려정'이라고 불렸다. 이 우물은 물이 적었지만 물맛이 감미롭기로 소문이 자자했다. 밀물이 질 때면 바닷물이 스며들어 물맛이 약간 짰으며, 썰물이 질 때는 물맛이 여전히 꿀맛처럼 달았다고 한다.

'고려정'은 바다 기슭에 있었고 또 밀물이 질 때면 바닷물이 스며들었다는 걸로 보아 옛날 진황도秦皇島의 노룡 지역에 있었던 옛 우물인 '통하정通河井'과 비슷하였다. 통하정은 강기슭에 구덩이를 파고 만든 침출수 모양의 우물이며 고죽국 말기부터 이 지역에 나타난다.

진황도에는 옛 우물에 대한 기록이 적지 않다. 심지어 옛 우물 이름을 그대로 따서 촌락 이름을 지은 경우도 있다. 노룡의 목정촌木井村은 바로 수나라 때 산동의 이민들이 마을에 쌓았던 나무 벽의 우물 때문에 지어진 이름이다. 진황도의 옛 우물은 시초에 흙벽의 우물과 나무틀 우물, 돌 우물이었으며 요·금遼·金 이후 벽돌로 우물을 쌓은 걸로 알려진다. 아무튼 이런저런 옛 우물은 수두룩하지만 현존하는 고려 이름의 우물은 북대하의 '고려정'으로 유일하다. 또 고려정은 일반 촌락에서 사용하던 우물이 아니라는 점이 특이하며, 그래서 더더욱 유명한지 모른다.

금산취는 일찍 2천 년 전에 벌써 선박들이 정박하던 곳이었다. 그때의 자리인지는 몰라도 금산취의 동남쪽에는 콘크리트 구조의 작은 부두가 있었다. 전설에 따르면 한나라 무제武帝와 누선樓船장군 양박楊朴이 금산취를 다녀갔으며 이곳에 바다를 조망하는 누대인 망해대望海臺을 세웠다고 한다. 그 후 명나라는 변방을 수비하기 위해 산해관 일대에 장성을 쌓았고 또 해변의 금산취에 금산위金山衛을 설립하여 수군이 지키게 했다.

한나라이든 명나라이든 자국 군사들이 수비하던 고장에 우물을 파고 그 우물에 이역의 '고려' 이름을 갖다 붙일 하등의 이유가 없는 것이다. 그러나 '고려정'에 깃든 많은 이야기는 언제인가 땅에 파묻힌 우물처럼 종적을 감춘 듯하다. 지방문헌에는 '고려정'과 관련한 별다른 기록이 남아있지 않다. 다행이 부근에서 발굴된 유적은 두레박처럼 '고려정'의 이야기를 간신이 퍼 올리고 있었다. 지난 세기, 누군가 금산취의 둔덕에서 땅을 파다가 고대 건물의 유적지를 발견했다고 한다. 현지 사학자들은 이 유적지를 한나라 시기 금산취에 있었던 고대 요새의 소재지로 추정하고 있다. 당시의 유적은 또 북쪽의 연봉산聯峰山에도 나타난다. 연봉산은 북대하의 바닷가를 따라 동쪽에서 서쪽으로 기복을 이룬 해안선의 천연적인 병풍이다. 북대하의 유명한 '해변 24경景'에서 '20경'은 이곳에 있다. 이런 경물의 대부분 역시 금산취의 고려정처럼 오간 데 없다. 지명지는 옛날 연봉산 남쪽 산기슭에 돈대가 있었는데, 이 돈대는 낮에는 연기를 올리고 밤에는 불을 지피던 고대 봉화대의 유적이라고 전한다. 돈대는 훗날 망해대望海臺를 만들면서 전부 파괴되었지만 요새의 북쪽에서 연상의 불길을 그물그물 지펴 올리고 있었다.

금산취의 고대 요새와 우물, 산위의 봉화대…… 말 그대로 옛 군사지도에 표기되어 있는 해안방위시설이 바닷가의 신기루처럼 떠오른다. 그러나 별다른 유물이나 유적이 없기 때문에 아직은 '고려정'이 도대체 기자조선의 유적인지 아니면 고구려의 유적인지 또 기자조선이 사용하던 우물을 훗날 고구려가 계속 사용하던 건지 뭐라고 단정하기 어렵다. 다만 기자가 살던 '동네'에 백의겨레가 남긴 옛 자취인 것만은 의심할 나위가 없다. '고려정'은 금산취에 있는 옛 '신기루' 주인의 이름을 분명하게 알리고 있기 때문이다.

실제로 신기루 역시 한때 금산취의 명물이었으며 역사상 여러 번이나 금산취에 등장했다고 한다. 금산의 신기루라는 뜻의 '금산해시金山海市'는 일찍 4백 년 전의 문헌에 진기록을 남기고 있다. 명나라 가정嘉靖 연간 병부상서 적붕翟鵬은 '연봉蓮峰의 신기루'라고 작명한 시를 지었다. 연봉은 연봉산의 다른 이름이다.

山頭隱隱見樓臺, 산머리에 어렴풋이 누대가 보이더니,
萬狀千形傾刻開, 수많은 모습이 삽시간에 나타나네.
出入人踪離漢遠, 오가던 사람들의 자취는 멀어지고,
淡淡樹影倚雲裁. 옅은 나무 그림자만 구름에 닿게 뻗어있네.
宮高星斗檐前掛, 궁궐은 높아 별들이 처마 앞에 걸리고,
帘卷霓紅肩外堆. 주렴 걷어 올리니 붉은 무지개가 어깨 뒤에 걸렸네.
閑雲登臨消半日, 한가로운 구름 사이로 오르는데 반나절,
渾如身世上蓬萊. 몸이 완전히 신선 사는 봉래산에 오른 듯하네.

연봉산 주봉의 정자 모택동이 이곳에서 일출을 구경했다.

금산취의 바닷가에 나타났던 꿈같던 신기루의 환영은 떠들썩하는 소리에 포말처럼 산산이 부서졌다. 관광객으로 보이는 한 떼의 사람들이 '금산취'의 석물을 둘러싸고 기념사진을 찍고 있었다. 해안선의 백사장을 떠나 멀리 금산취의 부둣가까지 찾아온 걸 보니 금산취에 꽤나 흥미를 갖고 있는 것 같았다. 그래서 다들 금산취의 신기루를 알고 있는가 물었더니 그게 무슨 소리인가 하고 묻는 것이었다.

"여기에도 신기루가 있었대요?"

"그런데 왜 신기루를 보았다는 얘기가 없지요?"

"……"

그들을 안내한 현지의 가이드도 처음 듣는 이야기라고 하면서 자못 신기하다는 표정을 짓는다. 금산취의 신기루는 어느덧 까마득한 전설이었던 것이다.

나중에 누군가는 제법 풍수장이처럼 신기루가 더는 나타나지 않는 건 하늘과 땅의 감응이 아니겠는가 하고 말한다. 땅이 왕창 변했으니 천상天象이 옛날 그대로 나타날 수 없다는 것이다.

들어보니 제법 그럴 듯한 이야기였다. 금산취가 바닷가로 머리를 내밀고 물을 먹는 새의 주둥이라고 한다면 주둥이가 바다에 찍히고 목이 꾹 눌려서 하늘로 날아오를 수 없기 때문이란다. 주둥이에는 철심을 박고 낭하를 만들었으며, 목에는 그 무슨 휴양소요, 요양원이요, 별장이요, 호텔이요 하는 무거운 짐들을 달고 있다. 큰새의 한이 하늘로 치솟았으니 무슨 신기루인들 나타날 수 있을까……

전설로 사라진 신기루에는 정말 금산취의 다른 이야기가 숨어있는 것 같았다. 세월의 바다에 묻혀 옛말로 되고 있는 '고려정' 역시 그 무슨 기가 서로 감응하기 때문에 그런지 모른다는 생각이 번갈아들었다. 이때 따라 18세기 박지원이 연행록 『열하일기熱河日記』에 기록한 요동의 신기한 우물이 새삼스러웠다.

"요동 못 미쳐서 왕상령王祥嶺이란 고개가 있다. 이 고개를 넘어서 십여 리를 가면 냉정冷井이 나오는데, 사행이 갈 때 장막을 설치하고 조반을 해 먹는 곳이다. 돌로 쌓은 우물이 아니고, 길가에 물이 흘러나와서 웅덩이를 채우고 있다. 물맛이 달고 차며, 겨울에는 따뜻하고 여름에는 시원하다. 우리 사행이 가고 나면 즉시 말라버린다. 대개 요동은 본래 조선의 땅이었기 때문에 기가 서로 닮아서 감응하기 때문에 그렇다고 한다."

'고려정'도 옛 주인이 어딘가 사라졌기 때문에 결국 세월의 바다에 파묻힌 게 아닐까. 그렇다면 언제인가 요동의 '냉정冷井'처럼 다시 퐁퐁 솟아날 수 있을 것 같았다. 그러나 감쪽같이 소실된 '고려정'에는 일부러 찾아오는 사람이라곤 하나도 없었다. 바닷가를 막은 철조물이 아직 채 녹지 않은 눈 더미처럼 한기를 품은 채 장승처럼 버티고 서있을 따름이었다.

제 3 장
'삼국의 마을'

신라의 박씨가 산해관을 넘었다. 그들은 광야에 말을 달려 말뚝을 박고 지경으로 삼았다.
발해의 말갈인들이 산해관을 넘었다. 그들은 고구려 원정군이 말을 멈췄던 산기슭에 행장을
풀었다. 백가 성씨의 마을, 그곳에는 장성 수비군의 후손들이 살고 있었다.
그곳에는 천년의 미스터리가 깃들어 있었다.

한족으로 사라진
만주족 박 씨의 마을

장자촌杖子村은 옛날 말뚝을 박아서 경계를 정했다는데서 생긴 마을의 이름이다. 이런 지명은 산해관을 넘어 하북성 경내에 유난히 많이 널려 있다. 허장자許杖子, 당장자唐杖子, 유장자柳杖子, 황장자黃杖子 등등. 보나마나 성씨를 따른 마을의 이름이다. 옛날 허허벌판에 말을 달려 말뚝을 박는 선인들의 모습이 금세라도 눈앞에 떠오를 것 같다.

그런데 와중에 유달리 눈길을 잡는 마을이 있으니, 바로 박 씨 성의 사람들이 말뚝을 박았다는 박장자朴杖子 마을이다. 박 씨 성은 한반도의 박혁거세로부터 시작된 성씨로, 수많은 성씨가운데서 유달리 한민족만의 고유한 성씨로 알려져 있기 때문이다.

박장자 마을은 평천현平泉縣 칠구진七溝鎭 칠구촌七溝村 여러 자연부락의 하나인데, 청나라 황제의 피서지로 유명한 열하熱河(지금의 승덕承德)은 바로 마을의 서쪽 수십 킬로미터 되는 곳에 위치한다. 마을은 뒤에 산을 업고 벌판을 마주하고 있는데 옛 국도가 마을 복판을 가로 지나고 있다.

박 씨 성은 칠구촌의 여러 마을에 널려 있었다. 이들은 박장자 마을에서 나간 사람들이 주축을 이룬다고 한다. 칠구촌의 촌장 박준평朴俊平 씨는 우리 일행 중에도 박 씨 성이 있다고 하자 반색을 했다. 그래서 그에게 우리처럼 조선족인가고 물었더니 뜻밖에도 만주족이라고 하는 것이었다.

칠구촌의 촌장 박준평 씨

박장자 마을을 비롯하여 칠구촌에는 박 씨 성이 무려 50여 가구 된다고 한다. 이들 박 씨는 모두 만주족으로 되어 있다는 박준평 촌장의 소개이다. 그는 박 씨 성이 한민족 고유의 성이며 만주족의 성씨가 아니라고 하자 금세 고개를 갸우뚱 했다.

박 씨 마을인 칠구촌 일각

"글쎄요? 옛날 우리의 선조는 조선족이었다고 하던데요."

박준평 촌장은 중년에 접어든 나이였지만 마을 박 씨 성의 내력을 거의 모르고 있었다. 나중에 그는 칠구촌 석호구石壺溝에 박 씨 성의 족보를 알고 있는 노인이 한 분 계신다고 하면서 그리로 우리를 안내했다.

노인의 집은 국도에서 한참 벗어난 후미진 산기슭에 자리 잡고 있었다. 담 밖의 옥수수 밭가에 놓인 연자방아가 유표 났다. 여기에서는 주로 밭농사를 하고 있었는데, 집에서 먹는 옥수수쌀은 거의 다 자체로 연자방아에 빻는다고 한다.

박씨촌 박장자 박서창

문밖까지 나와 우리 일행을 맞는 노인은 북방 어느 시골에서나 볼 수 있는 그런 한족복식이었다. 집 외양이나 내부구조 역시 전형적인 북방 한족가옥이었다. 후한 시골인심은 여기라고 별로 다른데 없었다. 노인은 뜰에 심은 나무에서 방금 전에 땄다고 하면서 연신 대추를 권한다.

박서창朴瑞昌이라고 부르는 이 노인은 여든 고개를 넘었는데 마을의 박 씨 가족에서 좌상이나 다름없었다. 그는 마을의 박 씨 가족이 옛날 청나라 때 중국 동북지방에서 이주해온 사람들이라고 말한다.

"우리의 선조는 조선족이라네. 어릴 때 듣자니 요녕성遼寧省에서 왔다고 하네."

그는 박 씨의 선조가 옛날 동북의 요녕성에서 살았으며 조선과 강을 이웃한 곳이었다고 말한다. 이들은 훗날 청나라 8기병을 따라 관내로 들어왔으며 박장자 마을에 자리를 잡았다는 것이다. 학계에서는 이 최초의 박 씨 성 사람들이 군인이었는지 아니면 농민이나 노예 신분이었는지를 둘러싸고 지금도 시야비야 논쟁이 많다.

박 씨 가족은 박장자에 이주해온 그때부터 대대손손 돌림자의 순서로 이름을 지었다고 한다. 박세창 옹은 연세가 많은 탓에 손이 떨려 노트에 돌림자들을 적기 무척 힘들어했다. 그러자 50대의 아들이 펜을 받아 대신 적었다. 보아하니 모두 돌림자에 무척 익숙한 것 같았다. 돌림자는 도합 스무 개였다. 이 글자들로는 차례로 "세, 문, 천, 존, 영, 광, 수, 청, 점, 창, 술, 준, 방, 걸, 서, 경, 홍, 의, 옥, 상世, 文, 天, 尊, 永, 廣, 修, 淸, 占, 昌, 述, 俊, 芳, 杰, 瑞, 景, 興, 義, 玉, 祥"이였다.

이대로라면 마을의 좌상인 박세창 옹은 박 씨 가문의 10대손 인물이었다. 지금 마을에는 14대손인 걸杰자 돌림까지 내려왔다고 한다.

"박가원朴家院에서도 우리와 같은 이런 돌림자를 씁니다. 그곳에도 박 씨 성이 살고 있거든요."

박준평 촌장의 말에 귀가 솔깃했다. 박가원은 박장자와 남쪽으로 2,

30km 떨어져 있다고 한다. 돌림자가 같다니 박장자와 한 뿌리를 두고 있다는 얘기가 되겠다.

국도를 벗어나 현급 도로를 따라 약 1시간 정도 달렸을까. 멀리 산기슭 옥수수 밭 사이로 나지막한 지붕들이 보였다. 개울가에 놓인 작은 다리를 지나서 밭 가운데 놓인 길을 따라 2백 미터쯤 들어가니 드디어 마을이 나타났다.

어느덧 가을해는 서쪽하늘에 기울고 있었다. 조급한 마음을 하늘이 알아줬는지 마침 촌장이 지게차를 밀고 우리 곁을 지나다가 걸음을 멈췄다. 시골에서 외지인의 행색은 금방 눈에 뜨였던 것이다.

"이곳의 박 씨는 박장자에서 왔다고 해요." 호계생胡啓生(50여 세) 촌장은 우리가 찾아온 영문을 알게 되자 이렇게 말했다.

박가원은 130여 가구가 살고 있는 큰 동네였다. 이중 박 씨 성은 40여 가구 된다고 한다. 그러나 호계생 촌장은 다른 성씨인 탓인지 그 이상으로 소상한 이야기를 하지 못했다. 그러자 어느새 우리 주변에 웅기중기 모여 섰던 사람들 가운데 누군가 한 사람을 앞으로 떠밀었다.

"이분이 잘 알아요. 박 씨라니까요."

그의 이름을 물어보니 박옥창朴玉昌이라고 불렸으며 박장자 돌림자의 항렬대로 따진다면 우리가 방금 전에 만났던 박서창 노인과 같은 세대였다. 박옥창은 박가원 역시 박장자와 같은 20개의 돌림자를 쓰고 있다고 차근차근 말해줬다. 지금 박가원도 박장자처럼 돌림자의 항렬이 14대 손까지 내려왔다고 한다.

"옛날 우리의 선조가 조선족이라는 걸 알고 있습니다." 박옥창은 수긍

하듯 머리를 끄덕이었다. 그러나 그는 조선이나 한국 심지어 조선족에게도 별다른 호감이 없는 듯 했다.

박 씨 마을의 박가원의 촌민 박옥창과 함께 있는 필자

현재 박가원의 박 씨 역시 모두 만주족으로 기입되어 있단다. 박 씨 가족은 청나라 8기병을 따라 산해관 서쪽으로 들어오면서 만주족으로 동일시되었던 모양이다. 일각에서는 그들이 민족 차별화와 압박을 받지 않기 위해 족적을 만주족이라고 고쳤다고 말한다. 아무튼 그렇다고 그들이 만주족 습관이나 언어를 갖고 있는 것은 아니었다.

"지금 음식이나 습관이 한족과 똑같지요. 이름이 만주족이지 사실 한족이지요."

주위에 모여든 박 씨 성의 여러 젊은이들도 그와 마찬가지였다. 그들은 우리 조선족이 취재를 왔다고 해도 별다른 흥미를 보이지 않았다.

박옥창은 인터뷰 내내 지방 억양이 다분히 섞인 중국말을 구사하고 있었다. 옷차림새나 행동거지 등 이모저모 뜯어봐도 틀림없는 오리지널 한족이었다. 박 씨 마을, 아니 적어도 박장자나 박가원에서 박 씨는 조선족이 아니라 여느 한족과 다름없는 그저 그런 사람들이었다.

하북성 평천현에 있는 박장자와 박가원 그리고 또 청룡현, 승덕현에는 약 400가구 2,000여 명에 달하는 박 씨 성의 사람들이 살고 있는 걸로 알려져 있다. 그들 일부는 주민등록증에 한족 혹은 만주족으로 적던 것을 1980년대 초에 '조선족'으로 고쳤다고 한다. 그들에게 '조선족'의 정체성 의식이 아직도 전부 소실되지 않았다는 유일한 증거물이다.

하북성 박장자와 박가원에는 박 씨 가족이 모두 14대손까지 존속, 만일 한 세대가 25세 좌우의 차이라고 보면 하북성 박 씨 가족의 제1대손은 약 350년 전의 청나라 초 중국에 정착한 것으로 된다.

사실 동북의 요녕성에도 박 씨 성의 동네인 박가구촌朴家溝村, 박보촌朴堡村이 있다. 이들 박 씨도 돌림자의 이름을 갖고 있으며 1980년대에 이미 15대손에 이르렀다. 그리고 보면 하북성 박 씨 마을의 시조는 요녕성의 박 씨 보다 약간 늦은 시기 이 고장에 정착한 것 같다. 학계에서는 이들 박 씨가 모두 후금의 '정묘호란'과 청나라의 '병자호란' 시기, 다시 말하면 17세기의 전쟁이민이라는 설이 지배적이다.

그러나 연변조선족자치주의 일부 조선족학자들은 또 박 씨 가족의 전설과 족보, 여러 박 씨 마을의 유물 등을 미뤄 이들 박 씨는 본래 삼국시기 만주 땅에 있던 백의겨레의 후손이라고 주장한다.

박혁거세의 신라가 일찍 중국 대륙에 출현했었다는 사실은 새삼스러운 일이 아니다. 옛날 신라는 중국의 연해지방에 신라방新羅坊, 신라산新羅山 등 신라 이름의 지명을 적지 않게 남겼던 것이다. 심지어 지금도 남부의 용암시龍岩市에는 구區의 이름 자체가 신라인 기현상이 연출되고 있다.

박 씨 마을이 있는 하북성 지역에도 신라의 이름이 나타나고 있으며 따라서 이곳의 박 씨 유래에 더구나 궁금증을 증폭하고 있다. 노룡의 옛 현지의 기록에 따르면 "신라채新羅寨는 현성 동쪽 30리 되는 곳에 있었다."는 것이다. 18세기 사행단의 일원으로 승덕을 다녀갔던 박지원도 연행록 『열하일기』에 "당나라 총장總章 연간(668~670년)에 신라의 가옥의 있는 곳에는 그곳을 빌려서 관아를 설치했으니, 양향良鄕의 광양성廣陽城이 바로 그곳이다."라고 기록하고 있다. 양향은 현의 이름이며 북경의 서남부에 위치한다.

한때 고구려의 영역이었던 하북성 지역에 신라의 이름이 나타나는 건 아닌 게 아니라 과연 재미있는 현상이 아닐 수 없다. 고구려가 있을 때 신라인들은 이 고장에 벌써 마을을 일부 형성하여 있었거나 고구려가 멸망한 후 곧바로 들어가서 고구려인들이 비운 자리를 메웠다는 얘기가 되기 때문이다.

아무튼 7때의 박 씨 후손인지 아닌지를 떠나서 오녀성의 박 씨 마을이나 하북성 박 씨 마을의 가족은 음식이나 언어, 습관이 거의 모두 '한족漢族'으로 되어버렸다는 점에서 모두 다름이 없다. 그들의 선조가 조선족이고 또 일부 조선족으로 민족 족적族籍을 고치는 등 조선족임을 고집하고 있기 때문에 그들을 여전히 조선족으로 보는 학자들도 적지 않다. 그러나 이름만 조선족일 뿐이지 타민족으로 동화되었거나 동화되고 있는 박 씨 마을의 현실을 무시할 수 없다.

어쩌면 하북성 박 씨 마을에서 단 20개로 끝난 돌림자에는 그 어떤 예언이 숨어있는 듯하다. 수백 년 전, 멀리 이역 땅에 행장을 풀게 된 그들의 선조는 불과 20대손 안팎에 그들 박 씨 성에 흐르는 백의겨레의 피가 영영 사라질 줄 알고 있은 게 아닐까……

박 씨 마을인 박장자 동네 입구에 있는 연자방아

발해인이 이주한 발해마을

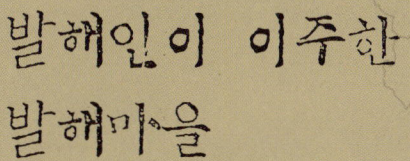

"발해渤海 마을입니다, 어서 내리세요!"

916번 지선支線버스가 내뿜는 소리가 한적한 시골길에 가을의 나뭇잎처럼 떨어져 날린다. 국도는 강줄기를 따라 마을의 남쪽 기슭을 지나고 있었다. 길 양쪽에는 북방 어디든지 쉽게 볼 수 있는 그런 농가들이 길게 늘어서 있었다.

이곳은 북경 북쪽의 회유현懷柔縣에 있는 발해소渤海所 촌락이다.

사실 발해마을이라고 하면 발해국을 떠올리게 되는 게 당연지사이다. 발해국은 고구려가 멸망한 직후인 698년 고구려의 별부 출신인 대조영大祚榮이 세운 나라이다. '발해'라는 마을 지명은 발해국의 상경 용천부가 있었던 고장의 촌락 이름으로 지금의 흑룡강성 동부에 위치한다.

발해진 입구에 있는 조각-길을 가리키는 목동

발해진 정부청사

그렇다면 흑룡강성의 발해마을이 그 무슨 요술이라도 부려 구름장처럼 멀리 북경으로 날아왔단 말인가……

지명은 주변의 지표와 취락, 지형, 하천 등에 붙이는 이름이다. 동일한 지명에는 여러 형태소가 붙어 서로 내용이 다르게 되는 경우가 많다. 그래서 북경의 발해마을은 발해 바다가 가깝기 때문에 생긴 이름이 아닐까 하고 생각하는 사람들이 많다. 발해 바다는 북경에서 동쪽으로 불과 100km 정도 떨어져 있으며, 따라서 제법 그럴 듯한 해석이 되기도 한다.

발해진 입구

실제 발해 바다와 근접한다고 생긴 동명의 발해마을이 있다. 진황도秦皇島시의 발해마을은 워낙 목穆 씨 성의 사람들이 살고 있는 마을이라는 의미의 목장穆庄이었는데, 훗날 목 씨 성의 대가 끊어지자 주변의 지형에 따라서 발해마을이라는 의미의 발해채渤海寨로 개명했다고 한다.

그러나 진황도의 발해마을은 이름만 붕어빵처럼 똑같을 뿐이요, 발해국 옛 땅의 발해마을과는 사돈의 팔촌도 되지 않는다.

그리고 보면 북경의 발해마을은 정말 발해국 옛 땅의 발해마을을 훔쳐온 게 아닌가 하는 생각이 갈마든다. 우연이라고 하기에는 너무 절묘한 기현상이 출현하고 있기 때문이다.

흑룡강성의 발해마을은 사면이 산에 둘리고 근처에는 또 강 목단강牧丹江이 흐르는데, 북경의 발해마을도 역시 사면이 산에 둘리고 근처에는 또 강 회사하懷沙河가 흐른다. 더구나 흑룡강성의 발해마을은 폭포와 쌀로 유명한 향수響水라는 고장이 있으며 북경의 발해마을은 폭포로 유명한 향수라는 유명한 풍경구가 있다.

어쨌든 북경의 발해마을은 흑룡강성의 발해마을처럼 왕족이 살고 있던 궁성은 아니었다. 혹시 그때 이미 성벽을 쌓고 있었는지는 몰라도 훗날에는 분명히 군사들이 주둔하고 있었다. 마을 지명에 붙어있는 소所 자가 바로 그 진실을 밝혀주고 있다. 소所는 옛날 군사들이 주둔하던 곳을 일컫던 말로서 큰 것은 천호소千戶所, 작은 것은 백호소百戶所라고 한다. 현지에 따르면 발해마을의 독특한 지리위치 때문에 일찍 원元나라 때부터 군사들이 주둔했으며 명明나라 때에는 이곳에 성곽을 쌓아 서쪽으로는 황릉을 지키고 북쪽으로는 장성을 수비했다는 것이다.

동네 입구에서 만난 촌민 동장청董長靑 씨는 아버지 세대의 노인들로부터 마을에 있었던 고성 이야기를 수없이 들었다고 하면서 이 고성의 이름 역시 발해 두 글자를 따서 '발해성渤海城'이었다고 알려준다. 방금 우리가 버스에서 내렸던 길가는 바로 발해성 남쪽 성벽이 있던 자리라는 것이다.

안내인 동장청 씨의 발아래 전선줄
그늘 위치에 석판이 묻혀있다고 한다.

"편액이 촌민위원회 청사 부근에 방치되어 있었는데요. 언제인가 보니 벌써 그 자리에 없는 거예요."

동 씨의 말에 따르면 마을에는 이런 편액이 여러 개 남아 있었다고 한다. 발해성은 동쪽과 남쪽, 서쪽에 각기 성문이 있었으며 서쪽에는 또 성문 밖에 작은 성과 문이 있었다. 문마다 이름자를 쓴 편액이 걸려있었는데, 정문인 남문에 바로 편액 '발해성渤海城'이 있었다고 한다.

발해성은 폭 4미터, 높이 약 7미터, 둘레 길이가 약 1500미터나 되는 석성이었다. 1950년대, 마을에서는 극단적인 노선운동인 '대약진大躍進'운동을 하면서 석성을 전부 허물어 버렸다. 발해마을의 농가와 담에는 아직도 그때의 성곽 돌들이 드문드문 보이고 있었다.

그때 성에는 약 20미터 폭의 열십자 모양의 큰 거리가 각기 여러 문으로 통했다. 이런 거리의 가운데는 또 폭 1미터 정도의 석판이 깔려있었다고 한다. 얼마 전 마을에서는 상하수도 설치를 하면서 십자十字거리의 땅을 파헤쳤는데 그때 이 석판은 다시 지면에 잠깐 드러났다가 다시 묻혔다고 한다.

"석판은 관리들을 위해 따로 만든 길이라고 전하지요."

옛날 비 오는 날 관리들이 진흙탕을 피하도록 일부러 만든 길이라는 것이다. 길옆에 앉아서 한담을 즐기던 동네 노인들도 동 씨의 말에 수긍을 하는 것이었다.

아쉽게도 석판은 전부 땅에 묻혀 한 조각의 윤곽마저 보이지 않는다. 십자 거리에 전선줄의 그림자가 이름 못할 뭔가의 서러움을 땅 위에 길게 드리우고 있었다.

그래도 천년의 재난은 지우개처럼 '발해성'을 말끔히 지워버린 게 아니었다. 동구 밖에 서있던 돌사자 한 쌍은 여전히 촌민위원회 청사 뜰에 남아있다고 한다. 위나 촌민위원회 청사의 대문 입구에 세워두었는데 마을의 풍수에 좋지 않다고 말해서 서쪽 뜰에 버려두었다는 것이다. 청사 대문 입구에는 또 그때의 파손된 작은 석물이 있었다.

훼손된 유물이 촌정부 뜰 밖에 방치되어 있다.(위)
촌정부 청사뜰에 버려진 명나라시기 돌사자.(가운데)
민가의 벽돌담 기반석은 발해성 성돌이다.(아래)

이 유명한 '발해성' 때문인지 동네 사람들은 모두 마을이 명나라 때 생긴 걸로 알고 있었다. '중국고금지명대사전中國古今地名大辭典'과 같은 권위적인 지명문헌도 무슨 영문인지 발해 마을의 유래에 대해 명나라 홍치弘治 16년(1503년) 이곳에 성곽을 축조한 시점부터 기록하고 있다.

사실 발해라는 이 마을 이름은 이미 명나라 때가 아닌 8세기 초에 작명되었다고 한다. 북경 지명지에 따르면 당나라 개원開元 12년(724년), 말갈靺鞨인들이 내지로 지금의 북경 회유懷柔와 순의順義 일대에 이주했다. 그 때는 '발해국'이 건국된 지 벌써 20여 년이나 지난 시점이었다. 따라서 이주한 이런 말갈인들을 발해인이라고 호칭했으며 그들의 살고 있던 곳도 '발해'라고 불리게 되었다. 원나라 때 이곳에 천호소千戶所를 설립했고 명나라 때 발해소渤海所로 불렸으며 민국民國연간(1911~1949년)에는 발해진渤海鎭이라고 불렸다. 오늘날 이 발해진은 삼도하三渡河와 발해소 두 향鄕을 아우른 행정 진鎭으로 탈바꿈하고 시조始祖의 발해마을은 명나라 때의 이름을 답습하여 '발해소'로 불리게 되었던 것이다.

동 씨는 마을의 이런 소상한 내력을 처음 듣는다고 하면서 이상하다는 듯 묻는다. "발해인들은 왜 이곳으로 왔지요?"

솔직히 이 질문에는 뭐라고 대답해야 할지 몰라 머뭇거렸다. 발해인들의 북경이주 유래는 아직도 풀기 어려운 숙제로 남아있다. 이런저런 설이 솔솔 흘러나오는 가운데 '발해인들의 망명 설'에 무게가 제일 많이 실리고 있다. 결국은 그들의 북경이주가 발해국 건국 20여 년 만에 생긴 일이며 마침 이 무렵 발해국에서 세상을 들썩하게 만든 내분이 일어났기 때문이다.

이곳에서 몇 킬로미터 더 들어가면 발해소촌이 나온다.

　　719년, 발해국 제1대 고왕高王 대조영大祚榮이 사망하였다. 그의 뒤를 이어 즉위한 무왕武王 대무예大武藝는 연호를 인안仁安이라고 하고 영토 확장에 주력하였다. 만주의 많은 지역과 연해주 남부지역이 발해국 판도에 귀속된 건 이 무렵이었다. 신라는 강릉 이북지역에 장성을 쌓아 이에 대비하였으며 흑룡강黑龍江 하류지역의 흑수말갈黑水靺鞨은 당나라와의 연계를 통해 발해의 침공에 대비하였다. 주변의 사태가 심각해지자 무왕의 동생 대문예大門藝는 당나라와 직접적인 충돌을 우려한다. 그는 발해의 대외정벌을 반대하다가 무왕과 마찰을 빚게 되며 종당에는 당나라에 망명했다. 그때 일부 발해인들이 지금의 북경 발해마을에 이주했다는 것이다.

　　그러나 대문예가 당나라에 망명을 단행한 시기는 당나라가 726년 흑수말갈 지역에 흑수주黑水州를 설치한 사태가 벌어진 후이다. 더구나 대문예의 망명지는 지금의 북경 일대가 아니었다. 당나라는 망명 시초에 그를 안서安西, 즉 지금의 신강新疆으로 피신시켰고, 또 훗날 발해가 그를 죽이려고 파견한 자객이 암살 미수로 그친 장소 역시 북경과 천리 너머 떨어진 중원의 낙양洛陽인 것이다.

일부에서는 또 발해마을이 발해인 포로와 관련되는 걸로 보고 있다. 이 무렵 발해와 당나라가 전쟁을 벌였으니 그런 해석도 가능한 것 같기도 한다. 요사遼史의 기록에 따르면 720년, 당나라가 부여성(지금의 길림성 장춘長春) 부근으로 군사를 이끌고 왔다. 당나라는 최종적으로 부여성 점령에 실패하며 발해는 국력을 융성하는데 성공한다. 그런데 이때 당나라가 포로를 내륙에 끌어왔다고 해도 시기적으로 발해마을의 형성 시기와 3,4년이라는 차이가 있어서 두 사건을 하나로 잇기에는 억지감이 없지 않다.

그건 그렇다 치고 궁금증을 낳는 게 하나 있다. 대문예의 망명사건으로 인한 당나라와 발해의 대립은 나중에 발해의 당나라 공격으로 발전하였다. 732년 발해 수군은 산동성 등주登州를 공략하며, 육로의 일부 군사는 요동 땅을 건너 유주幽州, 즉 지금의 북경 일대까지 진군하였다. 이때 발해마을에서는 동족 발해의 군사가 마을 부근까지 쳐들어온 소식을 알고 있었을까…… 아쉽게도 그들의 기이한 재회가 이뤄졌다는 일말의 단서를 그 어디서도 찾아 볼 수 없다.

대신 재미있는 일화가 있다. 이보다 약 100년 전, 고구려전쟁에서 패배한 당군唐軍을 추격하여 고구려 군사가 이 고장까지 진군하였던 것이다. 발해마을의 동쪽으로 불과 10km 정도 떨어진 회하懷河 기슭에는 그때 관음보살이 현신하여 당군을 도와 고구려 군사를 막아주었다는 전설이 기담처럼 전해오고 있으며, 그로 하여 세워진 옛 사찰이 있다. 남쪽의 북경 시내외곽에는 또 연개소문의 고구려 군사가 추격 노정에 주둔하였다고 하는 지명 고려영高麗營이 있다.

그러고 보면 발해마을은 신기하게 전대前代의 고구려와 기이한 인연으로 이어지는 것 같다. 사실 발해마을의 최초의 이주민들은 모두 고구려 후손으로 지칭되는 족속이 아니던가. 그들은 미리 작정이라도 한 것처럼 고구려 추격군이 말을 멈췄던 고장에 행장을 풀었다. 마을의 원주민은 고구려의 유민이지만 그때는 이미 발해국이 섰기 때문에 발해인으로 불렸으며 따라서 마을도 발해마을로 불렸을 수 있다는 얘기이다.

동 씨가 알려준 길을 따라 옛날 돌사자가 있었다고 하는 동구 밖의 돌다리를 찾았다. 다리 아래에서 회사하懷沙河가 돌돌 소리치며 멀리 동쪽으로 흘러가고 있었다. 또 하나의 기이한 인연일까, 회사하는 나중에 회하懷河에 흘러들며 산 너머 저쪽에서 옛날의 조선하朝鮮河였다고 전하는 조백하潮白河와 하나로 합류한다.

고북구의 백가 성씨의 마을

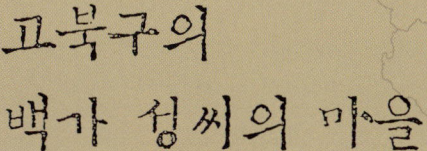

장성 구경을 왔다고 하자 농가락農家樂(시골 여인숙을 이르는 말, 음식점이 딸려있다.)의 주인은 고개도 들지 않고 손 가는대로 마을 앞쪽의 산등성이를 가리킨다.

저기 보이는 게 장성인데요, 꼭 올라가야 돼요?

구들에 앉은 채로 창문을 열자 구렁이처럼 산등성이를 기어간 장성이 금세 눈앞에 달려왔다. 진짜 동네를 둘러막은 담이라면 그럴지 싶었다.

하서촌河西村은 북경 밀운현密雲縣의 고북구古北口진에 위치, 연산산맥의 줄기인 반룡산蟠龍山과 와호산臥虎山에 둘러있는 작은 벌이다. 조하潮河가 고북구를 하서河西와 하동河東 두 마을로 동강내고 다시 남쪽으로 흘러간다. 강기슭의 국도를 따라 약 100km 내려가면 북경 시내에 이를 수 있다.

산등성이를 타고 앉은 고북구 장성

고북구 표지석 뒤로 장성이 보인다

일찍 서주西周부터 춘추春秋, 전국戰國 시기까지 고북구에 돈대를 쌓고 북방을 방어했다고 한다. 한나라 무제武帝는 북방민족의 침노를 막기 위해 이 일대에 주둔군 성곽을 쌓았다. 이 성곽이 바로 하서촌의 추형으로 지금까지 2100년의 역사를 갖고 있는 것이다.

정작 이 고장에 장성이 들어선 것은 북제北齊 때로 알려진다.『북사·제본기北史·齊本紀』에 따르면 북제北齊 천보天保 7년(556년) "서하西河의 총진수總秦戌, 지금의 산서성山西省 대동大同 서북쪽부터 장성을 축조, 동쪽으로 바다(지금의 발해渤海)까지 이르렀으며 동서로 3천여 리 되었다." 유연柔然과 돌궐突厥, 선비鮮卑, 서란契丹, 해奚, 고구려 등 북방민족을 막기 위한 이 장성은 고북구를 지난다.

고북구는 당나라 때 유주, 지금의 북경 북쪽에 있는 장성 관문이라고 해서 북쪽 출입구라는 의미의 북구北口로 불렸으며 또 와호산 기슭에 위치한다고 해서 호북구虎北口라고도 불렸다. 훗날 범 호虎자와 비슷한 음의 북쪽 북北자로 바뀌어 고북구라고 개명했다는 것이다.

장성 구경은 우리 이 고장에 와야 돼요. 여기 장성이 제일이지요.

고북구 동쪽에 있는 사마대司馬臺 장성은 지세가 험하고 형태가 각이하며 망루가 밀집하고 주둔군 계급이 분명한 등 '경이롭고 험준하며 기이한 것'으로 세상에 유명하다. 고북구 장성은 중국의 장성 역사에서 제일 완정한 장성체계를 이루고 있다. 마을 남산과 북산에 있는 장성은 북제 때부터 줄곧 명나라 때까지 보수했다고 한다.

여러 조대를 거치면서 장성을 보수하고 수비한 것은 이 고장의 지리 위치가 아주 뛰어났기 때문이다. 북경의 동북쪽 문호인 이곳은 산의 이름 그대로 용이 서리고 범이 웅크린 고장이었다. 고북구는 중원정권과 북방민족 정권이 만나 늘 충돌을 벌인 곳이었으며, 중원정권과 북방민족 정권의 분수령으로 되었다. 중원에 입주하려고 하는 북방민족은 모두 길목인 고북구를 점령하고 또 이곳을 거점으로 삼아 다른 민족을 방어했다. 근대사에서 일본군도 고북구를 진공, 점령했으며 훗날 소련군이 그들 수중에서 고북구를 탈취했다. 내전시기, 공산당과 국민당 쌍방도 이곳에서 한바탕 쟁탈전을 벌였다.

그럴지라도 고북구라는 이름이 우리에게 익숙한 건 천하의 기문奇文으로 불리는 박지원의 여행기 『야출고북구기夜出古北口記』 때문이 아닐지 한다. 칠흑같이 어두운 야삼경, 손에 등불 하나만 들고 한줄기 별빛을 바라보며 '고북구'를 통과하는 장면은 『열하일기』의 하이라이트이다.

그때 청나라 황제는 해마다 열하熱河(지금의 승덕承德)에 가서 피서를 했다. 황제가 다녔던 어도御道는 북제 때부터 있던 길로서 아직도 강 동쪽에 1000미터 정도 남아 있다. 북경과 열하를 연결한 관문의 하서촌은 피서 일행의 경유지와 역참이었다. 그래서 상인들과 이민들이 벌떼처럼 이곳에 밀려왔다. 청나라 말, 하서촌은 원근 50리 안팎에서 유일한 상업중심이었다. 강 하나를 사이 둔 하동촌은 청나라 조정에서 지정한 팔기군八旗軍과 그 가족의 주거지로 그 번화함은 하서촌과 아예 비교가 되지 않았다고 한다.

공화국 창립 초기, 하서촌은 인구가 무려 1만 명에 달하는 큰 마을이었다. 극성 시기에는 둘레 몇 킬로미터 되는 곳에 보살전菩薩殿, 옥황묘玉皇廟, 용왕묘龍王廟, 토지묘土地廟, 약왕묘藥王廟, 관제묘關帝廟 등 가지각색의 사찰이 무려 30여 개나 되었다고 한다. 지금은 마을의 인구가 줄어든 것처럼 사찰 역시 남아 있는 것이 얼마 되지 않는다.

농가락 주인은 어릴 때 들었던 동네 노인들의 얘기라고 하면서 그때 땔나무를 실은 우마차가 하루에 100여 대나 마을에 들어왔다고 말한다.

옛날에는 간장이나 소금도 우리 마을에 와서 샀다고 하지요. 우리 마을이 고북구의 중심이었으니까요.

하서촌은 1970년대 또 동네방네 소문을 놓게 된다. 극좌極左 정책이 실행되던 그때 하북성과 산서성의 여러 지역에서는 정부의 지

하서촌 마을 뒤로 와호산 장성이 보인다.

령에 따라 옥수수를 베어버리고 잡교수수를 심었다. 이 수수는 소출이 높았지만 밥으로 먹기에는 어려웠다. 일부 소설은 심지어 "수수 한줌을 쥐어서 얼굴에 뿌리면 피가 날 지경"이라고 형용했다. 천년의 풍운변화 속에서 삶의 지혜를 터득한 하서촌 사람들은 논 주변에 가림 벽처럼 수수를 심었다. 혹간 위에서 검사를 내려오면 전부 수수를 심었노라고 시치미를 뗐다.

다른 마을에서는 얼굴을 찌푸리면서 모래알 같은 수수밥을 씹었지만 하서촌 사람들은 구수한 쌀밥을 식탁에 올려놓았다. 그래서 수수 농사만 했던 하북성의 시골마을에서 처녀들이 봉황이 둥지를 찾듯 하서마을로 다투어 시집을 왔다고 한다.

지금 육십 고개를 바라보는 아줌마들은 거의 그때 시집을 왔던 '하북처녀'들이지요.

농가락 주인이 손을 꼽아보더니 이렇게 말한다. '하북처녀'들은 마을에 약 40개의 성씨를 더 늘려주었다고 한다.

결국 이런 '외래' 성씨 때문에 하서촌은 미구에 온 세상을 들썽하게 만든다. 사실 마을 성씨의 비밀이 밝혀진 건 아주 우연한 일 때문이라고 전한다. 5~6년 전, 마을에서는 학교청사 시공을 하게 되었다. 외지 출신의 시공施工 팀장은 촌민위원회에 일을 보러 갔다가 무심결에 벽에 걸린 촌민들의 명단을 보고 자기 눈을 의심하더라고 한다. 글쎄 수십 명의 성씨가 거의 중복되는 게 없었던 것이다.

나중에 진에서 알고 조사를 내려와 통계를 했지요. 그들도 깜짝 놀랐어요. 마을에 성 씨가 무려 130개나 되었던 거지요.

하서촌 입구 표지판 멀리 적대가 보인다.

하서촌은 현재 600여 가구 되는 마을로 인구가 약 2천명인데 열에 일곱은 한족이고 나머지는 다른 민족이라고 한다. 이중에는 만족, 회족, 몽골족, 묘족, 유고족裕固族, 조선족 등 여섯 민족이 있다. 장張, 왕王, 이李, 조趙 씨 성의 한족과 나那, 관關씨 성의 만족과 마馬, 합哈 씨 성의 회족이 상당수였으며 묘족과 몽골족, 유고족, 조선족은 각기 한 사람으로 모두 여성이었다. 백가百家 성씨는 옛날 고북구의 주인이 주마등처럼 바뀌고 이주가 빈번한 결과물이라고 하겠다.

전문가가 그러셨다는데요, 우리 마을은 중국에서 성씨가 제일 많은 마을이라고 하지요

"서울 남산에 올라가서 돌을 던지면 김 씨 아니면 이 씨가 맞는다."라는 속담이 있다. 한국의 절반을 넘는 인구가 5대 성 씨 안에 있다는 것

을 실감 나게 하는 부분이다. 그런데 한 동네에 다섯 개가 아니고 열 개도 아니라 무려 백 개가 넘는 성씨라니 그저 혀를 홰홰 내두를 수밖에 없다.

고북구 진정부의 조사가 진행될 때까지 하서촌은 그저 북경 외곽의 평범한 시골마을이었다. 지금도 고북구에 오는 사람들은 사마대 장성이요, 망경루望京樓요, 옛 어도御道요, 남천문南天門이요 하는 유적들은 하나도 놓칠 세라 일일이 찾아다니지만 정작 백가 성씨의 하서촌은 관심사에서 멀리 밀어놓기 일쑤이다.

하서촌의 주민은 외지 이민이나 상인 등이 적지 않지만 그래도 주류는 고북구 장성을 수비하던 주둔군의 후대들이다. 하서촌의 본명도 버드나무 숲의 군영이라는 의미의 유림영柳林營이었다.

옛날 고북구는 고조선의 판도에 망라되어 있었다. 한때는 산해관 남쪽을 달려왔던 고구려의 말발굽 소리가 울렸고 또 당나라에 끌려가던 고구려 유민들의 지친 발걸음 소리가 울렸다. 그렇다면 마을에는 옛날 고북구에 있던 백의겨레의 후손이 남아있지 않을까……

아까 얘기를 드렸던 조선족 여성이요? 1950년대 시집을 온 할머니인데요, 동桐 씨 성이라고 하지요.

동桐 씨라니 처음 듣는 희귀한 성씨이었다. 그래서 더구나 그를 만나서 이야기를 듣고 싶었다. 성씨처럼 혹여 무슨 희소한 선색이라도 갖고 있는지 모른다는 생각이 든다. 그런데 조선족과 묘족, 몽골족, 유고족은 이 몇 십 년 동안 동북지역과 귀주성貴州省과 청해성靑海省, 동북 지역에서 시집을 온 '외래인'이라고 한다. 그나마 조선족 할머니는 몇 년 전에 자식을 따라 타지로 이사를 했다는 것이다. 내심 기대했던 하회는 그렇게 쉽사리 이어지지 않았다.

어딘가 맥이 탁 풀리는데 식탁에 북경에서는 처음 보는 음식이 연달아 올라 눈길을 사로잡는다.

이건 보우판包飯(쌈밥이라는 의미)이라고 하는데 우리 마을의 특색음식이지요, 옛날 여기에 있던 군인들이 먹던 음식이라고 하지요.

파란 상추와 흰 파, 노란 조밥 그리고 곁들인 된장이 입맛을 당긴다. 옛날 마을에 주둔하고 있던 병사들은 군호軍號 소리가 울리면 상위에 올린 여러 가지 음식들을 상추에 싸서 급급히 산위로 달려갔다고 한다. 그래서 생긴 고대 '야전용' 음식이 바로 쌈밥, 보우판이라는 것이다. 야채 등속만 아니라 밥을 싸서 먹는 건 중국에서는 눈 씻고도 보기 드문 풍속이다. 그런데 그때의 '야전용' 음식은 또 하나 있었다. 찰떡을 두루마리처럼 콩 고물에 둘둘 말아서 주먹크기로 베어 만든 것으로 역시 옛날 군인들이 손에 들고 먹기 편하게 만든 음식이라고 한다.

식탁위의 어딘가 익숙한 그림자가 비껴 어른거리는 것 같았다. 쌈밥과 찰떡은 장성 너머 멀리 고향의 맛을 그대로 실어오고 있었다.

유연과 돌궐, 선비, 거란, 해 그리고 고구려…… 장성을 넘나들었던 북방민족은 함께 백가百家 성씨라는 흔적을 장성 기슭에 남겼다. 마을의 이런 성씨 비밀이 2천 여 년의 세월 속에 그냥 묻혀있었듯 옛 사람들의 자취 역시 어딘가에 찍혀 있을지 모른다.

농가락 주인이 버릇처럼 외우던 성어成語 비슷한 시구가 산에 오르는 내내 뇌리에서 사라질 줄 몰랐다.

사진을 제외하고 아무것도 가져가지 말며
발자국을 제외하고 아무것도 남기지 말라.

그 말마디에는 장성을 수비하던 사람들의 옛 흔적이 조금이라도 지워질까 우려하는 그들 후대들의 마음이 천년의 이끼처럼 흠씬 묻어나고 있었다.

미곡촌, 안개에 쌓인 미스터리의 동네

간밤에 내린 눈 때문인지 옅은 안개가 마을을 감싸고 있었다. 마을 밖의 길가에 장승처럼 서있는 석물에는 '미곡촌'이라는 글자가 동이 트는 하늘가처럼 빨갛게 타오르고 있었다. 마을 서쪽에 나지막한 산이 웅크리고 있었고 산기슭에 패인 깊숙한 구덩이가 흉물스런 괴물처럼 입을 벌리고 있었다.

그러나 산에는 마을의 이름처럼 미궁의 골짜기가 있는 게 아니었다. 구덩이 역시 마을을 통째로 삼킬 듯 엄청 크고 깊었지만 근년에 철광석을 캐내던 자리였으며 또 수렁처럼 빠지면 전혀 나오기 힘든 그린 함정이 아니었다.

솔직히 길을 잃었다고 하는 천년 고사古事의 현장이라곤 도무지 믿어지지 않았다. 나중에 우리 일행이 이른 새벽에 이곳을 찾아온 영문을 듣자 윤尹 씨 성의 택시기사는 한심하다는 듯 혀를 차는 것이었다.

"정말 그런 일이 있었답니까? 이런데서 길을 다 잃어요?"

미곡촌은 노룡 현성에서 서북쪽으로 불과 10여 km 떨어져 있다. 마을에서 동쪽으로 불과 1km 되는 곳에는 난하가 사품을 치며 흘러가고 있었다. 난하를 따라 조금 남쪽으로 내려가면 난하와 청룡하의 합수목이 나타난다. 난하와 청룡하는 사방 수십 리 안팎에서 제일 쉽게 위치를 확인할 수 있는 지상 표지물이다. 그런데 이런 표지물을 근처에 두고 길을 잃는다니 그야말로 "업은 애기를 동네에 가서 찾는 격"이다.

미곡촌 입구에 서있는 표지석
다른 마을에는 없는 풍경이다.

아무튼 '늙은 말이 길을 안다'는 의미의 옛 이야기 '노마식도老馬識道'가 바로 미곡촌이라는 이 지명을 낳았던 것이다.

춘추시기, 주周나라 왕실이 쇠퇴하자 군웅이 서로 패권을 쟁탈하였다. 제齊나라 환공桓公 23년(B.C.663년), 산융山戎이 영지令支, 고죽국과 결맹하여 연燕나라를 침범했다. 연나라는 급급히 제나라에 도움을 청했다.

그러자 제나라 환공은 재상 관중管仲과 대부 습붕隰朋을 데리고 군사를 인솔하여 산융을 정벌했다. 환공은 이어 내친 김에 군사를 휘몰아 영지와 고죽국을 멸망한다. 1천여 년을 존속한 고죽국은 이때부터 세상에 영영 막을 내린다. 제나라 군사가 정벌을 갈 때는 봄이었지만 개선하고 돌아올 때는 한겨울이었다고 한다. 꽃이 피고 잎이 파랗던 연도에는 앙상한 나뭇가지와 키를 넘는 수풀이 이전보다 훨씬 다른 경상을 연출하고 있었다. 그래서 제나라 군사는 그만 길을 잃고 말았다. 이때 관중이 대책을 내놓았다.

"이런 때는 늙은 말의 지혜를 이용해야 할 줄로 압니다."

환공은 즉시 령을 내려 늙은 말 한 마리를 풀어놓았다. 그리고 전군全軍이 늙은 말의 뒤를 따라 행군한지 얼마 안 되어 드디어 큰길이 나타났다는 것이다.

이 이야기에 근거하여 후세의 사람들은 '노마식도'라는 속담을 만들어 냈던 것이다. 노마식도는 경험이 풍부한 사람들이 일에 봉착하면 자유롭게 응부할 수 있다는 뜻이다. 이 고사에는 또 '고죽국 멸망'의 슬픈 이야기가 깃들어 있는 것이다.

제나라 군사는 늙은 말의 지혜로 길을 찾았지만 이번에는 또 식수가 떨어져 모진 갈증에 시달리게 된다. 그러자 이번에는 대부 습붕이 환공에게 대책을 내놓았다.

"개미집을 찾으면 물을 얻을 수 있을 줄로 압니다."

개미란 원래 여름에 산 북쪽에 집을 짓고 살지만 겨울에는 산 남쪽의 양지 바른 곳에 집을 짓고 산다. 흙이 한 치쯤 쌓인 개미집이 있으면 그 땅 속 일곱 자쯤 되는 곳에는 물이 있는 법이라는 것.

군사들이 산을 샅샅이 뒤져 개미굴을 찾은 후 그곳을 파 내려가자 과연 샘물이 퐁퐁 솟아났다.

늙은 말이나 개미처럼 아무리 하찮은 것일지라도 저마다 장기나 장점을 있음을 이르는 이야기이다.

상술한 고사는 한비자韓非子(?~B.C.233년)의 저서 『한비자』에 기록되어있다. 그러나 이 고사에서 등장하는 미곡의 위치는 초기의 문헌에 아무런 기록이 없다. 그래서 청나라의 지방문헌은 미곡의 장소를 두고 우왕좌왕하고 있다. 청나라 『영평부지永平府志』의 기록에 따르면 "미구迷溝는 부성府城(지금의 노룡盧龍 현성)에서 난하 서쪽 20리 되는 곳이며 청절사와 3리 떨어져 있다. 그 곳에는 모래가 많고 풀과 나무가 자라지 않는다. 환공이 고죽을 정벌할 때 늙은 말이 길을 안내하던 곳이라고 전한다. 오늘의 서북쪽 니구산泥溝山인데, 대개 헤맬 '미迷'는 막힐 '니泥'를 잘못 말한 것이다." 그래서 『영평부지』는 미곡의 산을 미곡촌의 서쪽으로 약 30km 떨어진 진자진榛子鎭 서쪽의 난석산亂石山으로 추정하기도 한다.

이제묘 옛터의 남아 있는 토성

아쉽게도 니구산의 이름은 현지인의 기억에서 벌써 소실되어 있었다. 마을사람들은 그저 산의 위치에 따라 '서산西山'이라고 부르고 있었다.

산 이름에 남다른 흥미를 보이자 윤 씨는 대뜸 미곡촌의 동남쪽에 있는 산이 유명하다면서 그쪽으로 가보지 않겠는가고 제안한다. 멀찌감치 보이는 그 산은 얼핏 보기에는 서산과 별반 차이가 없었다. 그래서 웬일이냐 물었더니 백이와 숙제의 이제묘가 있는 수양산이라고 한다. 정말이지 "산은 높아서가 아니라 신선이 있어서 유명하다."는 말을 상기시키는 대목이었다.

서산에 있던 '신선'은 어디로 구름을 타고 가뭇없이 종적을 감췄을까……

그런데 고사의 현장은 '미곡촌'이 아니라고 주장하는 고장이 있다. 바로 난하의 지류 청룡하의 상류에 위치한 승덕시承德市의 평천현平泉縣이다. 고증에 의하면 평천은 '노마식도' 등 많은 전고典故가 생긴 고장이라는 것이다. 실제 평천에는 높고 낮은 산이 우중충하며 골짜기가 종횡으로 얼기설기 거미줄처럼 늘어서서 길을 잃기 십상이다. 또 고죽국의 북부에 위치하며 제나라 군사의 진군과 귀국 노선에 있기 때문에 고사의 현장일 가능성을 더 열어놓는다.

사실 당시에 '노마식도'의 전고와 함께 나란히 등장하는 지명 요수遼水 역시 '미곡촌'처럼 천년의 운무에 잠겨있다. 한나라 때의 전적典籍 『설원說苑』의 기록에 따르면 환공은 연나라를 두와 하북성 북부에 있던 산융을 토벌하고 고죽국을 치러 갈 때 비이卑耳라는 계곡 10리쯤 못되는 곳에서 강을 건너는데, 그 강의 이름이 바로 요수였다는 것이다.

광석 구덩이와 미곡촌 그리고 서산

예전에 온 영평성을 물바다로 만들었다고 하는 난하

새삼스레 요수를 떠올리는 건 고대사에서 '요동遼東'이라는 지명이 언제나 요수와 쌍둥이처럼 함께 나타나며 또 '요동'은 고사 '노마식도'의 발원지인 '고죽국'처럼 역시 백의민족 고대사에서 중심지로 되는 현장이기 때문이다.

요동은 바로 요수의 동쪽 지역으로, 고조선의 땅이었으며 훗날 고구려가 웅거하던 고장이었다.

따져보면 요수는 지금의 요녕성遼寧省 요하라는 설이 지배적이다. 이에 따르면 고구려의 강역은 요하를 기준으로 그 동쪽지역인 요녕성의 동부 일대였다는 것이다. 일부 학자는 또 요수라는 지명은 여러 번 이동을 했으며 나중에 요하라고 되었다고 주장한다. 요수는 워낙 연나라 북부의 영정하였다거나 북경 근처를 흐르는 조백하였다는 설이 바로 그러하다.

하지만 제나라 환공이 고죽국으로 진군할 때 만난 '요수'는 분명히 이와는 전혀 다른 강이었다. 이때 그가 건넌 요수는 지리적 위치로 볼 때 분명히 미곡촌의 부근을 남북으로 흘러 지나는 난하이기 때문이다. 그로부터 약 600년 후의 학자 유향劉向(B.C.79년~A.D.8년)도 저서 『홍범오행洪範五行』에서 요수를 지금의 난하로 비정하고 있다.

진짜 '샘'이 숨어있는 '개미집'이 아닐지 한다. 진실한 '미곡촌'의 본고장이라고 주장하는 평천현은 요수를 찾아가는 길에 또 한 번 등장한다. 거란족의 신화에 따르면 옛날 백마를 탄 사나이와 소를 몰고 가던 여인이 바로 요수 상류에서 만나 아들 여덟을 낳았는데 그들이 거란족의 시조이다. 그런데 지금까지의 고고학적 발굴과 연구, 고증에 따르면 난하 상류에 위치한 하북성 평천현은 거란족의 선조가 활동하던 곳으로 그들이 발상지라고 한다. 거란의 풍습에 따르면 친인이 사망한 후 고향에 매장하는데, 숙태후肅太后의 맏딸 무덤이 평천에서 발굴되었으며 또 장춘주長春州에서 사망한 선휘사宣徽使 숙공肅公도 평천에 운송되어 매장되었던 것이다.

이 전설에서 보다시피 요수를 지금의 요하라고 하는 주장은 견강부회牽强附會라는 목소리가 높다. 지리적으로 평천에서 지금의 요하는 이름의 의미처럼 요원한 곳에 있고 난하는 바로 물소리가 들리는 지척에 있기 때문이다.

실제 이런 주장은 어제오늘의 새로운 이야기가 아니다. 그러나 지금까지 이를 반증하기 위한 유적 등 증거가 결여됐던 것이 사실이다. 답사과정에서 만난 난하 유역의 기자조선의 유적과 유수의 고려성 그리고 청룡하 상류의 고구려 '지경바위'는 고조선이 한때 이곳에 있었으며 또 고구려의 강역 서쪽 경계가 적어도 지금의 요하가 아닌 산해관 남쪽의 난하였다는 걸 알려주고 있다. '난하'는 한때 요동이라는 지역이름을 생성한 국경의 강 '요수'였다는 것이다.

와중에 요동은 시초에 강 이름을 떠나 멀 요遼자의 개념으로 먼 동쪽 변경이라는 뜻의 '요동'이었다고 하는 주장이 자못 흥미롭다. 요수라는 강 이름이 나타나기 전부터 중원의 동북쪽 변경지방을 의미하는 극동의 의미로 요동이라는 지명이 먼저 생겼으며 훗날 요서군이 설치되면서 요동군은 요하의 동쪽지역이라는 개념으로 되었다는 것이다. 요수라는 이 논란의 지명을 떠나 난하 유역에 남아 있는 고조선, 고구려 유적에 해석을 가능하게 하는 부분이다.

"산을 안 봐요? 강에 또 뭐가 있는데요?" 수양산이 아니라 난하 쪽으로 차를 대라는 주문에 윤 씨는 약간 얼떨떨한 기색이다.

사실 강물 구경에는 아직 이른 초봄이었다. 난하의 가운데 있는 바닥을 핥고 있는 푸른 물은 기껏해야 허리께를 칠 것 같았다. 한때 둑을 넘어 범람했다는 큰 강의 청룡 같은 위용을 도무지 찾아볼 수 없었다.

지명지에 따르면 난하는 옛날 유수濡水라고 불렸으며 발원지 부근에서는 번개의 강이라는 의미의 섬전하閃電河라고 불린다. 또 지류 흥주하興州河, 이손하伊遜河, 무열하武列河, 유하柳河, 폭하瀑河, 청룡하靑龍河 등 많은 지명을 열매처럼 주렁주렁 달고 있다. 정작 난하의 본명이 실은 '요수'였다는 사실은 이런저런 고사에서 가까스로 선색을 드러내고 있을 뿐이다.

그럴지라도 지명에 깃든 이런 진실한 이야기는 미곡의 늙은 말처럼 전설의 고장으로 가는 길을 알려준다. 실제 개미집이 있는 곳에 샘이 숨어 있듯 '요수'가 흐르는 고장에는 분명히 전설의 고구려가 있었던 것이다.

제 4 장

미주에 비낀 고구려의 천년의 기억

그 이름에는 당군의 진군과 패퇴의 흔적이 남아있다.
그 이름에는 고구려가 말을 달리며 날렸던 화살이 꽂혀있다.
그 이름에는 술을 마시며 노래를 하던 고구려의 미인이 있다.

당산, 상처로 남은 천년의 기억

일장 악몽이었다. 1976년 7월 28일, 당산에서 일어난 리히터 규모 7.8의 강진은 무려 24만 2천명의 목숨을 빼앗아갔다. 도시는 눈 깜짝할 사이에 회색의 거대한 콘크리트 무덤으로 되었다. 이때부터 당산은 중국인들에게 지진의 대명사로 되었다. 당산은 그 수만 년 역사에서 지울 수 없는 아픈 기억을 간직하게 된 것이다.

당산은 일찍 4만 년 전에 벌써 인간의 발자국이 찍힌 걸로 알려지고 있다. 상주商周 시기에는 고죽국의 지역이었으며 전국戰國 시기에는 연나라의 관할지였다. 진秦 한漢, 시기에는 요서군遼西郡으로 유주幽州에 속했으며 수隋나라 때에는 북평군北平郡에 속했다. 명나라 때 농업, 채석, 도기제작 등 개발을 시작했으며 청나라 말기 광무국鑛務局을 설립하면서 작은 도시가 서게 되었다.

　이 고장에 언제부터 석성石城이 있었는지는 확실하게 몰라도 당나라 때 비로소 이름이 난 것으로 나타난다. 하북성의 지명지에 따르면 지금의 당산시 중심부에는 이 지역의 감제고지 대성산大城山이 있었으며 태종太宗 이세민李世民은 고구려와 전쟁을 하기 위한 동정東征에서 이 대성산에 군대를 주둔시켰다. 당시 이세민이 특별히 총애하던 귀비가 이곳에서 숨졌다고 한다. 그래서 이세민은 이 산에 국명을 주어 당산唐山이라고 불렀으며 훗날 이 이름이 도시의 이름으로 되었다는 것이다.

　그로부터 천년 세월이 지난 오늘 대성산은 무사들이 창과 칼을 절컥거리는 군영이 아니라 시민들이 휴식의 한때를 즐기는 공원으로 탈바꿈하였다. 대성산에 비껴있던 삼엄한 분위기는 가을의 맑은 하늘에 유유히 헤엄치는 구름장처럼 어디론가 가뭇없이 날려간 것이다.

　공원 문 입구에서 식품가게를 하고 있던 아줌마는 석성의 위치를 묻는 말에 금세 어리둥절한 표정을 짓는다.

　"옛날 전쟁 때 있었던 토치카를 그러세요?"

　그의 손길을 따라 보니 대문 오른쪽 숲속에 시멘트로 만든 근대의 토치카가 초병처럼 엎드려 있었다.

　당산은 중원에서 요동으로 통하는 길목에 위치, 고금을 막론하고 교통요충지로 각광을 받았다. 당산 부근에는 북제北齊 때의 장성과 명나라 때의 장성이 지나며 산봉우리에 있는 봉화대만 해두 80여 개나 된다. 오늘날 북경에서 요녕성 소재지 심양으로 가는 철도는 바로 당산의 가운데를 지나고 있다.

대성산 공원입구
당산지진 기념관과 기념탑

대성산공원 동쪽에 남아 있는 석성 일부

어쨌든 당산이라는 이름은 대성산에서 비롯되었으며 또 대성산은 옛 성곽 때문에 지어진 이름이지만 대성산에 산성이 있었다는 사실을 아는 사람은 별로 없는 것 같았다. 어느덧 산성은 이미 소실된 천년의 기억이었던 것이다.

산등성이를 타고 숲속을 오르내렸다. 대성산은 동쪽 주봉의 해발고가 약 100여 미터로 작은 산이었다. 그러나 여기저기에 기이한 바위들이 들쭉날쭉하고 또 오불꼬불한 산길이 굽이굽이 돌고 있어 남다른 그윽한 정취를 자아내고 있었다.

주향走向을 확인하고 성터에 오르며 또 연관되는 지명 장소를 찾느라고 다람쥐가 채 바퀴 돌 듯 대문 입구의 가게를 세 번이나 지났다. 그동안 가게 아줌마는 궁금증이 한 배가 아니고 두 배가 아닌 세 배는 족히 늘어난 것 같았다.

"어쩐 일이지요? 도대체 뭐가 있는데요?"

별 볼거리 없는 유원지를 이처럼 열심히 구경하는 사람은 가게를 차린 2년 동안 처음 만난단다. 그의 관심을 무시하는 것 같아서 산마루에 아직도 옛 성곽이 일부 남아 있으며 그래서 그걸 답사하는 중이라고 알려줬다. 웬걸, 더구나 외계인을 보는 듯한 눈길이 그림자처럼 뒤를 쫓아온다. 하루하루 일상을 무심하게 살던 그에게 천 년 전의 고성 이야기는 진짜 귀신이 씨 나락 까는 소리로 들렸는지 모른다.

사실 남아 있는 성벽이 아니더라도 공원 동남쪽 귀퉁이에 있는 성자장城子庄 마을 지명이 바로 대성산 옛 성곽의 실체를 증명하고 있었다. 대성산공원의 계획도에는 이 마을을 철거하고 그 자리에 옛 성곽 일부를 복원하는 것으로 나타나있었다.

　대성산이 당산으로 되면서 산기슭을 흐르던 강도 뒤따라 성씨를 바꾼다. 현재 강은 낙차가 크다고 가파를 두陡를 넣은 두하陡河라는 이름을 쓰고 있지만 그때는 당唐 씨 성을 받아 당계唐溪로 불렸으며 강 위에 놓인 다리도 '당산교唐山橋'라고 불렸다고 한다.

　그런데 이 당산교가 하늘의 은하수에 걸린 오작교라도 될지 싶다. 당계에 '견우牽牛와 직녀織女'의 전설이 깃들어 있기 때문이다.

　전하는데 의하면 당계의 남쪽 기슭에는 옛 촌락 직녀채織女寨가 있었으며 북쪽 기슭에는 우락장牛落庄이라는 촌락이 있었다. 직녀채는 누에 실을 뽑던 여인들 때문에 지어진 이름이며, 우락장은 견우라는 총각이 이곳에 정착하면서 생긴 마을이었다고 한다. 어느 날인가 직녀채의 처녀가 목욕할 때 물가에 놓은 그녀의 옷을 소가 물어가며 이를 연줄로 삼아 견우와 직녀가 천상 연분을 맺게 되었다고 하는 그 유명한 러브 스토리가 생겼다는 것이다.

　옛날 당산지역에서는 누에를 길러 실을 뽑아 천을 짜는 게 생계를 유지하는 수단으로 되고 있었다. 춘추전국 시대 이 고장에는 어디라 없이 뽕나무를 심었으며 당나라 때 이르러 견직물 기술이 하늘나라 선녀들의 뺨을 칠 정도였다고 한다. 1970년대까지 여직채女織寨 부근의 여러 마을에는 모두 직포기가 있었으며 창가에서 여인들이 천을 짜는 모습을 자주 볼 수 있었다. '견우와 직녀'의 이야기는 전설이 아니라 정말로 여기에서 생겼을 수 있었다는 것이다.

　실제 당계의 남쪽 기슭에는 옛 촌락 여직채가 있으며 옛 이름이 직녀채직녀채^{織女寨}였다고 한다. 또 북쪽 기슭에는 우각장^{尤各庄}이라는 마을이 있다. 현지 사람들은 시초에 우락장^{牛落庄}이 비슷한 발음의 우과장^{牛過庄}으로 되었고 훗날 또 이와 비슷한 발음의 우각장이라는 이름으로 개명되었다고 전한다.

명청^{明淸} 시기 많은 문객들은 '견우와 직녀'의 전기적인 이야기를 시로 읊고 찬미했다. 당산의 지방문헌 『난주지^{灤州志}』에 기록된 청나라 지주^{知州} 오사홍^{吳士鴻}의 시가 바로 그중의 하나이다.

遠古傳奇灤水濡, 태고의 기담이 난하灤河에 담겨있고
天河斗地碧唐溪, 은하수가 땅에 떨어져 당계唐溪를 푸르게 물들였네.
牛郎織女常相會, 견우와 직녀가 맺은 사랑은
多虧老牛作媒姨. 늙은 소가 연분을 맺어줬기 때문이라네.

대성산 기슭을 흐르는 당계

지금은 오작교 대신 도로가 놓여 있다.

청나라 말 견우와 직녀의 이야기는 연극으로 엮어져 무대에 오르면서 드디어 장성 안팎에 널리 전해지게 되었다.

'견우와 직녀'가 현실판 이야기로 최초로 사서에 기록된 건 중당中唐 시기의 『국사보國史補』이다. 이 기록에 따르면 "군영의 처자가 없는 자들에게 돈을 두둑이 주고 밀령을 내려 이 고장에서 처자를 얻어 돌아오게 했다." 이로 하여 이곳에 주둔하던 당나라 병사들에게 직녀는 신부 선정대상 제1위로 떠올랐다고 한다.

이런 '견우'가 이세민이 동정東征을 할 때 휘하에 거느렸던 군인들이라는 관측도 있지만, 그때 당나라 군사가 고구려와 벌인 전쟁에서 참패하고 고구려군대의 추격을 피하는데 경황이 없었던 것을 고려할 때 무게감이 낮다. 당나라 군대는 나중에 유주(지금의 북경)에 이르러서야 겨우 전열을 정비하며 당산 지역에서는 도저히 처자를 얻어 가정을 이룰만한 여유를 가질 수 없었다. 이 시각 그들에게 당산의 '견우와 직녀'의 이야기는 꿈에도 소유할 수 없는 사치품일 뿐이었다. 그로부터 몇 년 후 이세민이 임종에 남긴 유언의 하나가 바로 "다시는 요동을 치지 말라."는 것이었다. 지진처럼 중원의 수만 명 장사들의 목숨을 빼앗아간 고구려전쟁은 황제의 마음에 지울 수 없는 아픈 상처였던 것이다. 당시 당산 남부에 세운 흥당사興唐寺, 당산 북부에 세운 정각사淨覺寺 등 사찰도 이번 전쟁의 실패와 절대 무관하지 않다. 그 천년의 아픈 기억은 드디어 '당산'이라는 지명에 남고 훗날 '당산'은 또 '지진'의 대명사로 고착된 것이다.

이세민의 동정은 당산지역에 많은 지명의 전설을 남겼다. 대성산 서북쪽의 조어대釣魚臺는 이세민이 대성산에 주둔할 때 북쪽의 당계 강가에서 들놀이를 하면서 고기를 낚던 곳이며 그 이름이 지금까지 전해 내려왔다고 한다. 또 당나라 군사가 요동으로 진군할 때 갑자기 내린 폭우 때문에 군사들의 갑옷이 몽땅 젖었으며, 이때 이 갑옷들을 대성산 동쪽 1km 되는 곳의 산언덕

당산역

에 널어 말렸다고 한다. 훗날 사람들은 이 산언덕을 갑옷을 말린 산이라는 의미의 양갑산晾甲山이라고 불렀다는 것이다. 이 지명은 그 후 가賈 씨 성의 산이라는 의미의 가가산賈家山이라고 개명되었는데 대성산의 동쪽 철강공원에 위치한다. 당산 주변에는 또 동정을 할 때 이세민이 골짜기를 단숨에 훌쩍 뛰어 넘었다고 하는 삼도간三跳澗을 비롯하여 이세민의 어가를 막았다는 의미의 당가장擋駕庄, 당나라 군사들의 마구간이 있었다고 하는 마붕욕馬棚峪, 당나라 군사들이 사용한 돌절구가 있었다고 하는 석구타石臼坨 섬 등 고사의 지명이 무려 2~30개나 널려있다.

옛날 고구려로 가는 길에는 분명 지진처럼 옛 기억을 뒤흔드는 '당산'이 있었던 것이다. 당나라 군사가 곧바로 당산의 동쪽 경계인 난하를 건너 고구려와 싸움을 벌인 전장의 이야기 그리고 고구려가 난하 유역에 남긴 족적은 지명이라는 이 '타임캡슐'을 통해 참모습을 드러내고 있다. 사실 그런 지명이 아니더라도 '당산' 지명의 시조 '대성산'은 곧바로 한반도 평양의 '대성산'을 연상시키는 이름이다. 평양의 '대성산'에 고구려의 왕궁 안학궁安鶴宮이 있듯 당산의 '대성산'에도 역시 고구려의 이야기

가 깃들어 있는 것이다.

지명 '당산'은 지진과 못지않게 피의 비린내가 풍기는 천 년 전의 기억을 담고 있다. 그 기억에는 분명히 고구려가 들어 있었지만 지명에 각인된 건 당나라의 국명 하나뿐이다. 그나마 당산의 대명사로 떠오르는 지진은 천년 너머 가물가물한 그 기억의 끈마저 폐허에 묻어버리고 있었다.

산마루에 오르니 멀리 은띠 같은 강물이 북쪽에서 달려오고 있었다. 이세민에 의해 당唐씨 성을 물려받아 당계唐溪라고 불렸다는 두하陡河였다. 사실 두하의 최초의 이름은 당계가 아닌 선수鮮水, 그런데 약 1년 전부터 이 강은 선수나 당계, 두하를 모두 버리고 새롭게 당하唐河라고 개명하였다고 한다.

이름이야 뭐라고 하든지 강물은 산기슭에서 주춤 동쪽으로 꺾어들었다가 다시 남쪽으로 거침없이 흘러가고 있었다. 푸른 하늘 아래 푸른 산과 푸른 물이 하나로 어우러진 그림 같은 풍경이 펼쳐지고 있었다. 부지중 조선시대의 무학스님이 지은 선시禪詩의 글귀가 머리에 새록새록 떠오른다.

> 청산과 녹수는 참된 내 얼굴이요.
> 명월과 청풍의 주인은 누구던고.
> 본디 한 물건도 없다 이르지 말게나.
> 온 세계 티끌마다 부처님의 몸인 것을.

문신,
중국인의 저택을 지켜주는 영웅

북경 촌놈이 모처럼 섬 구경을 갔다가 아주 황당한 일을 당했다. 섬 주변에는 바닷물 대신 수림이 꽉 박아 섰던 것이다. 아니, 이름이 섬이었지만 사실 섬이 아니었던 것이다. 잡목 사이에 초병처럼 서있는 '불조심'이라는 경고판을 보면서 한순간 뭐가 잘못된 게 아닌가 하는 생각이 갈 미들었다.

"맞아요. 여기가 상운도인데요."

버스기사가 약간 신경질적으로 말하면서 또 하차를 재촉한다. 얼결에 자에서 내렸시만 도내체 어디로 가야 할지 몰라 길기에 우두커니 서있었다.

당산시唐山市 낙정현樂亭縣 상운도翔云島는 난하가 바다에 흘러드는 강어구

상운도 임장과 국가삼림공원 표지판

의 서쪽에 위치, 바다 기슭까지 아직 3~4km나 떨어져 있기 때문에 파도소리마저 들리지 않는다. 알고 보니 상운도의 구경거리는 섬 아닌 수림이라고 한다. 그런데 무슨 사막의 낙타라고 나무 구경을 못해서 북방 어디든지 흔한 잡목림에 흥미가 일겠는가.

사실 낙정은 방언에서 섬 도島자를 그리 쓰지 않는다고 한다. 옛날 현 경내에 있는 섬들은 섬 '도島'로 명명한 게 하나도 없을 정도였다고 한다. 낙정 사람들은 섬의 이름을 소금을 쌓을 '타坨'로 부른다. 상운도의 앞바다에 있는 섬도 월타月坨, 석구타石臼坨 하는 식이다. 섬 도島 자를 달고 있는 상운도가 오히려 섬이 아닌 것이다. 그런데 상운도 역사 천 년 전 까지는 정말로 하나의 섬이었다고 한다. 낙정의 옛 현지는 상운도를 두고 백여 자의 기록을 남기고 있다.

상운도는 낙정성樂亭城에서 남쪽으로 40리 떨어져 있다. 일찍 삼면이 물에 둘러있었으며 한쪽이 육지에 이어져 있었다. 지형의 변천에 따라 바다 기슭이 점차 물러가고 내륙으로 되었다. 섬에는 비스듬한 모양의 우물이 있는데, 속칭 넘어뜨린 우물이라는 의미의 '반도정扳倒井'이라고 부르며 용흥사龍興寺의 앞에 위치한다. 해변에 있는 물은 거의 쓰고 짜지만 유독 이 우물의 물만은 감미롭다. 전하는 바에 의하면 태종太宗 이세민李世民이 동정東征에서 이곳을 지날 때 말과 사람이 모두 갈증에 시달렸지만 물을 뜰 그릇을 찾을 수 없었다. 대장 설인귀薛仁貴가 손으로 우물을 넘어뜨려 우물 벽이 비스듬하게 되었으며 물이 자연스럽게 흘러나왔다.

비공개 간행물인 『낙정 민간이야기』는 현지에서 수집한 전설을 기록하고 있는데, 현지보다 소상하게 상운도의 내력을 밝히고 있다.

불조심 안내판이 서있는 상운도 잡목수림

태종 이세민은 직접 동정에 나섰는데 어느 한번 크게 패배하였다. 이세민은 병사들을 데리고 황급히 도망하였다. 그들은 이 일대에 이른 후 지칠 대로 지치고 또 갈증에 시달려 한발자국도 더 움직일 수 없었다. 당장 적의 군대가 들이닥치게 되었으며 당나라 군대는 전멸의 위험에 박두하였다. 푸른 물결이 넘실거리는 발해 바다를 바라보면서 이세민은 탄식을 길게 했다.

"오늘이 나 이세민이 죽는 날이로구나!"

그의 말이 떨어지기 바삐 서남쪽에서 오색구름이 한 점 날아오더니 그의 앞에 가볍게 내려앉았다. 이상하게 이 구름은 물에 닿자마자 작은 섬으로 변했다. 이세민은 즉각 병사들에게 접안하여 섬에 오르라고 명령했다.

작은 섬은 사면이 물에 둘려있었고 꽃향기가 그윽했으며 버드나무가 울울창창하게 자라고 있었다. 이세민은 병사들을 이끌고 서쪽을 향해 천신에게 공경하게 절을 했다.

이윽고 적군이 도착하였다. 그러나 물과 하늘이 잇닿은 바다 위에는 꽃구름만 유유히 헤엄치고 있을 뿐이었으며 당나라 군대는 그림자도 보이지 않았다. 적군은 별수 없이 뱃머리를 돌렸다.

이렇게 되어 당나라 군대는 이곳에 잠시 머물면서 전열戰列을 정비하고 숨을 돌리게 되었다.

병사들은 밥을 지으려고 물을 찾다가 수풀 속에서 웬 우물을 발견했다. 그런데 도무지 물을 퍼서 올릴 수 없었다. 우물이 너무 깊어 줄이 수면에 닿지 않았던 것이다. 이때 설인귀가 팔소매를 걷어 부치고 우물 가장자리를 잡더니 끙 하고 힘을 썼다. 그러자 이 돌우물이 땅에서 뽑혀져 땅위에 넘어졌으며 뒤이어 맑은 샘물이 쏴쏴 흘러나왔다.

　이 우물은 지금까지 여전히 우물 입구가 남쪽으로 비스듬하게 기울어져 있으며 우물 입구의 네모 돌에는 설인귀의 다섯 손가락 자국이 또렷하게 남아있다.

　오색구름이 날아와서 만들어졌다는 이 섬은 황제를 구원한 '상서로운 곳'으로 간주되었으며 따라서 구름이 날아온 섬이라는 의미의 '상운도翔云島'로 불리게 되었다고 한다. 그런데 얼마 전부터는 아예 시말을 바꿔버린 새로운 전설이 등장하고 있었다. 이세민이 동정東征을 하던 도중 이곳에서 대승을 거뒀으며 그래서 '상서로운 좋은 곳'으로 간주되어 복 상祥자를 쓴 '상운도祥云島'로 불리게 되었다는 것이다. 그런대로 상운도의 우물 이름과 내력은 바뀌지 않고 있었다. 이 '반도정扳倒井'에는 불과 수십년 전 까지 맑은 샘물이 흘렀다고 한다. 그러나 '문화대혁명' 동란시기에 파괴되어 지금은 가뭇없이 종적을 감췄다.

　이와 유사한 전설은 낙정 현성의 바로 동북쪽에도 마을 지명 하나를 만든다. 원래 이 마을은 보잘 것 없는 작은 촌락이었으며 그래서 무명촌이라고 불렸다고 한다.

　옛날 무명촌에는 사찰이 여럿이나 있었는데 이중에는 열여덟 나한이 팔괘진八卦陣을 만든 사찰이 제일 유명했다. 이런 불상은 살아 움직일 듯 핍진했으며 그야말로 활불이 세상에 현신한 듯 했다.

　옛날 황제가 외적에게 쫓겨 허둥지둥하다가 이 사찰에 와서 불상 뒤에 숨었다고 한다. 적군은 사찰까지 와서 곳곳을 헤집고 다녔지만 워낙 사찰이 어마어마하게 큰지라 황제를 쉽게 찾지 못했다. 이때 험상한 몰골을 하고 있던 열여덟 나한 불상은 하나같이 화를 내듯한 표정이었으며 단박 누군가를 덮치려고 힘을 쓰는 듯 이마에 땀방울까지 송골송골 배어나고 있었다. 더럭 겁이 난 적군은 꼬리 빳빳이 도망했다.

황제는 위험에서 벗어난 후 감격하게 생각되어 촌민들에게 마을 이름을 물었다. 마을에 이름이 없고 자기를 구한 게 팔괘진인 줄 알게 되자 황제는 임금을 구원한 진용陣容의 마을이라는 뜻으로 '구군진救君陳'이라고 명명했다. 이 이름은 훗날 약칭 '구진장救陳庄'으로 되었다는 것이다.

이 지명 전설에 등장하는 '황제' 역시 상운도의 전설처럼 태종 이세민이며 '외적'은 고구려 군사를 이른다고 볼 수 있다.

구진장 마을은 얼마 전부터 철거를 시작, 대형 크레인들이 수풀처럼 마을 복판에 들어서 있었다. 마을 자체가 통째로 사라지고 있는 것이다. 카메라를 들고 마을 토박이를 찾는 우리 일행에게 촌민들이 꾸역꾸역 모여들었다. 철거작업으로 인한 이런저런 껄끄러운 사연을 취재하는 기자들로 여겼던 모양이다.

크레인이 수풀처럼 서있는 구진촌 철거현장

"이곳에 아파트를 세운다고 합니다."

"아까운 땅을 이렇게 버려두 되는 거지요?"

촌민들은 역사의 뒤안길로 사라지는 고향에 모두 연연한 정을 품고 있었다. 그런데 구진장 마을 이름이 생긴 연유는 전혀 모르고 있었다. 옛날 마을에 있던 사찰도 이번 철거작업이 아니라 이미 '문화대혁명' 때 훼손되었다고 한다. 나중에 그들의 안내로 철거현장의 동쪽귀퉁이에 있는 촌민위원회 청사를 겨우 찾을 수 있었다. 한두 달 늦게 왔더라면 구진장 마을의 이름마저 카메라에 담지 못할 뻔 했다고 놀란 가슴을 쓸어내려야 했다.

상운도나 구진촌처럼 황제가 적에게 쫓겼다는 고사 때문에 생긴 지명은 이 지역에 적지 않았다. 이세민이 직접 북을 두드리며 적의 군대를 막았다고 하는 뇌고대擂鼓臺, 당나라 군대가 거짓 식량무지를 쌓아 뒤쫓는 적을 속였다고 하는 황량타謊粮坨 등등.

그런데 당나라의 패잔군이 고구려 군대에게 쫓기면서 연도에 남긴 전설은 약속이라도 한 것처럼 난하의 서쪽에 나타나고 있으며 또 당산 지역에 대량 집중되고 있다. 이런 전설은 결코 황당한 이야기가 아니다. 645년 가을, 고구려-당나라 전쟁에서 패배하여 간신히 돌아오는 그들을 태자 이치李治가 마중한 곳 역시 낙정의 북쪽에 위치한 난현灤縣 일대로 알려지고 있는 것이다. 너덜너덜한 갑옷 차림을 하고 있던 이세민은 이때 비로소 이치의 손에서 새 갑옷을 갈아입었다고 한다.

이런 전설은 발해 남쪽의 산동山東에도 나타나며 또 황하를 지나 멀리 장강 일대까지 전해지고 있다. 당나라의 체면을 땅바닥에 구겨놓은 패퇴敗退는 온 세간을 들썩하게 만든 화제로 되었던 것이다.

이런 지명 이야기에서 고구려 군대를 인솔하여 당나라 군대를 추격했던 '적군'의 주장 연개소문의 이름은 자주 등장한다. 연개소문은 오랜 세월을 두고 사람들의 기억에서 도무지 지울 수 없는 무서운 존재였다. 황제 이세민도 두려움으로 벌벌 떨었으니 그야말로 속세에 강림한 악마 같은 인물로 비꼈던 것이다. 옛날 하북성의 많은 지역에서는 세 살 나이의 코흘리개도 "(연)개소문이 왔다!"하고 한마디 외치면 울음을 딱 그쳤다고 한다. 연淵 자는 당나라 때 고종高宗 이연李淵의 이름자에 들어있기 때문에 금기로 되어있었으며, 그때부터 연개소문을 개소문이라고 부르는 풍습은 지금까지 전한다.

중국 민간의 풍습인 문신門神은 바로 이 연개소문과 한데 이어지고 있다. 문신은 중국에서 음력 정월에 집집마다 좌우 문짝에 붙이는 신의 상像으로, 민간의 여러 신들 가운데서 제일 민간적이고 두드러진다.

구정기간 중국인 저택의 출입문 바깥쪽에 부착된 문신 그림

『삼교원류三敎源流 수신대전搜神大全』은 문신의 연원을 이렇게 밝히고 있다.

당나라 태종 이세민은 일찍 싸움터에서 사람을 무수히 죽였다. 그래서 즉위한 후 밤마다 꿈자리가 좋지 않았다. 귀신들이 날마다 악몽에 나타나서 궁전 내외에 기와와 벽돌을 뿌리며 소리를 지르니 몹시 두려워했다. 신하들은 원수 진경秦琼과 대장군 위지경덕尉遲敬德 두 사람이 밤중에 갑옷을 입고 무기를 소지한 채 궁문 양쪽을 지키게 할 것을 제안했다. 그날 밤 과연 아무 일도 일어나지 않았으며 또 날마다 이러했다. 시간이 오래되자 이세민은 두 장군이 밤마다 고생하는 것을 걱정하여 궁중 화공에게 두 눈을 부릅뜨고 손에 무기를 든 갑옷 차림의 두 장군의 그림을 그려서 궁문 양쪽에 걸어놓게 했다. 그때부터 귀신이 나타나지 않았다. 훗날 민간에서 이를 따라 문신 습속이 생기게 되었다.

민간에서는 이세민의 사건으로부터 계발을 받아 문짝에 진경과 위지경덕 두 영웅인물의 그림을 붙였다. 나아가 역대의 영웅들을 모두 귀신을 쫓고 집안의 평안을 지켜주는 신으로 간주했다. 그런데 연개소문 역시 이런 문신으로 대접을 받았다는 것이다. 명청明淸에서 민국民國연간(1911~1949년)까지 석가장石家庄 일대를 중심으로 하북성의 많은 지역에서 연개소문은 문짝에 붙어있는 수호신이었다고 한다.

사실 연개소문은 당나라 군대에 전쟁의 공포를 심어줬으며 이 때문에 황제 이세민을 꿈에마저 두려움에 떨게 했던 적국의 수장이었다. 그런데 고구려의 이 영웅인물이 천연덕스럽게 중국인들의 저택에서 귀신을 쫓는 수호신으로 둔갑하고 있으니 실로 세상의 기막힌 아이러니가 아닐 수 없다.

역수 기슭에
울린 고려곡

하북성河北省 중부를 흐르는 역수易水는 상商나라 때 역 씨易氏 부락이 있다고 해서 지어진 이름이다. 역 씨 부족은 상나라 제7대 왕이 활동하는 등 전상前商과 깊은 인연이 있었으며 또 수신水神 하백河伯과 가까운 사이었다. 그래서 훗날 상의 세력에 밀리게 되자 하백은 역 씨의 유민들을 다른 지역에 보내 살게 했는데, 이런 유민이 바로 진시황의 주상인 영민嬴民이라고 한다.

그 때문인지는 몰라도 현재 역수 기슭에 남아있는 역 씨의 후손은 거의 없는 걸로 알려진다. 역현易縣 현성 미스터미널에서 만난 기사도 성이 역 씨가 아닌 조趙 씨라고 했다. 역수 남쪽의 보정保定에서 연나라와 경계를 두었던 조趙나라를 상기시키는 성씨였다. 사람들은 흔히 연나라와 조나라를 한데 묶어 '연조燕趙'라고 하며 지금의 하북성 별칭으로 쓴다.

옛 성읍 연하도燕下都로 간다고 하자 조 씨는 금세 흥분한 기색을 떠올리는 것이었다. 연하도는 일찍부터 '보물'이 가득 묻혀있는 옛터로 알려지고 있단다. 이태전인가 부근 마을의 양몰이꾼이 밭에서 비취조각을 발견했고 그걸 500위안에 팔았다고 한다. 시골에서 웬만해서는 손에 만지기 힘든 액수였다.

연하도는 지금까지 중국에서 발견된 전국戰國 시대의 최대의 성읍 유적지이다. B.C.4세기 연나라는 남쪽 중원의 각국에 대처하기 위해 지금의 역현 남쪽에 군사도시를 설립한다. 이때 북경 일대에 있은 도읍지 계薊는 상도上都로 불리고 이에 반하여 역현의 성읍은 하도下都로 불린다.

가을걷이가 끝난 싯누런 평야에 불쑥 흙 둔덕이 나타났다. 연하도 유적에서 유명한 무양대武陽臺였다. 판축版築으로 높이 쌓은 이런 평평한 대臺를 주체건물의 기반으로 삼는 것은 전국시기 중반의 도시건축에서 제일 뚜렷한 특징이다. 연하도는 B.C.311년부터 연나라의 도성으로 되었으며 소왕昭王 때 전성기에 들어선다. 연하도는 지리적으로 연나라 상도에서 제齊, 조趙 등 나라로 통하는 길목에 위치한다. 소왕은 이곳에 황금대黃金臺를 축조하고 유능한 자들을 널리 받아들였다. 연나라는 이로부터 강성하여 북방의 강국으로 군림하였다. 황금대가 위치한 곳에는 현재 군영軍營이라는 마을이 있으며 그때의 정경을 더듬을 수 있는 실마리를 남기고 있다.

10여 년 전에 발굴된 연하도는 역현의 일경一景으로 자리 잡고 있으며 평소에도 관광객이 적지 않다. 문물전시관이 있어서 유적지에서 발굴된 연나라의 문물들을 구경할 수 있다. 그런데 발 없는 소문을 타고 이상한 '불청객'들이 남몰래 찾아오기도 한단다.

"밭에는 드문드문 큰 뱀이 나타나지요." 자못 신비한 어조로 말하는 조 씨이다. 평소에 그림자도 보이지 않던 뱀들이 문득 나타나는 건 옛 무덤에 있던 '수호신'이 진노한 거란다. 간밤에 무덤을 찾는 도굴꾼이 다녀갔다는 징표라는 것. 연하도는 성곽 동쪽에 건물들이 들어서고 서쪽에 고분이 집중되어 있는 것으로 알려진다.

현대와 고대가 하나로 이어지는가 부근 민가의 벽돌담과 이어진 무양대

그러나 연하노에서 소문을 들썽하게 놓은 무덤은 어느 왕이나 귀족 무덤이 아니었다. 연하도의 유적 부근에는 높이 약 10미터, 지름이 수십 미터인 원형 돈대가 수십 개나 된다. 이런 돈대를 사람들은 줄곧 봉화대

나 궁전, 사찰 유적이 기반이라고 여겼다고 한다. 그런데 1980년대의 어느 날 돈대의 흙들이 빗물에 갑자기 탈락하면서 해골들이 무더기로 나타났던 것. 해골에는 칼에 찍히고 창에 찔린 흔적이 있었으며 심지어 화살촉이 박혀 있었다. 고증에 의하면 B.C.284년, 연나라 병사들은 제나라와의 전쟁에서 대승을 거둔 후 귀국할 때 전공을 과시하기 위해 적군의 머리를 잘라왔으며 그걸 흙으로 묻고 단단하게 다져놓았던 것이다.

경관

경관의 일부

이런 '집단 무덤'은 '경관京觀'의 일종으로 옛날 전쟁에서 승리한 측이 적의 시신을 갖고 그들의 전공을 기념하던 상징물이었다. '경관'은 춘추 말기의 전적典籍 『좌전左傳』에서 최초로 나타난다. 이 기록에 따르면 경관은 "적의 시체를 한데 묻고 흙으로 덮는 것"으로 군사상의 공적을 표창하고 적에게 위압을 주기 위한 것이다. 경관은 또 전장을 수습하는 방법이기도 하였다. 이때 적의 시신을 흙과 돌로 묻는 게 시간을 덜고 수고를 줄이는 제일 쉬운 방법이었다. 이렇게 지상에 '피라미드'처럼 솟아난 무덤이 전장의 기념비인 경관을 이루는 것이다.

훗날 중원의 정권과 전쟁을 겪은 고구려에도 경관이 있었다. 『삼국사기』의 기록에 따르면 영류왕榮留王 14년(631년), 당나라 태종太宗 이세민李世民은 광주廣州 도독부의 사마司馬 장손사張孫師를 고구려에 보내 수나라 전사자들의 해골을 거두어 파묻고 제사를 지냈으며 또 당시 고구려가 만들었던 경관을 다 헐어버렸다. 그렇다고 수나라의 이런 치욕의 역사가 더는 재현되지 않는 게 아니었다. 이세민은 645년 100만 대군으로 고구려를 침공하였다가 안시성에서 참패를 당하며 뒤이어 연개소문의 사나운 추격을 받아 혼쭐이 난다. 체면을 땅바닥에 구겨버린 이세민은 이때도 고구려의 경관을 허물어 버리듯 이 패전의 결과를 숨기려고 한다. 그리하여 고구려를 침공한 당나라 군대는 100만 명으로부터 졸지에 10만 명으로 줄어들고 전사자도 1천여 명으로 훨씬 축소하여 사서에 기록되는 것이다. 수나라 때의 전례를 보아 고구려가 이때에도 당나라의 전몰자들로 경관을 만들었을 가능성이 있지만 이런 기재는 더는 찾아볼 수 없다. 역수 기슭에서 처음으로 진가를 드러낸 '집단 무덤'은 옛날 이세민에 의해 소신되었던 고구려 경관의 모습을 더듬을 수 있게 한다.

고구려는 이런 시체더미의 경관을 내놓고 연하도의 다른 특이한 '돈대墩臺'에도 또 한 번 자기의 모습을 드러낸다. 바로 고구려 성의 대표적인

남아 있는 돈대와 표지석(위)
돈대 일각(가운데)
보호용 지붕을 씌운 옛 성벽(아래)

방어시설인 치雉이다. 치는 성벽 외측에 일정한 거리를 두고 성벽 밖에 두드러져 나오는데, 성 아래의 사각지대를 없애기 위한 성벽의 보조시설이다. 치의 외관이 마치 말의 낯처럼 좁고 길다고 해서 중국에서는 마면馬面이라고 부른다. 중국에서 최초로 마면을 쌓은 게 바로 연하도의 궁전 성벽으로 알려지고 있다. 그 후 마면은 위魏나라의 낙양성 북쪽 성벽에 '돈대'로 나타난다. 이 돈대는 중원지역에서 발견된 제일 이른 마면의 실례이다. 마면은 그로부터 약 천년 후의 북송 때부터 비로소 중원에서 보편적으로 사용되었다. 치는 정말 말의 낯짝과 비슷한지는 잘 몰라도 거의 고구려의 성곽에만 나타나고 있는 고구려의 '얼굴'인 것이다. 그렇다면 후세의 한나라 때 건국된 고구려가 도대체 무슨 인연으로 전국戰國시기의 연나라와 이어지고 있을까……

연나라는 중국 대륙을 뒤흔든 칠웅七雄의 하나로 강성했지만 한때 패주의 하나로 군림했던 제나라와 마찬가지로 '서산낙일西山落日'의 말로를 걷는다. 천하를 제패하려는 진秦나라의 세력에 밀려 멸망의 위기에 좌초하게 되는 것이다. 그러자 태자 단丹은 자객 형가荊柯를 보내 진나라 왕을 암살하고 이 위기를 모면하고자 한다. 이 기획은 바로 연나라의 남쪽 군사도시 연하도에서 꾸며졌던 것이다. 그리하여 연하도를 흘러 지나는 역수 기슭에서 태자 단이 형가를 배웅하는 장면이 있게 되었다. 이때 형가는 사지死地의 함양咸陽(지금의 서안西安 일대)으로 떠나면서 호기롭게 절세의 시 한수를 짓는다.

風蕭蕭兮易水寒,　　바람은 소슬하고 역수에는 한기가 서렸네.
壯士一去兮不復還.　장사는 한번 가면 다시 돌아오지 않는다네.

진나라 왕을 암살하려던 이 사건은 미수로 그치고 형가는 목숨을 잃는다. 그의 의거를 기리기 위해 요遼나라 때 세운 형가탑荊柯塔은 지금도 현성 남쪽의 형가산荊柯山에 기둥처럼 박혀서 역수 기슭에 무명의 살기를 뿌리고 있다. 형가의 자객 사건은 연나라의 멸망을 앞당기는 기폭제로 되었다. B.C.226년, 진나라 왕 영정嬴政은 이에 대노하여 군사를 휘몰아 연나라를 공격한다. 연나라의 성들은 연이어 물 먹은 담처럼 하나하나 허무하게 무너졌다. 연나라의 국왕 희喜와 태자 단은 수하를 이끌고 요동遼東까지 퇴각하였다. 나중에 궁지에 빠진 국왕 희는 태자 단을 죽이고 수급을 베어 영정에게 바쳤지만 영정은 진공을 멈추지 않으며 마침내 연나라를 병탄하였다.

훗날 요동 땅을 차지하고 있던 고구려가 난하를 건너 멀리 역수 기슭까지 내처 말을 달려온다. 이 정경은 자객 형가가 최후로 세상에 남긴 시처럼 역시 한 수의 옛 시에 녹아있다. 북주北周(550~577년)의 사부상서史部尚書 왕포王褒가 시구에 고구려의 춤과 노래를 마치 한 점의 그림처럼 재현하고 있는 것이다. '고구려'라고 제목을 단 이 시의 배경은 천리 밖의 만주 벌판이 아니라 뜻밖에도 역수 기슭의 '연조燕趙'의 땅이다.

蕭蕭易水生波, 소슬한 역수에 물결이 일어나고,
燕趙佳人自多。 연나라와 조나라의 땅에는 미인이 본래 많다네.
傾杯覆椀灌灌, 기울인 잔에서 술이 줄줄 흐르고
垂手奮袖娑娑。 늘어뜨린 팔소매 하늘하늘 춤추네.
不惜黃金散盡 돈을 다 없애는 것은 아깝지 않지만
只畏白日蹉跎。 두려운 건 저 해가 뉘엿뉘엿 넘어가는 것이라네.

그야말로 역수 기슭에서 미인들과 더불어 술을 마시면서 노래를 즐기는 고구려 사람들의 모습이 눈앞에 선히 떠오르는 듯하다.

강변에 세운 역수하 표지석

사실 연나라의 옛 땅에 나타나고 있는 이런 고구려의 얼굴은 그다지 놀랄 일이 아니다. 천흥天興 원년(398년) 북위北魏가 태항산太行山 지역의 고구려인들을 한꺼번에 수만 명 단위로 경사京師로 이주시킬 수 있은 것은 이 지역에 고구려인들이 대량으로 집거하고 있었기 때문에 가능한 역사役事였다. 역수 남쪽의 하간河澗에는 또 옛날의 영토지배 상징물인 성곽 '고려성'이 나타나고 있다. 그리고 1976년 발굴된 평안남도 '덕흥리 벽화고분'은 귀족관료 진鎭(332~408년)을 매장한 무덤인데, 고분의 주인 진은 유주(지금의 북경)의 자사刺史로 있었다. 이때 고구려는 분명히 북경유역에 진출하고 있었던 것이다.

연燕나라는 이에 앞서 고죽孤竹, 상商, 기자箕子의 나라와 혈연적으로 아주 가까웠다. 나중에 군사정변을 일으켜 고조선의 준왕準王을 밀어낸 위만衛滿도 연나라에서 온다. 그는 고조선으로 망명할 때 "상투를 틀고 오랑캐의 복장"을 했다. 이로부터 그가 고대 조선인들과 동질성을 갖고 있는 인물이었다는 것을 알 수 있다.

연나라의 땅에 있었던 이런 고사古事들은 역수 기슭의 신비한 역 씨 성처럼 더는 자세한 행적을 추적하기 어렵다. 푸른 물결이 일어나는 역수에는 옛날 긴 소매를 너울거리며 춤을 추던 고구려 여인들이 소슬한 가을바람을 타고 어슴푸레한 환영으로 떠오를 뿐이다.

천년의 거미줄이 드리운 몽롱탑

달빛처럼 흐릿하다고 하는 몽롱탑朦朧塔은 실은 이와 비슷한 음인 '몽롱蒙龍'에서 취한 이름이라고 한다. 입을 몽蒙은 강소성江蘇省 북부의 방언으로 덮어버린다는 의미이며 숨는다는 뜻으로 파생된다. 용 룡龍은 여기서 황제 즉 당唐나라 태종太宗 이세민李世民을 말한다. 몽롱탑의 이름에는 고구려의 연개소문에게 쫓기는 이세민을 거미가 줄을 쳐서 숨겨 주었다는 전설이 깃들어 있었던 것이다.

이 탑이 있는 마을은 원래 신장향辛庄鄕 홍위紅衛村이었는데, 지금은 탑이 하도 유명해서 개명해서 보탑진寶塔鎭 보탑촌寶塔村이라고 불린다. 보탑촌은 강소성江蘇省 염성시塩城市 시내에서 서북쪽으로 몇 십 킬로미터 떨어진 건호현建湖縣에 있다.

안내인으로 찾은 이동성李冬成 씨는 건호현 북부 마을의 출신이었다. 그는 몽롱탑이 정말 보탑이라고 하면서 몇 해 전 세상을 떠난 할머니에게 그런 얘기를 시도 때도 없이 늘 들었다고 말한다.

"옛날 이 고장에 괴수怪獸가 늘 농간을 부려서 백성들이 힘들었다고 합니다. 보탑이 바로 이 괴수를 탑신으로 눌러놓고 있다고 하지요."

보탑의 신령함 때문에 건호현은 날씨가 좋아 해마다 풍작을 거둔다고 한다. 그래서 건호현은 염성시 8개 현에서 첫손에 꼽히는 부유한 고장이라는 것이다. 이렇듯 신령스런 보탑을 조금이라도 노엽게 하면 천벌을 받는다고 한다. 옛날 어느 어린애가 재미삼아 탑 위에 올라가 오줌을 누었는데 이튿날 방에서 얼음장처럼 찬 주검으로 발견되었다는 것이다. 그걸 누군가 심심풀이로 지어낸 이야기라고 한다면 1940년대 현성을 점령하고 있던 일본군이 이 보탑을 신식 대포의 과녁으로 삼고 포를 쏘았다는 이야기는 지방지에도 기록되어 있다. 이때도 보탑은 마치 땅에 뿌리를 내린 천주天柱처럼 한 치의 끄떡도 없었다는 것이다.

세간에서 이토록 경외심을 품고 있었기 때문에 몽롱탑은 중국 대륙을 휩쓴 '문화대혁명'의 동란을 겪으면서도 기적처럼 남아 있을 수 있는 것이다. 몽롱탑은 강소성 북부 평원에서 현존하는 유일한 3층 천년 고탑으로 알려지고 있다.

이런저런 이야기를 듣다 보니 현성에서 보탑촌에 이르는 약 20km의 길은 어느 결에 벌써 강기슭에서 끝나고 있었다.

서당하西塘河가 사양하射陽河로 흘러드는 합수목 부근에 높은 돌담이 있었으며 그 뒤로 높다란 탑신塔身이 나타나고 있었다. 이 담에 둘린 뜰은

탑명을 빌어 몽롱원朦朧院이라고 불린다고 한다.

사양하의 한 부분 바로 오른쪽 기슭에 몽롱탑이 위치한다.

북경에서 몽롱탑 때문에 일부러 왔다고 하자 뜰에서 뭔가 정리하던 중년 사나이가 자진하여 직접 해설원으로 나섰다. 그는 현지 태생으로서 진사안陳斯安이라고 부르며 개산開山 주지住持라고 자신을 소개했다. 몽롱탑의 바로 옆에 있는 사찰의 원조 주지라는 것이다. 들어 보니 그럴 만한 사연이 있었다. 원래 탑은 오랫동안 방치되다보니 형편 없이 낡았고 파손이 아주 심했다. 게다가 항간에서 탑신에 기와조각을 끼워 넣으면 늙어서도 몸이 아프지 않게 된다는 설이 와전되면서 탑신 은 흠터투성이로 되었다. 또 탑신은 서북쪽으로 약간 기울어졌고 꼭대기 에는 하늘에 치솟는 탑정塔頂도 없었다. 이를 안타깝게 생각한 진사안은 탑의 연원과 현 상태를 밝히고 탑의 보수를 요청하는 서한을 직접 정부 총리에게 올렸다. 그래서 1998년 드디어 탑 보수가 있게 되었고 지금은 몽롱탑만 아니라 옆에 고찰 정혜사淨慧寺까지 복원되었다는 것이다. 옛날 에는 없었지만 보탑을 지킨다는 탑신塔神도 새로 사찰 앞에 세워졌다.

몽롱탑의 전설은 옛날부터 민간에 널리 전해 내려왔다고 한다. 탑과 남다른 인연을 쌓고 있는 진 씨는 탑의 전설에서도 제1의 '전승인傳承人' 으로 알려지고 있었다.

"당나라의 황제 이세민이 개소문蓋蘇文에게 쫓기면서 생긴 일이지요 ……."

개소문은 연개소문을 이르는 말. 연개소문의 이름은 당나라 고종高宗

이연李淵의 이름자를 쓰는 금기를 범했다고 해서 연淵 자를 일부러 빼놓았으며 그때부터 중국 항간에서는 그게 연개소문의 이름으로 굳어지고 있는 것이다.

진 씨가 말하는 전설은 현지에 기록된 이야기와 별반 차이가 없었다.

이세민은 동정東征할 때 군대를 인솔하여 염성 일대에 주둔하였다. 달빛이 몽롱한 어느 날 밤이었다. 이세민은 단기필마單騎匹馬로 군영을 순찰하다가 마침 적 진영을 염탐하러 왔던 연개소문에게 발각되었다. 연개소문은 말을 달려 칼을 휘두르며 이세민을 쫓아왔다. 이세민은 황급히 말을 재촉하여 달아나 이곳에 이르렀다. 허둥지둥하던 이세민은 근처에서 마른 우물을 발견하고 거기에 뛰어들어 몸을 숨겼다. 마침 거미가 기어와서 우물 어구에 줄을 쳤다. 연개소문이 우물에 도착하였을 때는 말만 홀로 바장이고 있을 뿐이었다. 연개소문은 우물에 드리운 거미줄을 보자 사람이 없는 줄 알고 군영으로 돌아갔다. 이세민은 거미가 줄을 쳐서 목숨을 구해준데 감격하여 훗날 황제가 된 후 이 우물 자리에 탑을 세우고 '몽룡탑蒙龍塔'이라고 이름을 지었다. 황제는 바로 용이며, 거미줄이 황제를 숨겼으니 '몽룡蒙龍'이라고 한다. 그 후 이 '몽룡蒙龍'은 '몽롱朦朧'으로 잘못 쓰이게 되었다.

웬 일인지 이세민이 숨었다는 옛 우물은 시종 눈에 뜨이지 않았다. 나중에 진 씨가 안내한건 엉뚱하게 탑신 1층에 있는 내실內室이었다. 이곳이 우물 자리이며 탑은 바로 이 위에 세워졌다는 것이다. 그런데 내실 바닥에는 벽돌이 반듯하게 깔려있었고 우물은 아무런 흔적도 없었다.

전하는데 의하면 옛날 마을의 농부가 조심하지 않아 멜대를 우물에 떨어뜨렸는데 훗날 동해 기슭에 가서 땔나무를 하다가 썰물이 진 후 바닷가에 밀려나온 이 뗏대를 발견했다고 한다. 그때부터 마을사람들은 우물이 바다까지 통한다는 걸 알게 되었고 바닷물이 우물에서 솟아나오지 못하게 아예 우물을 막아버렸다는 것이다.

이세민이 탔던 말의 고삐가 걸렸다는 구멍을 관리인이 가리키고 있다.

이세민은 이 우물가에 이른 후 말의 발굽이 웬 돌구멍에 끼어 빠지 못하게 되면서 더 멀리 도망하지 못하게 되었다고 한다. 진 씨는 몽롱탑의 뒤쪽에 전시되어 있는 거나란 돌이 바로 이세민을 부득불 말에서 내리게 만든 그 '원흉'이라고 알려준다. 돌에는 진짜 사발 크기의 구멍이 패어 있었다.

그렇잖아도 '몽롱탑'의 전설은 전설 아닌 진실일 수 있는 것 같기도 한다. 건호현이 소속된 염성塩城은 옛 바다출구이다. 당나라 군대를 추격했던 고구려 군대가 수로를 통해 이곳까지 진격했을 수 있었다는 얘기이다. 진짜 이때 당나라 군사가 주둔했다거나 적을 습격, 심지어 적에게 포위되었다는 등 전설이 강소성의 이곳저곳에 대거 상륙하고 있다.

당나라의 장군 설인귀薛仁貴가 동정東征 할 때 군사를 주둔했다는 마릉산馬陵山의 장병동藏兵洞, 설인귀가 습격했던 적의 군사가 숨은 동굴의 고장 숙천宿遷의 장군동藏軍洞, 적에게 포위되었던 이세민을 설인귀가 구원했다고 하는 애산艾山의 흑풍구黑風區 등은 모두 강소성에 위치한다.

더구나 건호현 바로 서쪽의 금호현金湖縣에는 '고려왕성高黎王城'이 나타나고 있었다. 명나라 때의 옛 현지縣志는 고려왕성은 북송北宋 치평治平연간(1064~1067년) 고려왕高黎王이 세웠다고 전한다. 북송의 왕 봉호封號에는 고려왕이라는 이름이 없으며 따라서 고려성은 실은 고려왕성의 변음이라고 볼 수 있다. 하지만 북송 때 고려왕이나 왕자를 수행한 사절들이 수도 개봉開封이 있는 중원을 지나 멀리 남쪽의 이 외딴 곳까지 와서 성을 쌓을 이유를 찾을 수 없다. 일각에서는 고구려 때 이 지역에 세웠던 성곽이 워낙 다른 이름으로 불리다가 북송 때 고구려를 의식하여 '고려왕성'으로 지칭되었다고 주장한다. 몽롱탑의 부근 지역에 고구려의 성곽이 있을 정도였다면 정말 연개소문이 이세민을 이곳까지 추격했다는 이야기가 나올 법 한다.

하지만 몽롱탑의 이름을 만든 연개소문의 이야기는 그가 이세민을 추격했다는 것을 내놓고 그 나머지는 모두 허구에 가깝다는 지적이다. 청나라 때의 부녕현지阜寧縣志는 몽롱탑이 당나라 무덕武德 3년(620년)에 세워졌다고 기록하고 있다. 그런데 당나라는 645년에 비로소 고구려와 전쟁을 시작한다. 현지縣志 역시 '몽롱탑'의 전설을 두고 "이 이야기는 근거가 없지만 사람들에게 널리 전해지고 있다."고 주석을 달고 있다. 그게 아니라 전설은 이미 전쟁 전에 생겼던 이야기고 또 고려왕성이 진짜 고구려 성곽이라고 한다면 고구려가 당나라와 이곳에서 접변했다는 결론이 나온다. 이에 따르면 고구려가 바로 남쪽의 양자강 어구까지 세력권에 넣는다는 것으로 더구나 황당무계하지 않을 수 없다. 당나라가 졸지에 바다 출구가 없는 내륙 국가로 변신하기 때문이다.

분명한 것은 당나라의 패전 풍문은 전장에서 수천 리 떨어진 이 고장까지 널리 전해지고 있었다는 것. 이 패전 사실이 지방민들에게 현지의 유적과 함께 새롭게 해석되고 엮어져 정착, 전승되었을 수 있다. 그렇지 않아도 많은 전설은 당나라-고구려 전쟁에서 패퇴의 현장이었던 발해 기슭의 당산唐山, 천진天津 일대에 나타나는 많은 전설과 아주 비슷하다.

탑에 눌려 숨겨있던 천년 전설의 허실은 드디어 천하에 밝혀지게 된다. 1990년 초반, 건호현 문사文史위원회는 탑 아래에 있는 다섯 겹의 벽돌을 치우고 지궁地宮을 발굴했다. 정부의 공식 문헌에 따르면 발견된 지궁은 평면이며 팔각모양이고 각 변두리가 55㎝, 깊이가 17.4㎝이었다. 지궁에서는 당초의 기대와는 달리 당나라의 유물이 발견되지 않았다. 지궁에는 돌함이 있었으며 함속에 은으로 된 관棺이 하나 내장되어 있었다. 관의 외벽에는 '원풍元豊 8년'이라는 글자가 새겨져 있었고 사리가 몇 알 그리고 '태평통보太平通寶' 동전 여러 개가 들어있다. 원풍元豊은 북송北宋 신종神宗의 연호이며 원풍 8년은 1085년이다 '태평통보'는 북송 태종太宗 태평흥국太平興國(977~984년) 연간에 주조한 화폐이다. 고증에 의하면 이 탑 건축물은 또 후세의 명나라 풍격을 갖고 있다. 이에 따라 신판『건호현

『建湖縣志 명승고적』은 "보탑 소장품에 근거하여 판단하건대 몽롱탑은 북송 때 세우고 명나라 때 보수한 것이다."라고 밝히고 보탑을 둘러싼 전설의 옳고 그름에 종지부를 찍고 있다.

그런데 이때 소문이 나면 미신 풍조가 퍼뜨려지는 것을 꺼려 공개하지 않은 사연이 있다고 한다. 진 씨는 탑신 아래에 사면으로 통하는 깊은 굴이 있었으며 문물요원들이 감히 더 들어가지 못한 것은 굴의 벽체 뒤에 웅크리고 있는 큰 구렁이 모양의 괴동물 형체가 의기의 모니터에 나타났기 때문이라고 그 '비밀'을 까밝힌다. 지궁을 발굴할 때 진 씨는 탑의 관리인 신분으로 현장에 있었다고 한다.

이 말을 듣자 오히려 이동성 씨가 더 흥분한다. 할머니가 자장가처럼 늘 외우던 옛말은 실은 먼 옛날부터 전하던 진실한 이야기였다는 걸 비로소 알게 되었다는 것이다.

"어릴 때 그저 재미있는 동화 이야기처럼 들었는데…… 정말 꿈을 꾸는 것 같습니다."

몽롱탑의 거미줄 뒤에 은신하고 있은 건 정말로 '황제'가 틀림없었다. '몽롱蒙龍'이라는 본명 그대로 진실한 '용'이 탑신에 눌려 있었던 것이다. 진짜 몽롱탑에 거미줄처럼 드리웠던 천년의 흐릿한 베일이 걷혀지는 순간이었다.

고려산의 미주에 비낀 미인도

중국 남방의 양자강揚子江 기슭에 고려산高驪山이 있다. 옛날 중국인들은 다른 나라 민족의 이름에 개 '견犬'이나 말 '마馬'의 변을 달아 멸시의 뜻을 나타냈다. 고구려는 가라말 려驪자를 쓴 고구려高句驪로 불리기도 했으며 따라서 '고려산'은 고구려의 산이라는 의미이다.

솔직히 이건 이름자를 갖고 억지로 고구려에 끌어 붙이는 견강부회가 아닐지 하고 생각하는 사람들이 없지 않다. 아예 백두산의 호랑이가 두만강이 아닌 양자강에 내려가서 물을 마신다고 하면 모를까……

그런데 고려산에는 정말로 고구려의 전설이 유전되고 있으며, 이 전설은 천년의 그윽한 미주美酒에 담겨있다. 북송北宋 때 악사樂史(930~1007년)가 편찬한 지리서 『태평환우기太平環宇紀』는 그 아름다운 신화이야기를 기록하고 있다.

단도丹徒에는 고려산高驪山이 있다. 전하는데 의하면 고려국高驪國의 여인이 이곳에 왔다고 한다. 그러자 동해의 신이 배를 타고 와서 술을 올리고 예의를 갖춰 혼인을 맺으려고 했다. 여인이 이를 거절하니 해신海神은 배를 뒤집어 술을 곡아호曲阿湖에 쏟아버렸다. 그리하여 곡아주曲阿酒가 향기롭다고 한다.

단도는 옛 도읍지 남경南京 부근의 현縣을 이르던 말이며, 곡아호는 그 동쪽에 위치한 단양시丹陽市의 연호練湖를 말한다. 단양은 진시황이 이곳에 서려 있는 천자의 기를 못 쓰게 하느라고 곧은길을 끊어버려 휘어들게 만들었으며 그래서 옛날에는 굽을 곡曲 자를 써서 곡아曲阿라고 불렸다고 한다. 따라서 이 고장에 있던 호수도 곡아호로 불리게 된 것. 곡아호는 삼국三國시기 오吳나라의 군사軍師 주유周瑜가 수군을 조련하는 장소로 되면서 군대를 훈련하는 호수라는 의미의 연호練湖로 개명되었다.

병선兵船이 쏜살 같이 달렸던 이 거대한 호수와는 달리 고려산은 양자강기슭 어디서나 쉽게 볼 수 있는 자그마한 야산이다. 해발 4백 미터의 이런 야산은 강 양안에 모래알처럼 흔하게 널려있으며, 그래서 이 산에 유전되는 천년의 전설이 아니라면 누구라도 그저 무심히 스쳐 지날 정도이다.

고구려의 미인 때문에 이름을 짓게 된 무명의 산, 그리고 고구려의 미인 때문에 소문을 떨치게 된 단양의 술…… 그야말로 "산은 높아서가 아니라 신선이 있어서 유명하고, 물은 깊어서가 아니라 용이 있어서 영험하다."는 옛 사람들의 말이 그른 데 없나 본다.

고구려 공주의 전설이 깃든 고려산

이 아름다운 전설은 현지의 옛 지방문헌인 『진강지鎭江志』에 더 자세하게 기록되어 있다. "복선산覆船山은 현縣(단도丹徒) 서남쪽 50리 되는 곳에 있으며 또 주앵산酒罌山이라고 불린다." "양梁나라 무제武帝의 '여가동행기與駕東行記'에 따르면 복선산이 있으니 또 주앵산, 고려산이라고 불린다. 전하는 바에 의하면 옛날 고려국 여인이 이곳에 왔으며 동해 해신海神이 배를 타고 와서 술을 올리고 예의를 갖춰 혼인을 맺으려고 했다. 여인이 이를 거절하니 해신은 배를 뒤집어 술을 곡아호에 쏟아버렸다. 그리하여 곡아주가 향기롭다고 한다." 이로부터 이 전설은 북송 때만 있는 게 아니라 이에 5백 년을 앞서 남량南梁(502~557년) 때 벌써 유전되고 있었다는 것을 알 수 있다. 악사가 기록한 전설은 『여가동행기與駕東行記』에 나오는 전설을 그대로 베낀 것과 다름이 없다. 최초로 이 전설을 기록한 『여가동행기』는 이미 실전失傳되었기 때문에 그 진정한 내원을 고증하기 어렵지만

도로시공현장에 있는 간판에 고려산로 이름이 쓰여있다.

남량南梁 이전의 어느 때인가 고구려의 미모의 여인이 양자강 기슭의 남경 일대까지 갔던 사실이 있었다고 볼 수 있다.

적어도 감미로운 곡아주는 전설이 아니었다. 정사正史에서 이 술을 제일 먼저 기록한 것은 『위서魏書』이다. 장군 유조劉藻와 고조高祖 황제의 대화에는 늘 곡아의 술을 백관百官에게 대접한다는 말이 나온다. 이 기록은 서기 497년의 일로, 곡아의 미주가 남조南朝에만 유명했을 뿐만 아니라 북조北朝에도 이름이 알려졌으며 황제와 장군들도 화제에 올렸다는 것을 알 수 있다. 곡아가 단양丹陽으로 개명하면서 곡아주도 단양주로 불리는데, 원元, 명明 때 더구나 문인들의 시구에 자주 등장한다. 원나라 때 단양주는 공물로 궁정에 진상되었으며 이 때문에 '궁중 술'로 불렸다고 한다.

전설 속의 여인 역시 실존한 인물이었다면 전설을 최초로 기록한 남량南梁 이전의 어느 때인가 고구려의 사행단을 수행했던 일원이 아닐까 한다. 먼 남방의 나라에 얼굴을 내민 고구려의 미인이고 또 동해의 해신과 같은 거물의 청혼을 받을 정도라면 사행단을 떠나서 상상하기 어렵기 때문이다.

그 무렵 고려산 부근의 남경 일대에 도읍을 정하고 있던 나라는 동진東晉과 남북조南北朝시기의 송宋, 남제南齊이다. 동진(317~420년)은 고구려가 서쪽의 전연前燕, 후연後燕과 대립상태가 지속되면서 이에 따라 양국 관계도 그리 활발하지 못했다. 남제(489~502년) 때도 고구려는 사신을 보냈지만 남제는 백제와 손잡고 북위北魏를 반대하는 싸움을 하고 있었으며, 이 때문에 고구려와 남제의 관계는 그리 원활하지 못했다. 그러나 송나라(420~479년)가 존재한 약 60년간 고구려는 스무 차례나 사신을 보냈다고 한다. 이러니저러니 고구려의 사행단은 남방의 나라에 자주 다녔으며, 전설의 소재가 생길만한 충분한 여건을 갖고 있었던 것이다.

연호 기슭에 있는 견우직녀 조각상
견우가 단양 태생이라고 전한다.

이때 이런 나라들의 북쪽에 다른 왕조가 있었기 때문에 고구려의 사행단은 중국의 동해 바다를 횡단하여 다닐 수밖에 없었다. 전설에 동해의 해신이 나오는 것도 이 때문인 걸로 보인다. 해신이 탄 배가 등장하는 곡아호는 이미 진秦나라 때 팠던 수로로 단도丹徒까지 연결되고 있었다. 고구려의 여인 역시 바다를 통해 양자강에 이른 후 단도에서 이 수로를 따라 곡아에 이르렀던 것으로 볼 수 있다.

이 수로는 훗날 수나라 때 완성한 대운하를 통해 또 천리 너머 동쪽의 탁군涿郡까지 통한다. 그런데 하북성의 당산唐山에 등장하는 견우牽牛가 나중에 오히려 따라 왔는지 이곳에도 불쑥 나타난다. 현지에서는 단양이 바로 견우의 고향이라고 주장하고 있는 것이다. 이에 따라 단양 시내의 복판에는 견우와 직녀의 조각상까지 만들어져 있었다. '견우와 직녀'의 전설을 두고 이를 관광자원으로 활용하기 위한 이색적인 연고권 다툼이 벌어지고 있는 것이다.

고구려 미인의 이야기도 대운하에 실려 온 견우의 이야기처럼 피와 살이 붙어 명실상부한 단양 현지의 전설로 된다. 이때 동해의 해신海神은 연호練湖의 수신水神으로 변신하고 고구려의 여인은 아희阿姬라는 이름의 미인으로 둔갑한다.

1천여 년 전, 수양제隋煬帝는 양주(揚州, 단양의 북쪽에 위치)에 가서 꽃구경을 했다. 그는 고구려 여인이 아주 예쁘다는 걸 알게 되자 고구려에 있는 사절에게 명을 내려 미인을 보내게 한다. 고구려 국왕은 이 소식을 알게 되자 사처로 사람을 보내 미인을 물색, 나중에 아희라고 부르는 여인을 선정하였다. 국왕은 또 기화요초를 채집하며 사절을 파견하여 미인과 꽃을 호송하게 했다.

이들을 실은 큰 배는 바다를 건너 양자강을 따라 올라갔다. 이때 단양의 연호에는 수신水神이 있었는데 마침 배위에 서있는 미모의 아희를 보게 되었다. 그는 이 선녀 같은 미인이 수양제에게 바쳐지는 걸 알게 되자 도중에 가로채려고 작심하였다. 그는 동해 용왕에게 미주를 빌고 또 타고 있던 용조龍鳥를 용선龍船으로 만들며 새우, 자라 등을 시종으로 수행하게 하고 자기는 수양제의 모양으로 둔갑한다.

드디어 고구려 배는 단양 부근에 이르러 금빛으로 번쩍이는 용선과 만나게 된다. 고구려 사절은 수양제가 몸소 아희를 마중하러 온줄 알고 황급히 예의를 갖춰 인사를 올렸다. 황제의 시종들이 아희를 용선에 데려오려고 하자 애초부터 수양제의 왕비로 되기를 싫어했던 아희는 수양제를 황음荒淫하고 어리석은 황제라고 꾸짖고 나서 바다에 몸을 던졌다.

이때 난데없는 용조龍鳥가 나타나 수신水神과 아희를 등에 업고 물에서 솟구쳤다. 그 주위에는 새우며 자라가 수없이 둘러싸고 있었다.

수신은 아희를 안고 고구려 사절에게 이렇게 외쳤다. "아희는 나를 따르게 되었으니 근심 말고 돌아갈 지어다."

고구려 사절은 금세 울상이 되었다. 귀국한 후 국왕에게 벌을 받게 될까 우려된 것이다. 그러자 수신은 수하를 시켜 일부러 큰 배를 뒤엎어버렸다. 폭풍을 만나 아희가 죽었다고 국왕에게 아뢴다면 사절이 벌을 받지 않게 된다는 것이다.

이때 수신의 용선에 실었던 술과 사절의 큰 배에 실었던 기화요초는 물을 따라 단양으로 흘러들었다. 단양 사람들은 강물에 향기가 풍기는 걸 보자 이 물로 술을 빚었으며, 이렇게 되어 유명한 곡아미주曲阿美酒가 세상에 태어나게 되었다.

이 전설에서 고구려의 미인은 고려산까지 가지 않으며 따라서 고려산은 전설에서 가뭇없이 자취를 감춘다. 고구려의 미인이 고려산에 왔다는 그 자체가 전설에 나올 필요가 없었는지 모른다.

이처럼 고려산이 전설에서 망실忘失되었기 때문인지 단양 사람들은 고려산을 지척에 두고 그런 산이 있는지도 전혀 모르고 있었다. 산 저쪽의 구용시句容市에서 고려산이 둘도 없는 브랜드로 떠오르고 있다는 사실도 하늘 밖의 소식이다. 구용시는 외곽의 순환도로에 산 이름을 따서 '고려산로高驪山路'라고 명명하고 있다.

결국 산의 이야기는 단양에서 잠시 접어두기로 하고 연호練湖로 물을 보러 가기로 했다. 이걸 어쩌지, 택시 기사가 또 어이가 없다는 표정을 짓는다.

"호수가 없는데요. 그게 언제 있은 일인데요."

옛 현지縣志의 기록에 따르면 서진西晉 때 언제를 막아 고려산 부근 84

개의 작은 강 물줄기가 연호에 모이게 하였다. 그때 연호의 둘레도 마침 84리나 되는 엄청난 크기를 자랑했다고 한다. 연호는 그 후 오랜 기간 지속적으로 줄어들었으며 공화국 창립 초기에는 군데군데 늪으로 있었다고 한다. 그마저 1970년대에는 한두 개의 물웅덩이로 줄어들고 지금은 촌과 도로의 이름에서 간신히 그 존재를 알리고 있을 따름이었다.

연호촌으로 가는 도로와 도로변의 못이 연호가 있었던 곳이다.

정말이지 이에 비하면 고려산에 남아있는 고구려의 이름은 그야말로 천년의 화석이나 다름없었다. 석탄기石炭紀의 특수한 지층을 고려산계高驪山系라고 하는 지질명사가 생겨나 고착되어 있으며 또 1970년대 고려산 중턱에서 발견된 종유동을 고려동高驪洞이라고 부르고 있기 때문이다.

그런데 옥의 티라고 할까, 고려산계의 지층은 비탈에 환히 드러나 있었지만 지층 속의 고려동은 여전히 억 년 전의 비경을 세상에 꽁꽁 숨기고 있었다. 동굴에는 석순이 아직도 자라고 있으며, 이걸 보호하기 위해 발견 직후 동굴의 입구를 막아버렸다고 한다. 동굴 속의 희한한 절경은 그렇게 미주에 비낀 고구려의 미인처럼 아득한 전설로 되어버린 것이다.

제 2부

산해관 남쪽에 그려지는 고구려의 옛 지도

고구려의 서쪽 경계는 과연 어디에 있었을까?
산해관 남쪽의 산과 들에 널려 있는 유적은
퍼즐 조각처럼 고구려의 옛 지도를 하나하나 복원하고 있다.
그곳 산비탈의 벼랑에는
'고구려지경'이라는 글자가 새겨져 있었다고 한다.

제 1 장

북경 자금성에 있는
고구려의 '동네'

북경에는 고구려인들이 살던 '동네'가 있고
고구려 군대가 숙영하던 '동네'가 있으며
고구려 전쟁에서 숨진 당군 전몰자의 '동네'가 있다.

북경으로 가는 길목의 역참 풍윤 고려포

　　서울이나 평양 아닌 북경으로 가는 길에 '고려 점포'가 있다. 고려포 高麗鋪는 당산시唐山市 풍윤豊潤 현성에서 서북쪽으로 7.5km 떨어져 있으며, 현성 근교이기 때문에 시내버스가 다닌다. 마을 모습은 북방의 전형적인 촌락구조 형태이며 북경-하르빈哈爾濱 국도 기슭을 따라 양쪽으로 기다랗게 띠 모양으로 형성되어 있다. 마을의 이르는 곳마다 고려포 이름자가 들어간 촌민위원회, 학교, 상점 등이 들어서있다.

　　불과 수년 전까지만 해도 마을의 서쪽 입구에는 '고려포'라는 고풍스런 패루가 있었다. 이 패루는 명나라 때의 유물로 전하는데, 아쉽게도 몇 년 전 도로확장건설을 하면서 어디론가 철거되었다.

　　고려포 촌장 이점산은 유적답사를 왔다고 하자 우리 일행을 먼저 마을에서 로또우老道라고 부르는 옛길로 안내했다. 길은 고려포 마을 가운데를 지난 국도의 바로 남쪽에 있었다. 이 길은 관리와 객상들의 내왕에 편리를 주고자 일찍 당나라 때 닦은 것으로 전하고 있었다. 촌락이 늘어나면서 길은 이미 동네의 좁은 골목길로 변했고 또 앞뒤가 담에 꽉 막히고 있었다.

"길 양쪽은 모두 무덤이었습니다. 70개 정도 있었는데 고려인들의 무덤이었지요."

국도 기슭에 있는 고려포촌위원회 청사

이점산 촌장은 옹이처럼 마디 굵은 손가락으로 부지런히 여기저기 짚어 보인다. 그는 이런 분묘 가운데는 장군무덤 1기가 있었다고 말한다. 동행한 풍윤현 선전부 관원 왕덕성王德成 씨는 장군무덤의 주인이 고려시기의 명장 이문형李門炯이라고 알려주는 것이었다. 하지만 이런 분묘는 과

거 대륙을 휩쓴 '문화대혁명'의 동란 속에서 평토되어 하나도 찾아 볼 수 없었다.

불과 10여 년 전까지 어느 농가의 뜰에 옛 비석 하나가 있었는데, 이 비석 역시 집을 허물고 새로 지으면서 어디론가 자취를 감췄다고 한다.

고려포 마을의 역사는 멀리 석기시대로 거슬러 올라간다. 마을 인근에서는 6천 년 전 부락 유적지와 석기가 다량으로 출토되었다. 이곳은 요순堯舜 시대에 유주幽州에 속했고 하상夏商 시대에 고죽국孤竹國에 속했으며 주나라 때 연燕나라에 속했고 당나라 때 어양군漁陽郡에 속했다.

일부에서는 고려포를 1636년 병자호란과 1637년 정축호란 때 대륙에 대거 끌려왔던 조선인의 촌락이라고 주장한다. 그러나 이건 편파적이라는 지적이다. 그때 많은 조선인이 대륙으로 잡혀왔으며 또 그 때문에 적지 않은 촌락이 생겼지만 고려포라는 마을은 이보다 훨씬 앞서 존재하고 있었기 때문이다.

고려포라는 이름이 최초로 나타난 것은 당나라 때였다. 당나라 태종 이세민은 고구려를 침공할 때 연도에 많은 역참 점포를 두었으며 고려포라는 이름은 이때부터 시작되었다고 한다. 마을 지명 유래를 조사했던 왕덕성 씨의 말에 따르면 당나라 때 조정이 이곳에 구역을 정하고 고구려인들이 사용하게 했다고 고려포 윗대의 노인들로부터 쭉 전해왔다. 그 무렵 고구려인들이 살고 있은 유적은 주변에 적지 않으며, 따라서 '고려포'를 이뤘던 고구려인들은 이 고장의 원주민으로 볼 수 있다. 실제 당산과 이웃한 진황도에도 이런 '고구려 마을'이 있는 것이다.

마을 남쪽에 있는 옛 역마길

고구려인들이 살고 있었던 이 마을을 명나라 륭경隆慶 연간 정식으로 '고려포보高麗鋪堡'라고 명명했다고 『풍윤현지豊潤縣志』가 전하고 있다. 에피소드라고 할까, 이 명명 시간은 륭경隆慶 연간이 아니라 이보다 약간 앞선 가정嘉靖 연간이라는 주장이 있다. 이러한 사실을 입증하는 비석이 나왔다고 하는 약 20년 전의 답사기 기록이 있기 때문이다. 아무튼 명나라 때 '고려포보'라고 불린 것만은 사실이다. 고울 려麗 자를 같은 중국어 발음의 힘 력力 자로 바꿔 고력포보高力鋪堡라고 부르기도 했다.

어쨌든지 고려포는 당나라 때 이미 고구려인들이 살고 있던 옛 주거지이며 훗날 중국에 이주했던 조선인들의 부락이었다. 고려포에는 자발적이든 강제적이든 백의겨레의 정착 역사가 적어도 두 번 있었다는 얘기이다.

명청明淸 때 한반도에서 중원으로 통하는 길은 수로와 육로 두 갈래가 있었다. 수로는 산동山東반도를 거쳐 입국하는 것이었고, 육로는 만주 땅에서 산해관을 거쳐 북경으로 향하는 것이었다. 고려포 역참은 북경과 산해관 사이의 바로 가운데 위치, 주요하게 자국의 사절들을 접대하고 해당 문서들을 넘겨주며 사절과 상인, 유람객들의 안전을 보호해주는 것이었다.

청나라 시기의 『풍윤현지豊潤縣志』의 기록에 따르면 당시 고려역참은 "정방正房에 기둥이 다섯 개요, 동서 곁채에 기둥이 열 개였다. 대문은 벽돌을 쌓아올렸으며 북을 설치한 망루가 있었다. 왼쪽에 협문이 하나 있었으며 또 사당 한 채, 관공서 한 채가 있었다. 그 뒤에는 풀밭이 펼쳐졌으며 주위에는 높은 담이 둘러 있었다. 대문 남쪽에는 가옥 십간이 있었는데, 복역하는 자들이 기거했다."

고려포는 많은 역참 가운데서 규모가 상당히 컸으며 또 총관과 통역, 지방 호송국(일명 표국鏢局) 등 인원과 기구를 갖고 있었다고 한다.

이점산 촌장의 안내로 고려포 서쪽에 있는 망마대에 올랐다. 어느 농가 옆에 있는 지붕 높이의 자그마한 언덕이었다. 가을걷이가 끝난 수수밭 그리고 나무들이 우거진 강둑이 저 멀리 남쪽으로 시야에 안겨왔다.

"그때는 소택지와 잡초들이 무성한 들판이었다고 합니다. 고려포를 원래 황초타荒草坨라고 부른 이름도 그래서 나왔다고 하지요."

고려포에 황초타라는 이름은 일찍 당나라 때 생긴 것이라고 『풍윤현지』가 전한다. 사실 황초타나 황량타謊糧坨, 황량대謊糧臺라는 지명은 북경 외곽에서 산해관까지 10여 개 되며, 이런 곳은 연개소문이 당군唐軍을 북경까지 추격한 유적이라고 고사가 전한다. 당태종이 퇴각하면서 고구려에 거짓 정보를 흘리기 위해 만든 거짓 식량더미였다는 것이다. 그러나 황초타는 잡초가 무성한 들판이라는 의미라고 하는 촌장의 말에도 일리가 없는 게 아니었다. 고사를 떠나서 주변 환경을 볼 때 이런 해석이 가능하기 때문이다.

마을 서쪽에 있는 망마대. 농가 옆 나무가 있는 언덕

역참에 도착한 조선 사절들은 망마대에서 말안장을 벗기고 말고삐를 풀어놓았다고 한다. 말들은 들판에서 풀을 뜯다가 망마대에서 울리는 소뿔 부는 소리에 껑충껑충 뛰어왔다. 마을 사람들은 그때 조선인들이 타던 말은 중국에서 흔히 보는 허우대 좋은 말들과 달리 몸집이 아주 작은 말이었다고 전한다. 제주도에만 있는 한반도의 토종말이 천리 이역 땅에도 잠깐 모습을 드러냈던 것이다.

한 시기 북방의 여진족 침입위험으로 말미암아 고려포 역시 한동안 썰렁해졌다. 일설에 고려포에는 이런저런 위험에 대처하기 위해 청나라 말기까지 조선인 군인들이 파수하고 있었다고 한다.

고려인들은 고려포에 이름뿐만 아닌 많은 생활의 흔적을 남겨 놓았다. 촌에서 인민폐 수만 위안을 들여 지었다는 고려포 역참의 전시실에는 쌀 빻는 돌절구이며 구리 그릇, 구리 솥, 주발 등 문물들이 20여 점 전시되어 있었다고 한다. 아쉽게도 이 전시실은 오래 전에 벌써 없어지고 현지의 유물들은 전부 당산시 박물관으로 이전되었다.

인터뷰를 할 당시 칠십 고개를 넘었던 왕종부 옹은 이 마을 토박이었다. 그는 1950년대 처녀들과 아줌마들이 동네 입구의 버드나무에 밧줄을 동여매고 오구작작 그네를 뛰었다고 알려주는 것이었다. 희한하게도 널뛰기 놀이도 있었다고 한다. 그네와 널뛰기는 중국인의 풍습에는 전혀 없는 놀이이다.

"우리 마을에서는 애들도 고려인이 누군지 알고 있다네. 벼만 봐도 그렇네. 벼농사는 고려인이 물려준 거라네."

옛날 황하 이북에서는 벼농사를 하지 못하는 것으로 알려졌다. 당나라 재상 장구령張九齡은 황하 이북에 벼를 심으려다가 끝내 손을 털고 나앉았다고 한다. 하지만 고려인(조선인)들은 끈덕진 성미와 오랜 재배기술로 끝내 고려포에서 벼농사에 성공했다. 그리하여 마을 남쪽에는 뉘엿한 논이 나타나게 되었다. 청나라 때의 현지에는 "고려포의 벼 향기가 연꽃처럼 그윽하여 마치 서호西湖, 중국 남방의 유명한 호수 기슭에 몸을 둔 듯한 느낌이다."라고 적고 있다.

이 망마대 앞 수수밭은 원래 논자리라고 한다. 수원이 부족하여 1992년부터 벼를 심지 못한다고 하면서 이점산은 아쉬움을 토로한다. 이전에 그리도 많던 샘물이 어느 영문인지 전부 말라버렸다고 한다. 지금도 망마대 앞쪽의 밭은 옛 논이라는 뜻의 '로또탠老稻田'이라고 부르고 있단다.

조선 사절들은 한반도에서 귀중한 고려인삼뿐만 아니라 종이와 부채 등 수공품을 갖고 왔다. 풍윤 사람들은 고려 양식의 부채를 본 따 부채에 산과 물, 참대, 꽃을 그려 넣었는데, 이런 부채는 단연 이 일대의 명품으로 떠올랐다. 현지에서는 또 창호지를 아직도 고려종이라고 부르고 있었다.

풍윤현에 있는 홍루몽 작가 조설근 조각상

그리고 보면 당시 고려포에는 한반도와 동질성을 갖춘 요소들이 적지 않았다. 한반도에서 볼 수 있는 논이 있었고 초가지붕이며 떡을 해먹는 풍속도 서로 비슷한 데가 있었다. 더구나 지명에는 백의겨레 국가의 국호가 들어있었다. 그래서 『열하일기』, 『경자연행잡록庚子燕行雜錄』, 『조천후록朝天後錄』 등 사행 기록은 모두 고려포에서 느낀 각별한 동족의식을 술회하고 있는 것이다.

20세기 중반, 8·15광복으로 고려포에 있던 고려인들은 대부분 고향이나 타지방으로 떠났으며 일부는 현지에 남아 통혼을 했다고 한다.

"그럼 지금도 고려인들의 후대가 남아 있겠네요."

"글쎄요, 그런 사람들이 있었다고 하던데요." 이점산 촌장은 난감한 표정을 지었다. 시골일수록 혼혈아는 사람들의 구설수에 오르는 법이다.

나중에 왕종부 옹이 이렇게 알려준다. "1920년대만 해도 고려인 아낙네들이 있었다고 하네. 다른 여인들은 종발을 했는데, 그 여인들은 큰 발이어서 금방 알아 볼 수 있었다고 하네……"

고려포에는 확실히 고려인들의 후대들이 살고 있었다. 세월의 풍운 속에서 1960년대까지 고려인들의 무덤이 고스란히 남아있게 된 데는 자주 거쳐 간 손길 때문이었다. 마을사람들은 남 보지 않는 이른 새벽에 별을 이고 일어나 봉분을 정성스레 손질하는 황黃 씨 성의 할머니를 여러 번 보았다고 말한다. 황 씨 성의 이 할머니는 현지 여인들과 달리 짐을 머리 위에 곧잘 올려놓아 마을의 화제로 되었다고 한다.

1791년, 연행 사행에 나섰던 남연南燕 김정중金正中이 『연행록燕行錄』의 글줄에 남긴 애달픈 감회가 가슴에 물큰 젖어 오른다.

"…아아, 너희 조상들이 포로로 잡혀 이곳으로 들어온 환란이 없었던들 너희의 관대冠帶도 내내 우리들 일행과 같았을 것이다. 한번 잡혀온 뒤로부터는 후손이 전부 호인胡人의 말이요, 얼굴이니 슬프다. 그러나 한 마을을 이뤄 옛 나라의 이름을 잃지 않았으니 기이하다."

구룡산에 울린 고구려의 말발굽소리

　　모전욕慕田峪 장성이 누워있는 산등성이에서 아홉 갈래의 산줄기가 기어 나와 마치 아홉 마리의 용처럼 꿈틀거리며 줄곧 남쪽으로 달리다가 북경 북쪽의 회하懷河 기슭에서 홀연히 발길을 멈추고 있다. 속칭 구룡산九龍山이라고 하는 지명은 이 같은 용의 형상에서 생겼다고 한다.

　　어찌된 영문인지 구룡산에 위치한 성천사聖泉寺의 주지스님은 산 이름이 그냥 사찰 이름에 나오는 성천聖天 두 글자를 따서 성천산聖泉山이라고 하는 줄로 알고 있었다. 나중에 사찰의 대비전大悲殿 문 입구에 걸린 주련을 읽다 말고 저도 몰래 입 밖으로 한숨이 길게 새어나갔다. 주련에는 "아홉 마리의 용이 법문을 듣는다."라는 글귀가 적혀 있었던 것. 이 아홉 마리의 용은 분명히 구룡산을 비유하고 있는 말이었다. 정말이지 불도를 닦는 스님들은 속세의 일에 이처럼 무심한가 하는 아쉬운 생각이 갈마들었다.

"이 우물이 유명하지요. 당나라 때부터 있었다고 합니다." 주지스님은 베다전韋駄殿의 앞에 있는 우물의 역사가 사찰에서 제일 오래다고 말한다.

성스런 샘물이라는 의미의 성천聖泉이라고 불리는 이 두레박 우물은 사찰에서 유일한 식수원으로 사용되고 있었다. 우물이 산위에 있고 또 천년이나 된다는 게 신기해서 일부러 물을 한 두레박 올려서 몇 모금 마셨다. 금세 세길 땅속의 찬 기운이 그대로 얼음처럼 입안을 가득 채운다.

그런데 뜻하지 않는 일이 일어났다. 이때를 기다렸다는 듯 뜰에 있던 의공義工 아줌마가 다가와서 돈을 받더니 공양함에 넣는 것이었다. 성스런 샘물에는 뜻밖에도 가격이 매겨져 있었던 것. 식수를 페트병 하나에 가득 채워 넣는데 인민폐 3위안이라고 한다. 이 사찰의 보살이 언제부터 세속의 '장사꾼'으로 변신하였을까……

성천사의 옛 우물

성천사는 구룡산 뒤쪽의 미륵정彌勒頂 동쪽 골짜기에 위치한다. 울울창창한 소나무에 둘려있는 사찰은 이리저리 춤을 추는 나무 그림자 속에서 한결 그윽한 정취를 자아내고 있었다. 현존하는 사찰은 수백 년 전의 명나라 때 중수重修한 것이라고 한다. 성천사는 2000년 초반 재보수를 하면서 북경에서 유명한 관세음 도장으로 거듭났으며 따라서 참배자가 그치지 않고 있었다.

성천산 기슭을 감도는 회사하가 저수지로 흘러들고 있다.

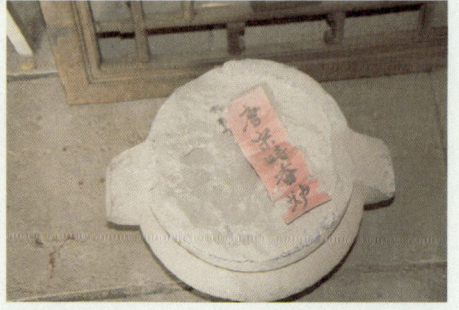

위로부터 성천사 입구
성천사
성천사 문설주 사찰에 남은 고물의 하나
사찰에 있었던 옛 향로

실은 반세기 전까지 사찰 서쪽과 동남쪽에 각기 옛 홰나무의 그루터기가 두 개 남아있었으며 그 지름이 거의 2미터나 되었다고 한다. 지방지地方志에 따르면 이 고목은 모두 수령이 1천년이 넘으며 옛 우물과 마찬가지로 당나라 때부터 있었다.

주지스님은 그런 이야기는 처음 듣는다고 하면서 우리를 사찰 귀퉁이에 있는 전시실로 안내했다. "고목의 그루터기는 없지만 옛날의 유물이 조금 있긴 하지요."

사찰의 전시실에는 기와조각과 문틀, 우물 가장자리의 돌 등으로 대부분 명나라 때의 유물이었다. 명색이나마 옛 사찰의 편린들을 세간에 남기고 있는 것이다. 아쉽게도 성천사에는 확실한 문자기록이 얼마 없다고 한다. 언제인가 사찰에 옛 비석이 있었다고 하는데 지금은 공덕비만 사찰의 본전 앞에 장승처럼 멀거니 서있을 따름이었다.

민간에는 성천사의 유래를 두고 아름다운 전설이 전해지고 있다. 일설에 이 전설은 원래 옛 비문에 적혀 있던 것이라고 한다. 아무튼 이에 따르면 당나라 때 여장군 번리화樊梨花가 유주幽州(지금의 북경) 북쪽 경계를 수비했다고 한다. 번리화는 고구려-당나라 전쟁에서 명성을 떨친 설인귀薛仁貴의 며느리이다. 번리화는 설인귀의 아들 설정산薛丁山과 더불어 지혜와 용기가 뛰어난 당나라의 유명한 장령이었다고 전한다.

선녀처럼 예쁘고 총명하며 또 무예가 출중한 번리화는 중국 민간에서 초절정의 인기를 누리고 있는 전기적인 고대 인물이다. 번리화가 등장하는 연극과 드라마, 소설 등 작품은 수백 종이나 되며 따라서 그가 당나라 군대의 상징적 인물로 전설에 자주 등장하는 건 그렇게 이상한 일이 아니다.

 전설에 따르면 어느 날 번리화는 북방의 적군과 접전하게 되었는데 그만 구룡산에 포위되었다고 한다. 적이 너무 강대하여 번리화의 군사는 그만 몰살될 위험에 봉착하였다. 궁지에 빠진 번리화는 합장하고 급급히 하늘을 우러러 간절히 기원하였다.

 "관세음보살님께서 어서 현령하셔서 저희들을 구원해 주소서!"

 이에 관세음보살은 즉각 구룡산의 아홉 마리의 청룡을 불러 그들을 구원하게 하였다. 아홉 마리의 청룡은 관세음보살의 명을 받들어 즉각 구름을 몰아오고 비를 내렸다. 양군의 머리 위에는 갑자기 구름떼가 밀려와 하늘을 시커멓게 가렸으며 큰비가 양동이로 퍼붓듯 억수로 쏟아졌다. 양군은 창대처럼 내리꽂히는 비 줄기 때문에 눈을 뜰 수조차 없었다. 번리화는 이 혼란한 틈을 타서 마침내 적의 포위망을 뚫었다.

대비전 주련에 나오는 구룡산의 이름

 이 일이 있은 후 번리화는 관세음보살이 목숨을 구해준 은혜를 갚기 위해 구름이 일어났던 구룡산의 골짜기에 사찰을 세우고 관세음보살의 조각상을 만들어 정성스레 공양했다고 한다. 그래서 이 사찰 이름을 관음사라고 불렀다는 것이다.

 관음사의 지명 전설은 북경 서쪽의 산서성 山西省 대동시 大同市 지역에도 비슷하게 나타난다. 번리화를 선봉으로 삼은 당나라 군대는 신영 新榮 일대에서 적들과 싸우다가 오히려 그들에게 겹겹이 포위되었다고 한다. 신영은 관음사처럼 역시 동부 장성의 기슭에 있는 고장이다. 번리화는 산지사방에 큰 깃발을 꽂아 무수한 의병疑兵을 만들었다. 적군이 진공을 멈추고 망설이고 있을 때 설인귀가 드디어 대군을 인솔하여 현지에 도착하였다. 이어 그들은 합심하여 단숨에 적군을 물리쳤다. 후세 사람들은 그들이 적을 물리친 공덕을 기리기 위해 전투가 벌어졌던 두 마을의 이름을 오기五旗, 마장馬場이라고 불렀다는 것이다.

일각에서는 번리화의 전설에서 등장한 '적군'은 토번土蕃이나 돌궐突厥일수 있다고 주장하기도 한다. 실제 이세민이 황제 보좌에 등극한 후 지금의 감숙성甘肅省 무위武威를 중심으로 하는 서량국西凉國 등 나라가 무력으로 당나라에 대항하였다. 이 때문에 태종 이세민은 설인귀를 파견하여 이런 나라를 정벌하게 했다. 번리화의 전설은 시기적으로 마침 이런 역사 배경과 교차되고 있다. 그러나 토번, 돌궐의 나라는 북경과 수천 리 떨어진 서북쪽 변방에 위치한다. 전설의 시초의 전승자들이 이처럼 분명한 지리적 위치를 혼돈하여 서로 뒤바꿀 수 없는 것이다.

번리화가 '적군'의 포위에 들었다는 그 무렵 태종 이세민은 북방의 고구려와 전쟁을 벌이고 있었다. 관음사의 남쪽에는 고구려 군대가 숙영했다고 하는 의미의 지명 '고려영高麗營'이 있으며 바로 번리화와 싸운 '적군'의 정체를 밝혀주고 있다. 장성 기슭에 출현했다는 무명의 '적군'이 하늘에 덮인 구름장을 헤치고 정체를 드러내는 대목이다. 645년 고구려-당나라 전쟁에서 패배한 태종 이세민은 퇴각할 때 영주營州, 갈석碣石 지방을 거쳐 유주로 도망했으며, 고구려의 연개소문은 요동에서 유주 북쪽까지 그를 추격하였던 것이다.

사실 중국의 지방지나 민간전설에서 당나라 군대와 싸운 고구려의 이름은 거의 생략되거나 다른 이름으로 대체되고 있다. 심지어 '설인귀 전기' 등 현대의 문학작품에서는 설인귀가 동정東征한 대상 나라가 엉뚱하게 '발료국勃遼國' 혹은 '동료국東遼國'이라고 나온다. 그러나 설인귀가 동정한 대상은 문헌기재에 아주 명확한바 다름 아닌 고구려이다. 고구려가 어찌어찌하여 정치문제로 비화되면서 자의든 타의든 그 이름이 바뀐 것이다. 옛날부터 전승되고 있는 민간전설에도 고구려의 이름이 지워지고 있다는 건 고구려에 참패를 당한 사실을 당시 조대에서 치욕으로 여기고 화제에 올리는 것을 꺼려했다고 볼 수 있다.

당나라 이후의 요遼, 금金, 원元 시기 구룡산 일대는 사회의 격변기를 겪으면서 인구이동이 빈번했으며 성천사의 많은 이야기 역시 산기슭을 흐르는 회하의 물결에 잠겨버렸다. 그럴지라도 이런 전설에는 한때 회사하 기슭에 나타났던 '적군' 고구려 군대의 그림자가 또렷하게 비껴있다. 실제 북방의 고구려 군대는 유주 부근까지 나타나서 후세의 많은 전설에 등장할 정도로 당나라 군대에게 크나큰 공포를 안겨줬던 것이다.

그런데 지명이 바뀌고 또 다른 전설이 나타나면서 고구려는커녕 '적군'이라는 이름자마저 오간데 없이 자취를 감춘다.

명나라 정통正統연간(1436~1449년) 북경의 유명한 고승 벽천碧天 스님이 구룡산을 운유하다가 관음사를 참배했다고 한다. 그는 산중에 자리 잡은 이 고찰이 풍수에서 말하는 기가 모이는 곳이며 세간을 멀리 떠난 좋은 수련장소인 걸 깨닫고 사찰 중수를 발원한다. 훗날 그의 제자 정징선사定澄禪師가 주지로 있으면서 관음사가 마침내 중수되었던 것이다.

성천산 기슭의 마을 구두촌

　이때부터 사찰 뜰의 우물과 사찰 앞의 적수천滴水泉을 베다韋馱 보살이 업어왔다고 하는 전설이 새롭게 등장한다. 따라서 샘물은 성스런 샘물이라는 의미의 성천이라고 불리고 관음사의 이름은 이 성천에 씻겨 어디론가 가뭇없이 사라진다. 관음사를 품고 있던 구룡산도 성천산이라고 개명된다.

　천년의 풍파를 이겨온 이 성천사도 전례 없던 불운을 겪게 된다. 공화국이 창립된 후 사찰에 있던 스님들이 사쳐로 흩어지게 되었던 것이다. 1958년, 사찰에 남아있던 마지막 스님이 원적하면서 승방은 졸지에 먼지가 풀풀 날리게 되었다.

　그럴지라도 성천산에는 향불이 한시도 꺼질 줄 몰랐다고 한다. 회하의 푸른 물처럼 녹아드는 구두촌口頭村 사람들의 불심이 이 천년 고찰을 고이 지켜줬던 것이다.

구두촌은 명나라 때 조정이 북경에 천도하면서 실행하였던 이민정책으로 회사하 기슭에 생긴 마을이다. 이 촌락은 장성 관문이 소재한 산골짜기의 입구에 위치하며, 그리하여 구두촌口頭村이라고 불리게 되었다고 한다.

나중에 알고 보니 산기슭의 주차장 요원이나 사찰 입구의 식당, 가게의 주인들은 다들 이 구두촌의 촌민들이었다. 구두촌의 사람들은 부근 성천사의 덕택을 톡톡히 보고 있는 것이다. 아닌 게 아니라 "덕을 쌓으면 복을 얻게 된다."는 옛말이 그른데 없구나 하는 생각이 들었다.

'혹여나' 해서 성천사라는 게 어떻게 유래된 이름인가 만나는 사람들에게 물었더니 웬걸, 마치 약속을 한 것처럼 하나같은 대답이 날아오고 있었다.

"샘물 때문에 지은 이름인데요 사찰에 샘물이 있지요."

사찰에 깃든 고구려의 이름은 관음사라는 옛 이름처럼 그 '성스런 샘물'에 깊숙이 묻힌 것 같았다. 옛날 회하 기슭에 말을 달렸던 고구려의 전설 역시 그렇게 허무하게 구룡산의 끝자락에서 종지부를 찍고 있었다.

고려인이 없는
고려영

고려 군대의 병사兵舍라는 뜻이 담긴 고려영高麗營, 기상천외하게도 이 고려영은 한반도가 아닌 중국의 수도 북경 근교에 위치한다.

"고려 병사들이 북경 외곽에까지 진을 치고 있었다니?"

흘러간 옛날의 이야기를 하소연하는 걸까? 고려영을 찾아가는 길가에는 나뭇잎들이 떨어져 이리저리 나뒹군다. 을씨년스러운 겨울은 그렇게 단풍이 곱게 물들었던 가을을 아련한 기억으로 밀어내고 있었다.

한자어 영營은 군대가 주둔한 곳을 이르던 말이다. 북경의 적지 않은 지명은 바로 이 영營자를 달고 있다. '내광영來廣營', '화기영火器營', '북소영北小營', '마관영馬管營', '옥천영玉泉營' 등등. 이런 지명들은 모두 옛날 군대의 주둔지와 관련되어 지어진 이름이다. 고려영은 북경에서 영營 자가 달린 제일 오랜 지명으로 알려지고 있다.

그럼 고려영에도 군대가 주둔했을까? 한반도와 천리 넘게 떨어진 이역 땅에 왜 고려영이 있을까?……

시원하게 뻗은 아스팔트길에 문득 '고려영'이라는 도로 표지판이 반갑게 안겨온다. 고려영은 북경 시내 동북쪽에서 불과 25km로, 북경의 수도공항과는 10km 정도 떨어진 매우 가까운 거리에 위치하여 있다. 고려영의 나지막한 건물들은 이곳이 북경의 도심을 벗어난 외곽지역임을 새삼스레 상기시킨다.

고려영은 한국의 읍 격인 북경 순의현順義縣의 작은 진鎭이다. 고려영 중심가에 위치한 고

고려영 마을 패쪽
지금은 철거붐에 휩쓸려 사라져버렸다.(위)
소고려영 표지판(아래)

려영진 정부청사, 고려라는 간판의 글자 뒤로 어마지두 고려인들이 달려나올 것 같은 착각이 든다. 고려사진관, 고려중학교, 고려이발관…… 고려라는 글자를 박은 간판은 이르는 곳마다 고려 분위기를 물씬 풍긴다.

길가에 옹기종기 모여앉아 한담을 나누는 아주머니들에게 무작정 말을 건넸다.

"왜서 고려영이라고 부르는가구요?" 아줌마들은 고려영이라는 이름의 유래를 묻는 말에 금세 고개를 가우뚱한다.

"옛날 고려인이 살았다고 그런다던데요……"

그런데 뒷마디는 자신이 없는 모양인지 입안에 스르르 잠겨버린다. 길

건너 가게의 중년 사나이에게 물었더니 고개를 절레절레 젓는다. 진짜 고려영의 사정을 소상하게 아는 사람을 찾기란 진짜 바다에서 바늘을 건지는 격이다.

일설에 얼찍 청나라 강희康熙 년간 만주 8기중 정황기正黃旗에 있던 조선인 병사 800여 명이 이곳에 가족들과 함께 자리를 잡았다고 한다. 통상 조선인을 고려인이라고 부르는 게 중국의 관습이며, 그래서 고려영이라는 이름이 생겨났다는 것이다.

또 당나라 태종 이세민이 고구려를 치러 갔다가 퇴각할 때 포로로 잡혀온 고구려 병사와 가족을 유주幽州 일대 다시 말해서 지금의 북경 외곽에 거주하게 했는데, 이곳이 바로 고려영이라고 한다.

한수 더 쳐서 제법 설득력을 갖춘 설이 있다. 668년 고종高宗 때 멸망된 고려(고구려)가 드디어 신하로 복속되어 해마다 당나라에 공물을 바쳤다는 것이다. 이때 당나라는 공물을 상납하러 오는 고려(고구려) 사신들을 배려하여 특별히 그들의 경유지에 역참을 만들었으며 북경에 들어오기 전 잠깐 행장을 정리하고 휴식하게 했다. 이 설에 따르면 사신 일행 가운데서 일부 사람들이 이곳에 정착하여 '고려영'을 이뤘다는 것이다. 고려영 2촌二村의 북쪽에 있었다고 하는 이 역참은 지금도 그 자리에 건물유적이 남아있어서 기와조각의 밭이라는 의미의 와사지瓦碴地라고 불린다. 그러나 멸망된 고구려는 더는 존속하지 않았으며 뒤이어 한반도의 주인으로 등장한 것은 신라라는 다른 국명의 나라이다. 신라는 그전부터 중국 대륙에 많은 흔적을 남겼지만 신라인들의 주거지는 신라채新羅寨나 신라방新羅坊으로 불렸으며 '고려영'이라는 이름과는 거리가 멀다.

고구려벽화

고려영유치원(위)
철조물에 쓰인 글자 고려영중심소학교(아래)

산해관 남쪽에 그려지는 고구려의 옛 기도

지방문헌인 <순의현지順義縣志>에는 고려영이라는 이름의 유래를 두고 "당나라 때 내지에 온 고려인들이 이곳에 정착했으며 훗날 늘어나서 마을로 되어 지어진 이름이다"라는 한마디 기록밖에 없다. '내지에 온 고려인'이라는 알쏭달쏭한 기록은 이런저런 설을 낳을 수 있는 근거를 만들어준 셈이다.

이러니저러니 위의 주장들을 송두리째 뒤엎는 견해가 있다. 단재 신채호는 고려영이 고구려가 645년 이세민의 군대를 쫓아 추격했던 곳에서 비롯된 지명이라고 주장했다. 북한과학교육연구촬영소가 1995년 촬영한 다큐멘터리 '기마민족국가'는 그의 이런 주장을 뒷받침하는 듯하다. 이 3부작 시리즈는 일본의 저명한 역사학자 에가미 나미오江上波夫의 입을 빌려 고구려가 한때 현재의 북경 일대까지 진출한 강대한 독립국가라고 설명하고 있다.

고려영의 동북쪽으로 약 10km 떨어진 소고려영小高麗營은 바로 옛날의 전란 때 고려인이 살고 있었었으며 원래는 역시 고려영高麗營이라고 불렸다고 한다. 그런데 부근에 또 고려영이 섰고 그 규모가 엄청 컸기 때문에 이에 반해 소고려영이라고 개명되었다는 것이다.

"우리 마을이 먼저 섰다고 하지요. 여기에 마을을 세우려 하다가 그쪽으로 갔다고 합니다."

동네 노인들이 하는 이야기는 고려영진의 고려영이 먼저 있었다고 하는 현지의 내용과 다르다. 어찌했든 소고려영 사람들은 지금도 서남쪽의 고려영을 대고려영大高麗營이라고 부른다. '고려영'은 작든 크든 모두 당나라와 고구려 전쟁 시기에 생긴 마을이라는 것이다.

소고려영

실제로 고구려의 유적은 아직까지 산해관 너머 여러 곳에 남아 있다. 그리고 당나라 군사를 추격하여 바로 북경 북쪽에 진격했던 곳에서 비롯된 지명은 고려영이 아니더라도 또 하나 있다. 고려영에서 북쪽으로 불과 30km 떨어진 회하懷河 기슭에는 그때 관음보살이 현신하여 고구려 군사를 막아주었다는 전설이 기담처럼 전해오고 있으며, 그로 하여 세워진 옛 사찰이 있는 것이다.

그렇다면 어느 게 정설일까? 솔직히 고려영의 지명은 남태평양의 고도孤島 이스터 섬의 석상처럼 천년의 미궁에 갇혀 있는 듯하다. 단지 옛날 고려인이 시초로 이곳에 거주했으며 점차 마을을 이뤘다는데 반론이 없을 따름이다. 흥미롭게도 영營 자의 지명은 군대와 아무런 연관이 없으며 또 '집거지'라는 의미를 가진다는 해석은 유일하게 이 고려영에서 나타난다. 북경 변두리에 나타난 '고려영'을 '고려군대의 주둔지'라고 하는 건 오랜 옛날부터 일종의 금기였던 것이다.

고려영 마을과 남쪽으로 약 3km 떨어진 남왕로南王路에 차를 돌렸다. 고려영 진鎭소속의 이 동네에는 옛날 어도御道가 있었는데, 당나라 태종 이세민이 고구려를 정벌하러 갈 때 지났던 길이라고 한다. 길에는 세월이 흐르면서 낮은 곳에 물이 괴었는데, 그래서 원나라 때에는 넓을 왕汪 자를 넣은 왕로汪路로 불렸으며 명나라 때 왕의 길이라는 의미의 왕로王路로 개명했다고 한다. 지금은 콘크리트 길, 돌로 만든 석로石路로 된 것이다. 이 동네의 가운데는 원래 보제사普濟寺라고 불리는 절이 있었는데, 이세민이 고구려전쟁 전몰자를 기리기 위해 지은 사찰이라고 한다. 북경 성내에 있는 유명한 '법원사法源寺'와 비슷한 시기에 설립된 같은 유형의 충렬사인 셈이다. 보제사는 명나라와 청나라 때 모두 보수를 했지만 아쉽게도 지금은 이미 철거되어 흔적도 보이지 않는다. 이맘때 동네에 있은 걸로 전하는 옥황묘玉皇廟, 삼의묘三儀廟, 이성묘二聖廟는 이에 앞서 내전시기인 1947년에 전란으로 전부 훼손되었다고 한다.

고려의 그림자가 멀리 황혼 무렵의 노을 속에 실루엣처럼 흐느적인다. 차는 순시하듯 혹간 서 있다가 혹간 달리며 고려영을 참빗처럼 누비고 다닌다.

아쉬움인지 허탈감인지 이름 모를 애수는 시간이 흐를수록 가슴을 꽉 메워온다.

현재 고려영은 소속구역이 54㎢, 소속 행정 촌이 24개, 상주인구가 수만 명에 달하는 등 이전보다 엄청 커진 몸집을 자랑한다. 고려영은 옛날부터 장사꾼들이 구름처럼 모여들었고 거리가 하루같이 늘 흥성거렸다고 전한다. 청나라 강희康熙 연간에 시장을 설치했으며 달마다 3일과 6일, 10일이 들어가는 날을 장날로 삼았다는 것이다. 그 때문에 고려영은 '북경 북쪽의 제1의 도시'로 널리 이름을 떨쳤다.

"고려영에는 드문드문 처마 밑에 매단 삿갓도 있었고, 또 돌절구도 있었지요……"

1970년대 고려영을 다녀왔다는 북경의 한 조선족 노인의 이야기이다. 이는 고려영에 고려인의 생활흔적이 남아있었다는 반증이다. 그러나 삿갓 끈은 삭아 떨어진지 오래고, 절구 찧는 소리는 달나라의 월계수 아래에 올라간 듯……

분명 고려영인데 고려인은커녕 조선족도 찾을 수 없다. 고려영에는 지금 한족이 대부분이며 다른 민족으로는 회족이 일부 있을 따름이다. 고려건물은 아예 눈을 씻고 봐도 종적을 찾을 수 없다. 그건 둘째치고서라도 북경시에 무려 1천개를 넘는다는 한식당마저 여기에는 그림자도 보이지 않는다.

고려영은 지금은 고구려와 전혀 동이 닿지 않는 쟈바국이다.

고려인이 감쪽같이 사라진 이유는 무엇이었을까? 열대삼림에 거대한 도시의 폐허를 남긴 마야 사람들처럼 어디론가 가뭇없이 증발한 것일까?

원나라 때만 해도 약 2~30만 명의 고려인이 중국으로 이주한 것으로 추정되고 있다. 원나라 말엽 북경에는 3~4만 명의 고려인이 살았던 것으로 전해진다. 원나라 조정을 떡 주무르듯 했던 고려인 기황후奇皇后도 당시 출현한다. 그 후의 조대인 명나라 때에도 북경 지역은 여전히 대륙에 살던 고려인들의 주요한 거주지였다.

청나라 때 고려인 후손들은 장성 너머 요동지역으로 차츰 이주를 했다고 한다. 이때부터 북경 지역에는 고려인의 자취가 하나둘씩 사라지기 시작한다.

18세기 말 사행단의 일원으로 중국을 다녀갔던 박지원은 북경 동쪽의 풍윤 부근에서 백의겨레의 유민들이 살고 있는 고려포高麗鋪를 만나 그 기록을 『열하일기』에 남기고 있다. 고려포의 사람들은 비록 1천 년 전 고구려인들의 후손과 2,3백 년 전 조선인들의 후손이라고 하지만 한반도는 더는 그들의 오매불망 그리는 고국 땅이 아니었다. 일기의 기록에 따르면 그들은 한 민족이라고 해서 사절단인 연암의 일행을 반기지 않았다고 한다. 귤화위지橘化爲枳, 강남의 귤을 강북에 옮기고 싶으면 탱자가 되듯 그들 역시 서서히 한족으로 동화되어가고 있었던 것이다. 그래도 성씨에 담긴 고려인의 피는 오랜 세대를 거치면서 여전히 흐르고 있다. 지금 이 고장에는 이 씨, 정 씨, 고 씨, 조 씨 성의 한족들이 적지 않다고 한다. 일부는 고려의 후손이라고 자칭한다고 한다. 그러든 말든 고려영은 더는 고려인 마을이 아닌 것이다.

잠깐 오도가도 방향을 잡지 못해 차를 멈췄다. 고려영이라는 이름을 뚜렷이 새긴 표지판이 무사처럼 차 앞을 막고 서있었다. 갑옷 입고 말을 달리던 고려인들은 고분 벽화처럼 표지판에 다만 한 점의 그림으로 굳어진 듯 했다. 먼 옛날 고려인이 북경에 살았다는 유일한 증거물이었다.

십만 무사의 원혼이 서린 법원사

북경 서남쪽 변두리에 있는 법원사^{法源寺}가 별안간 물망에 떠오른 것은 불과 10년 전의 일이다. 대만^{臺灣}의 유명한 작가 리오^{李敖}의 『북경 법원사 北京法源寺』가 노벨문학상 후보로 되면서 여론이 흡사 도가니처럼 끓어올랐던 것이다. 책 『북경 법원사』는 금세 '낙양^{洛陽}의 종이'처럼 귀한 몸이 되었으며 따라서 법원사는 한때 문전성시를 이루게 되었다

그러나 이날은 휴일이 아니어서 그런지 법원사의 앞을 지난 거리에는 행인이 드물었다. 홀연히 길가에 나타나는 운동장 크기만한 빈터 그리고 서기에 옹기중기 모여앉아 땡볕을 즐기는 동네노인들이 사뭇 이색적인 그림을 그리고 있었다. 그 그림의 뒤로 '나무아미타불'이라는 불호^{佛號}를 일필휘지로 날린 가림 벽이 마치 무대배경처럼 등장한다. 도심의 콘크리

트 수림에 묻혀있는 고찰은 그렇게 불문佛門을 찾아오는 사람들에게 미리 선禪의 오묘한 경지를 펼쳐 보이고 있는 것 같았다.

사찰은 여느 관광지처럼 외인은 물론 신도에게도 입장권을 팔고 있었다. 역시 중국 나름대로의 특색인 것 같았다. 법원사에 어떤 볼거리가 있는가 하고 지폐장과 함께 물음을 창구에 넣자 곧바로 날아오는 대답이 그야말로 우문현답이 아닌가 싶었다.

법원사 정문

"그거야 들어가 보면 알거 아뇨?"

대개 사찰에서 첫손에 꼽히는 건물은 대웅보전이다. 법원사의 대웅보전에는 청나라 건륭乾隆황제가 하사한 친필 글의 편액 '법해진원法海眞源'이 걸려있었다. 당초 옹정雍正 11년 (1733년) 하사한 사찰 이름인 '법원사'의 함의를 설명하는 편액이었다. 카메라를 드는데 어디선가 불쑥 튀어나온 의공義工 아줌마가 이를 저지한다. 내규에 따르면 사찰 전내殿內의 촬영은 일절 금지라는 것이다. 법원사에 답사를 오게 된 사연을 이야기하고 사정을 한 끝에 겨우 한 컷 찍을 수 있었다.

사실 법원사의 제일의 명물은 이 대웅보전보다 절 한가운데의 전각인 민충대憫忠臺가 아닐지 한다. 지금은 관음전으로 개명한 이 전각은 사찰을 세우기 전 최초로 제사를 지낸 곳이었기 때문이다.

법원사 최초의 이름이 남아있는 민충각

대웅보전에 있는 건륭황제의 친필 편액
촬영이 금지되어 있어서 사정 끝에 겨우 한 장을 찍을 수 있었다.

『원일통지元一統志』의 기록에 따르면 당나라 태종 이세민은 정관貞觀 19년(645년) 말 고구려의 전쟁에서 숨진 장사將士들을 추모하기 위해 어령御令을 내려 이곳에 사찰을 세우게 했다. 민충대가 바로 그가 이때 제사를 지낸 자리라고 전한다. 민충대는 지금은 볼품이 없지만 당나라 때에는 7칸 3층으로 규모가 어마어마했다고 한다.

이세민이 이 사찰을 세우려 한데는 항간에 잘 알려지지 않은 비화가 숨어있다.

정관 19년 봄, 이세민은 삼군을 인솔하여 동쪽으로 진군하여 고구려와 전쟁을 벌였다. 그는 출정 전에 지금의 북경 일대인 유주에 군대와 군량을 집결한다. 전쟁이 발발한 후 반년이 지난 가을 당나라 군대는 고구려에 패배하여 장안으로 돌아가는 도중에 다시 유주를 지나게 된다.『구당서舊唐書』에 따르면 이세민은 이때 유주에서 군사들에게 큰 잔치를 베풀었다. 마침내 이곳에서 퇴각의 발걸음을 멈추고 전패로 잔뜩 흐트러진 군심을 겨우 수습했던 것이다.

그러던 어느 날 이세민은 배를 타고 오늘의 북경 제2순환도로 북쪽 호성하護城河인 패하霸河를 오르내리면서 원정에서 실패한 울적한 심정을 달랬다고 한다. 이때 문득 강기슭에 전원풍경의 마을 하나가 그림처럼 나타났다는 것이다. 푸른 나무 잎사귀 사이로 언뜻언뜻 보이는 초가, 미풍에 실려 오는 향긋한 벼 향기 그리고 수면에 무시로 춤추듯 뛰어오르는 물고기는 말 그대로 이색적인 남방의 풍경을 연출하고 있었다. 이세민은 저도 몰래 배를 멈추게 하고 강기슭에 오른다. 북방에도 이처럼 아름다운 마을풍경이 있다니?…… 그는 신하를 불러 마침 부근을 지나는 백발 노옹에게 이 고장의 이름을 묻게 했다. 노옹은 그들이 황제 일행인 줄 알아보고 순간적으로 수십 년 동안 갈고 닦은 기지를 드러낸다. 그는 황제의 수심어린 용안이 활짝 피어나도록 용왕님이 행차한 마을이라는 뜻의 '용도촌龍到村'이라고 대답했던 것이다. 이 용도촌은 훗날 이를 도到를 같은 중국어 발음의 길 도道로 바꿔 용도촌이라고 개명했다고 한다.

강기슭의 아름다운 전원풍경은 이세민에게 더더욱 요동 땅에 버리고 온 전몰자에 대한 애절한 마음을 불러일으켰다. 그래서 이세민은 유주에 불쌍하게 여길 민憫자를 넣은 충렬사를 세워 고구려와의 전쟁에서 희생된 중원의 장사들을 기리고자 했다는 것이다. 이 충렬사가 바로 민충사이며 바로 지금의 법원사이다. 법원사는 이로써 북경 성내에서 역사가 제일 오랜 사찰로 자리매김하게 된다.

언제인가 패하 부근의 장교場橋지역에서 실제 용도촌 이름자가 쓰인 문물이 출토되었다고 한다. 이에 따르면 민충사의 설립 경유와 관련한 이 이야기를 누군가 거짓 꾸며낸 전설로 간주하기 어렵다.

정작 유주에 사찰이 세워진 건 그로부터 50년이나 지난 696년이었다. 이세민의 며느리인 측천무후則天武後는 집권한 후 시아버지의 못다 푼 비원을 풀기 위해 이 사찰을 세우도록 했던 것이다. 그때 어명으로 지은 이름이 민충사라고 한다. 민충사와 유사한 이런 사찰은 이세민의 동쪽진군 연선에 여러 개 되는 걸로 알려진다. 다른 건 제쳐놓고서라도 북경 북쪽 근교의 고려영에도 이맘때 세운 충렬사 보제사普濟寺가 있다. 고구려와 벌인 전쟁에서 당나라 군대는 사망자가 무려 수만 명으로 헤아릴 만큼 손실이 막대했던 것이다. 그때 전쟁에서 숨진 중원 장사들의 망혼을

대웅보전 앞
추운 겨울인데도 신자가 무릎을 꿇고 있다.

제도하기 위한 제사 형식은 훗날 당나라의 제사라는 의미의 '당제唐祭'라는 신조어를 낳기에 이르렀다. 중국 민간에는 지금까지 "당나라의 제사, 송나라의 제물, 명나라와 청나라의 향불 피우기"라는 설법이 유전되고 있다. 심지어 중국인들이 감실에 공양하는 신주대감의 실체는 바로 당군唐軍 전몰자의 대표인물이라는 설이 등장하고 있는 것이다.

어쨌든 민충사는 당나라 유주성의 상징적인 건축물이었다. 민충사는 절도사 안록산安綠山과 사사명史思明이 당나라에 반란을 일으켰을 때 한 시기 '순천사順天寺'라고 개명했다고 한다. 유주는 안록산과 사사명이 절도사로 임직하고 있을 당시 그들의 본거지였다. 안록산과 사사명은 민충사의 동남쪽과 서남쪽에 각기 보탑을 세우는 등 민충사와 깊은 인연을 맺고 있었다. 그런데 고구려와 이어진 민충사의 기연奇緣은 이때까지 끊어지지 않은 듯하다. 훗날 안록산의 반란군은 수도 장안으로 진격하다가 요충지인 동관潼關에서 토적討賊 부원수 고선지高仙芝의 부대에 저격당하는데, 고선지는 바로 고구려 유민의 후예로 당나라의 유명한 장령이었던 것이다. 바로 동관의 전투가 있은 후 고선지는 무단으로 작전지역을 변경했다고 그를 황제에게 무고誣告한 환관의 모함을 받아 처참하게 참수된다. 사찰에 막연하게 잇닿아있던 고구려의 연줄은 이로써 끝내 비운의 막을 내렸다. 사찰 앞에 있던 두 보탑도 그로부터 수백 년 후 드디어 유주 대지진 때문에 무너졌다고 한다.

그 후 민충사는 요나라 때는 '대민충사大愍忠寺'라고 개명하며 명나라 때는 '숭복사崇福寺'라고 불리다가 청나라 때 '법원사法源寺'로 개명되어 지금까지 쭉 불려왔던 것이다.

사찰에서 핸드폰을 사용하고 있는 스님은 세상의 무상함을 느끼게 한다.

전각 앞에서 핸드폰으로 어딘가 열심히 통화하고 있는 젊은 스님이 유난히 눈길을 끌었다. 알고 보니 사찰에서 불교공부에 정진하고 있는 스님이었다. 사찰에는 일찍 1965년 중국불학원이 설립되어 많은 젊은 승려들을 배출하고 있었다. 스님과 사찰 얘기를 나누고 싶어 "법원사에서 어느 것이 제일 유명한지 알려 주세요." 하고 넌지시 말을 건넸다. 그런데 역시 우문현답인가, 젊은 스님의 단마디 대답은 미리 생각해 두었던 물음들을 몽땅 목구멍으로 꿀꺽 삼켜버리게 한다.

"모두 당나라 때 만들어진 거죠. 전부 유명해요."

보아하니 젊은 스님은 부처님만 유일한 관심사인 듯 했으며 정작 부처님을 모신 사찰의 연원이나 변혁 같은 데는 전혀 신경을 쓰지 않고 있는 것 같았다. 어쩌면 속세의 인간에게 실상이 아닌 잡다한 허상에 욕념을 갖지 말라고 선禪의 화두를 던지고 있는지도 몰랐다.

사실 법원사에 있던 많은 보물은 세월의 풍운변화 속에서 전쟁과 인위적인 파괴로 어디론가 종적을 감추었다고 한다. 최초의 당나라와 요나라 시기의 건축물은 아예 역사의 뒤안길로 사라진지 오래다. 현존하는 사찰 규모는 훨씬 훗날인 명나라 때 비로소 형성된 것이며, 이마저 당나라나 요나라 때에 비해 훨씬 줄어든 것으로 전한다. 그러나 사찰에는 아직도 여러 조대의 불상과 비석, 법기가 적지 않다. 부동한 풍격의 이런 유물은 시공간을 타고 넘어 당시의 정경을 희미하게나마 더듬게 하고 있는 것이다.

외로운 돌사자 몸뚱이는 어디에 갔나.

사찰 내의 보전마다 향불의 연기가 그물그물 피어오르고 있었다. 불상 앞의 누런 방석에 꿇어앉아 절을 올리는 신도들이 연기 속으로 마치 실루엣처럼 보인다. 천 년 전 전몰자의 원혼을 위해 제를 올리던 당나라 황제도 저 연기 속에 현신하여 그때의 정경을 재현할 수 있다면 얼마나 좋을까 하는 다소 엉뚱한 생각이 들었다.

법원사는 천여 년 동안 여러 조대를 걸치면서 '당제唐祭'처럼 굵직한 사연들을 적지 않게 기록하고 있었다. 북송의 황제 흠종欽宗은 포로로 잡혀 북방으로 끌려갈 때 바로 이 사찰에 한동안 연금되어 있었다고 한다. 금나라 대정大定 13년(1173년), 사찰은 책문策問하는 여진족 진사進士들의 시험장으로 사용되기도 했단다. 산해관을 수비하며 청군淸軍과 싸웠던 명나라의 유명한 장령 원숭환袁崇煥의 시신은 이곳에 운구 되었으며 사찰의 주지스님이 그를 위해 법사를 치렀다고 한다.

사찰을 감도는 독경소리가 누군가의 애잔한 흐느낌처럼 허공에 잔잔히 울려 퍼지고 있었다. 어쩐지 산해관 너머 원혼으로 사라진 전몰자의 목소리를 듣는 것 같아 침울한 심정이다. 그래서 여느 신도처럼 불상 앞에 향불을 피우고 한동안 그린 듯 처연히 서있었다.

천왕전 앞

제 2 장
전설의 '고려성'이 산해관 남쪽에 떠오르다

터키의 고대도시 트로이는 본래 신화라는 풍조가 강했지만
1800년대 트로이의 유적이 발견되면서 드디어 역사사실로 인정되었다.
산해관 남쪽에 널려 있는 '고려성'은 말 그대로 고구려의 전설의 '트로이'이다.

압자하가 흐르는
석문채

압자하는 이름 그대로 '오리의 강'이라는 뜻이다. 단재丹齋 신채호申采浩는 우리 고어古語에서 오리를 '아리'라고 하고 강을 '라'라고 하였으니 압자鴨子(오리)는 '아리'의 의역이요 따라서 압자하는 '아리라'라고 주장했다.

상고시대의 문명은 거의 큰 강의 기슭에서 발생, 중국의 고서『삼국지』도 "고구려는 나라를 세우면서 큰 물가에 터를 잡고 살았다."고 기록하고 있다. 백의겨레가 살고 있었다고 하는 만주의 압록강이나 두만강, 송화강松花江 등을 이두자로 쓴 옛 이름을 찾아보면 모두 '아리라'라고 한다.

그런데 산해관 남쪽의 연산 기슭에 압자하가 흐르고 있었던 것이다. 압자하는 현재 압수하鴨水河라고 불리며 강기슭에는 이 강의 이름을 따서 압수하촌鴨水河村이라고 불리는 마을이 들어서 있다.

서쪽 문 폐성이 위험하니 이곳에 머물지 말라고 하는 경고문이 부착되어 있다.

성벽 위는 파밭으로 되었다.

서쪽 성벽의 일부 농가 담의 한 부분으로 되어있다.

올려 쌓은 동쪽 성벽의 일부

『산해관지』의 기록에 따르면 "압자하는 산해관 성곽 서북 25리 되는 서북산西北山에서 발원하여 석하石河에 흘러든다." 압자하와 석하의 합수목 북쪽에는 옛 성곽이 있다. 진황도시秦皇島市의 지명지地名志는 강기슭에 있는 이 옛 성곽은 "당나라 전 고려인이 이곳에 전부 돌로 축성하고 관문으로 삼았으며 그리하여 석문성石門城이라고 부른다고 전한다."라고 명명백백하게 기록하고 있다.

석문성은 지금은 성곽이 아니라 석문石門의 마을이라는 의미의 석문채石門寨로 불리고 있다. 석문채는 진황도 시내에서 동북쪽으로 10km 정도 떨어져 있지만 사실 서쪽으로 40km나 떨어진 무녕현撫寧縣에 속한다.

진황도-청룡靑龍 도로가 석문채의 남쪽을 지나고 있었다. 길가에는 수시로 트럭이 오가고 희고 검은 먼지가 새뽀얗게 날렸다. 부근에 석회암과 석탄이 나고 있으며 그것을 나르는 트럭 때문에 석문채는 하루 종일 흙먼지의 바닥에 퍼더버리고 앉아 있다.

그런 먼지투성이의 길가에 좌판을 길게 벌인 재래시장이 있었다. 현성 버스는 시장 입구가 바로 역이라고 하면서 차에 앉았던 사람들을 내려놓고 있었다. 무작정 발길이 닿는 첫 좌판 주인에게 옛 성벽(노성장老城墻)이 어디 있는가 하고 물어보았다. '옛 성벽'은 중국인들이 옛 성곽을 부르는 말. 실은 좌판주인이 성벽 위치를 알고 있으리라고 큰 기대를 걸지 않았다. 그런데 웬걸, 좌판 주인은 땅에 널어놓은 물건을 정리하면서 고개도 들지 않고 외마디로 대꾸하는 것이었다.

"이 길을 따라 그냥 들어가세요. 금방 보여요."

알고 보니 성곽은 석문채의 둘도 없는 지상 표지물이라고 한다. 옛 성벽이라고 하면 삼척동자도 어디에 있는지 눈 감고 갈 수 있다는 것이다. 석문채는 행정 마을이 다섯 개나 되지만 현지 촌민들은 아직도 성안과 성 밖 두 부분으로 구분한다는 것이다.

시장에서 골목을 따라 3분 정도 걸었을까, 왼쪽에 허름한 회색 성벽이 나타났다. 그런데 성벽 위에는 언제인가 붉은 벽돌을 덧쌓고 있었다. 누구의 걸작인지 몰라도 정말 고대와 현대 벽돌의 만남이었다. 조금 더 들어가서 마을 모서리에 옛 성벽이 수십 미터 정도 그대로 남아있었다. 성가퀴성 위에 낮게 쌓은 담에 풀과 나무가 엉성하게 자라고 있었지만 성곽의 당시 웅장한 모습을 되새겨 볼 수 있었다.

석문채 성안의 일경

동쪽에 남아 있는 이 성벽에서 북쪽으로 더 들어가니 서쪽 성문이 외롭게 서있었다. 성문의 벽돌들이 금세라도 허물어질 듯 공중에 달려있었는데 정말이지 천정에 위태롭게 걸려있는 검을 방불케 했다. 성문에는 촌민들에게 위험하니 이곳에 머물러 있지 말라고 하는 현지 정부의 경고문이 부착되어 있었다. 성벽에는 아름드리의 네모 돌과 개축할 때 쌓은 것으로 보이는 회색의 작은 벽돌이 한데 엉켜 있었다. 천 년 전의 고구려와 수백 년 전의 명나라가 시공간을 뛰어넘어 만나고 있는 것 같았다.

동쪽의 성벽과 달리 여기의 성벽은 바깥쪽 둔덕을 이용하여 가까스로 그 위에 올라갈 수 있었다. 그런데 성벽 위에서 뜻밖에도 푸른 파밭과 배추밭이 우리 일행을 마중하고 있었다. 고대 바빌론의 공중화원이 세계

밭으로 된 성벽 위

의 기적으로 꼽힌다더니 이거야말로 성벽의 전대미문의 창조가 아닐지 한다.

이 엽기적인 착상에 감탄을 해야 할지 아니면 한탄을 해야 할지 몰라 잠깐 우두커니 서있는데, 부근에서 밭을 다루던 왕王씨 성의 촌민이 더 놀라운 이야기를 한다. 워낙 옛 성벽은 지난 50년대까지 성벽이 꽤나 남아 있은 상태였다는 것이다. 그런데 지난 80년대 말 성을 허물고 그 돌들로 바다를 메웠다고 한다.

"그때 트럭이 온종일 돌들을 날랐지요. 성벽을 보름 너머 허문 것 같아요."

그래서 지금 석문채에는 서쪽과 동쪽 성벽의 일부 밖에 없다고 한다. 그나마 성벽이 남아 있다는 것이 정말 기적인 것 같았다.

『무녕현지撫寧縣志』의 기록에 따르면 당나라 정관貞觀연간(627~649년) 태종 이세민이 고려를 정벌하러 갈 때 석문성에 군대를 주둔했다고 한다. 석문성은 신공神功 원년(697년) 하북도河北道 영주營州 유성현柳城縣에 속했으며 오대십국五代十國 때 거란 평주에 속했다. 요나라 응력應歷 11년(961년) 중경도中京道 해양현海陽縣에 속했으며 금나라 천회天會 2년(1124년) 북경로北京路 해양현海陽縣에 속했다. 원나라 태종太宗 7년(1235년) 요양행성遼陽行省 대녕로大寧路 서주瑞州에 속했다. 명나라 륭경隆慶 3년(1569년) 성읍을 확장했으며 그때부터 사람들은 석문성을 석문채로 불렀다고 한다. 지금 보게 되는 옛 성벽은 당시 '작품'인 것이다. 석문성은 청나라 때 임유현臨楡縣에 속했으며 공화국이 창립된 후 무녕현撫寧縣 석문채진石門寨鎭에 예속되었다.

왕 씨는 옛날 석문성에 큰 부호가 살고 있었으며 이 부호가 저택을 지키기 위해 성곽을 쌓은 것이라고 말한다. 시초에는 석문성이 좁고 작았으며 불과 2,30여 가구만 살았다고 하니 이런 이야기가 나올 법 하였다. 가타부타 반론을 하지 않았더니 이번에는 한술 더 떠서 옛날 석문성은 성문이 열 개 있었으며 그 때문에 석문이라고 불린다고 얼굴색 하나 변하지 않고 그럴 듯하게 말하는 것이었다. 중국어에서 열 개의 성문이라는 의미의 십문十門은 돌문이라는 의미의 석문石門과 발음이 비슷하다. 정말 석문성의 내력을 모르고 있는 사람이라면 그런가보다 하고 귀가 솔깃할 것 같았다.

동쪽 성벽에 이어 쌓은 현대의 담

그럴지라도 당나라 때 이세민이 이곳에서 고구려 군대와 싸웠다는 이야기는 와전이 아닌 것 같았다. 민간설화는 없는 것을 갑자기 소설처럼 짓는 것이 아니고 다소 과장되는 부분이 있더라도 완전히 무시할 수 없기 때문이다. 석문성이 당나라 때에도 고구려에 사용되었을 가능성이 있다는 얘기이다.

석문성의 북쪽에 보이는 나지막한 산은 량갑산亮甲山이라고 하는데, 이 산에 바로 그런 전설이 오래 전부터 전해 내려오고 있었다. 이 전설은 지난 80년대 전설수집가들에 의해 석문채 서쪽에 있는 북채향北寨鄕에서 수집되었다고 한다.

전하는 바에 의하면 당나라 황제 이세민은 동정할 때 유관楡關을 지났다. 고려국(고구려) 인마는 당나라 군대에게 대패하여 도망했다. 이세민은 인마를 인솔하여 그들의 뒤를 쫓았다. 저녁 무렵 당나라 군대는 드디어 석문채 부근의 산기슭에 당도하였다. 이세민은 잠깐 말에서 내려 주변 지세를 살폈다. 이 산은 앞으로 나가면 진공할 수 있었고 뒤로 물러서면 수비할 수 있어 숙영하기 좋은 곳이었다. 산기슭에는 또 맑은 물이 흐르고 있었고 무연한 들이 펼쳐지고 있어서 병사들이 휴식하고 말을 먹일 수 있었다. 이세민은 령을 내려 이곳에 군영을 세우게 했다.

이세민은 흥에 겨워 갑옷을 헤치고 바람을 쐬면서 시를 읊었다. 그런데 저녁 무렵의 강바람은 우습게 볼 게 아니었다. 이세민은 바람을 맞아 그만 몸져눕게 되었다. 그러자 당나라 군대도 이곳에 한동안 머물게 되었다. 병사들은 이 기회를 타서 저마다 갑옷을 벗어 강물에 씻었으며 이어 산비탈에 널어 햇볕을 쬐었다. 한동안 산 위와 아래는 온통 갑옷으로 단장하게 되었다. 며칠 후 병이 낫게 된 이세민은 다시 군대를 인솔하여 동쪽으로 정벌을 떠났다.

당나라 이세민의 인마가 산위에 갑옷을 쬐었기 때문에 산기슭에 살던 사람들은 이 산을 쬘 량晾를 넣어서 갑옷을 쬐인다는 의미의 량갑산晾甲山이라고 불렀다. 이 이름은 훗날 오랜 세월이 흐르면서 한 세대 또 한 세대 잘못 전해졌으며 나중에는 발음이 같은 밝을 량亮의 량갑산亮甲山이라고 불렸던 것이다.

당나라 군사가 갑옷을 말렸다는 이런 량갑산의 지명은 여러 곳에 등장한다. 그러나 고구려 군대와 싸우는 도중에 이런 지명이 생겼다고 하는 전설은 석문채 부근의 량갑산에만 나타난다. 량갑산 기슭에 '고려' 이름의 옛 성곽이 있었기 때문에 그럴지 모른다.

그런데 고구려는 당나라 때가 아닌 북제北齊(550~577년) 이전 '석문성石門城'에 있었을 수 있다는 지적이 있다. 한때 중원 정권과 북방민족의 정권의 경계였던 북제 장성의 흔적이 석문채 북쪽의 압수하촌鴨水河村 부근에 남아 있기 때문이다.

이 장성의 흔적은 아직도 약 10km나 남아있다고 한다. 장성의 자재와 축성 방법은 명나라 장성과 판이하게 다르며 훼손 정도로 미뤄 연대가 아주 오랜 것으로 판명되고 있다. 역사문헌을 종합해 보면 무녕撫寧 지역의 장성은 북제北齊와 명나라 두 번에 걸쳐 쌓았을 따름이다. 또 『중국역사 지도집地圖集』은 북제의 장성은 산해관 부근에서 바다에 흘러든다고 표시하고 있다. 무녕의 이 남아있는 장성 주향은 마침 산해관 쪽으로 향하고 있는 것이다.

마침 삼국시기의 조조가 군사를 휘몰고 오기 전 이곳에는 벌써 '고려성'이 있었다고 한다. 이 천년의 옛 성은 석문채에서 동쪽으로 석하를 건너 불과 10리 밖에 있는 '주조영駐操營' 마을에 나타난다. 『삼국사기』 등 고문헌은 고구려가 55년 요서遼西에 10성을 쌓았다고 기재하고 있는 것이다. 이에 따르면 고구려는 일찍 북제 이전에 '석문성'을 축성하였을 개연성이 아주 높다.

북제시기를 지난 수당隋唐 때에도 고구려는 여전히 이 부근에 있었을 수 있다. 산해관 남쪽에는 '량갑산의 내력'처럼 당나라 군대가 고구려 군대와 접전했다는 전설은 물론 당나라 때까지 존속했다는 고구려의 유적이 적지 않기 때문이다. 이러니저러니 고구려가 한때 산해관 남쪽에 존재한 건 엄연한 사실로 되고 있는 것이다.

석문채 답사를 끝내고 주조영의 옛 성벽(노성장老城墻)을 보러 간다고 하자 왕 씨가 몹시 놀라운 어조로 이렇게 묻는 것이었다.

"그럼 주조영의 옛 성벽도 '고려성'이란 말입니까? 그게 정말인가요?"

석문채의 사람들에게 부근 주조영의 옛 성벽도 석문성처럼 잘 알려져 있었다. 그런데 날마다 얼굴을 맞대고 있던 이런 옛 성벽의 주인이 실은 천리 너머의 이역 나라로 알고 있던 '고구려'라고 하니 새빨간 거짓말처럼 들렸던 것이다.

조조가 군영을 세웠던 고려성

주조영駐操營은 석문채에서 동쪽으로 10여 리 더 들어가며, 무녕현의 제일 동북쪽 심산 골짜기에 있는 옛 마을이다. 버스가 나중에 주조영에 도착했다고 하면서 정차한 곳은 동네 입구의 작은 빈터였다. 빈터가 있는 둔덕 아래에는 기와를 얹은 농가들이 올망졸망 앉아 있었다. 원체 동네가 그리 크지 않아서 옛 성벽이라고 하면 손쉽게 찾을 수 있을 것 같았다.

동네 입구에 있는 가게에 들러 주인에게 옛 성벽(노성장老城墻)이 어디에 있는가 하고 물었다. 그러자 50대의 주인 시니이는 근심스러운 듯 이렇게 말한다.

"거긴 여기서 20리나 떨어져 있는데요. 어떻게 가시려고 그러지요?"

"……"

실은 문헌의 기록대로 마을 부근에 옛 성곽이 있는 줄로 알았던 일행은 어정쩡한 심정이 들었다. '혹여나' 해서 재차 물었더니 그가 말하는 '옛 성벽'은 엉뚱하게 마을을 한참이나 벗어난 동쪽의 명나라 장성을 얘기하는 것이었다.

옛날 마을에 있었던 성벽을 찾는다고 하자 중년사나이는 우리가 그걸 이야기하는 줄 몰랐다고 하면서 구구히 말을 늘어놓는다. 별 볼거리가 없는 그 성벽을 찾아오는 손님이라고 전혀 생각하지 못했다는 것이다. 보아하니 마을의 옛 성벽은 동네에서 울바자처럼 무심하게 그들과 일상을 함께 하는 그저 그런 '담'이었다.

"성벽에서 뭘 찾으세요? 아무 것도 없는 데요."

옛 성을 찾을 때마다 타령처럼 듣던 이야기이다. 대개 성벽이 없다는 게 아니라 그 이상의 유적이나 유물이 없다는 것으로 들으면 된다.

중년사나이가 알려 주는 대로 동네 입구에서 마을 복판을 가로지른 외갈래의 길을 따라 북쪽으로 걸었다. 약 1리 정도 지난 후 마을이 끝나는 자락에 자그마한 강이 흐르고 있었다. 강은 마을 서쪽에 있다고 해서 서하西河라고 불리며 남쪽으로 석하石河에 흘러든다. 이 강기슭의 길가에 바로 옛 성곽의 서쪽 성벽이 있었으며 성문이 하나 있었다고 한다. 성문이 있었던 자리는 '서관西關'이라고 부르며 길 입구에 놓인 석물에 그 이름이 적혀 있었다.

성안에 있던 마을의 촌민센터는 이 서쪽 문 부근에 있었으며 그래서 마을 이름도 서관촌西關村이라고 불린다고 한다. 이 촌민센터는 몇 해 전 동쪽 성벽 부근으로 옮겨갔다고 한다. 그런데 동문 쪽으로 갔으니 의례 동관촌東關村이라고 불릴 마을이 그냥 서관촌이라고 한다는 게 약간은 이상했다. 그래서 동관촌이라는 것이 따로 있는 게 아닌가 하고 동네 노인에게 물었다.

"동관촌이라니? 옛 성벽에는 동관東關이라는 이름이 존재하지 않는다네."

옛날 성벽 동쪽에는 아예 성문이라는 게 없었다는 것이다. 그건 그렇다 치고 옛 성곽 자체가 별로 크지 않았다. 청나라 광서光緖 3년(1877년)에 편찬된 『무녕현지』는 "주조영은 현성 동북쪽 120리 되는 곳에 있다. 석성은 높이가 2장丈이요, 둘레가 340장丈이다."라고 기록하고 있었다.

농가 뜰에 있는 북쪽 성벽

우리가 처음 만난 옛 성벽은 북쪽 성벽이었다. 웬 농가의 남쪽에 기대어 있는 이 성벽은 마을을 남북으로 가로지른 길을 만나 문득 끊어지고 있었다. 뜰에서 옥수수 무지를 정리하고 있던 역歷 씨 성의 여인은 이 자리에 집을 지은 지 30여 년이 된다고 하면서 그때 성벽은 벌써 이 모양이었다고 알려준다. 반듯하게 잘 다듬은 네모 돌을 비스듬하게 쌓아올린 성벽은 석하 건너 석문채의 일부 성벽을 그대로 떠서 옮겨온 것 같았다.

남아 있는 북쪽 성벽은 이 농가를 지난 수십 미터가 전부였다. 서쪽과 남쪽 성벽도 역시 이와 비슷한 정도로 남아있었다. 다만 성문이 없었다고 하는 동쪽 성벽은 전부 소실되었으며 그 자리에 백양나무가 한줄 서 있어서 옛 성터 자리를 가까스로 알리고 있었다.

역 씨는 옛 성의 이름을 모른다고 말한다. 주조영이 아닌가 하고 하니 그건 마을 이름이며 옛 성을 그저 옛 성벽이라고 부른다는 것이다.

"옛날 조조曹操가 주둔했다고 해서 주조영이라고 부른다고 하지요." 역 씨는 마을 노인들로부터 전해 들었다고 하면서 '주조영'의 내력을 이렇게 설명한다.

주조영은 당나라 정관眞觀연간(627~649년)에 천입한 대량의 민가들로 생긴 마을이다. 그런데 전승되고 있는 이 마을 내력의 이야기는 이로부터 수백 년 전의 삼국시기로 거슬러 올라가고 있는 것이다. 삼국의 하나였던 위魏나라의 무제武帝 조조가 한때 군사들을 데리고 이 석성에 주둔하였으며, 그로 하여 석성은 '주조영'이라고 불리고 있다. 마을은 사실 석성의 이름과 내력을 답습한 것이다. 그러고 보면 마을과 석성, 주조영이 혼연일체를 이루고 있는 것이다.

뒤쪽 백양나무가 있는 곳이
동쪽 성벽 자리라고 한다.

닭장의 일부로 된 서쪽 성벽

농가의 뒷쪽 담으로 된
남쪽 성벽의 일부

조조는 건안建安 12년(207년) 새외塞外의 위협을 철저히 해소하기 위해 직접 대군을 인솔하여 요서에 진격하였다. 이때 그는 현지인 전주田疇를 길안내로 삼아 해변의 기슭을 피해 북쪽으로 '노룡새盧龍塞'를 지났으며 산길을 행진하여 오환烏桓의 소굴인 '유성柳城'을 점거했다고 한다. 유성은 지금의 조양朝陽 일대이며, 내몽고內蒙古와 요녕성遼寧省, 하북성河北省의 인접지에 위치한다.

그때 이 고장에는 벌써 석성이 있었다고 볼 수 있다. 위나라 군대는 노룡새부터 이내 수백리 길을 달려 기습을 했으며, 이때 도중에 성곽을 쌓을 겨를이 없었고 또 그럴 필요도 없었기 때문이다. 그리고 보면 조조가 군사를 주둔하고 조련했다는 주조영의 석성은 적어도 한나라 때 이미 축성되었던 것이다.

진황도시秦皇島市의 지명지에 주조영을 '당나라 전 고려인이 축성한 성곽'이라고 밝힌 이 성의 정체가 드러나는 대목이다. 주조영의 석성은 A.D.55년, 고구려가 요서에 10성을 축성하여 한나라 군사를 방비했다는 『삼국사기』의 기록과 일치한다.

일각에서는 또 명나라 때 변경을 수비하던 장사들이 이곳에 군영을 세우고 조련을 했기 때문에 주둔하면서 조련한다는 의미로 주조영을 해석하기도 한다. 그러나 이건 지명을 글자의 의미로만 해석한 억지라는 지적이다. 평지에 있는 이 석성은 전부 돌로 쌓은 것이며 명나라 때 축성 혹은 개축했던 다른 성곽에서 나타나는 회색의 벽돌 따위는 한 장도 나타나지 않고 있기 때문이다.

어찌했든 '주조영'은 분명히 어느 때인가 고구려인이 살고 있었고 또 그들이 축성하고 수비했던 것이다. 고구려가 한때 산해관 남쪽의 많은 지역을 차지하고 있었다고 하는 옛 문헌의 기록은 누군가 거짓으로 꾸며낸 '소설'이 아니었다.

그런데 마을에는 지명의 내력 밖에 별로 전승되는 이야기가 없다. 옛 성곽에 깃들어 있던 천년의 이야기는 그렇게 마을 서쪽을 흐르는 '서하西河'에 낙엽처럼 실려 세상 저쪽으로 흘러간 것 같았다.

그나마 천년의 비석처럼 강기슭에 서있던 이 옛 성곽은 1960년대 사상 제일 처참한 파괴를 당했다. 촌민들은 성벽의 돌을 갖다가 집을 짓거나 담을 쌓았던 것이다. 나중에 성벽을 더 허물지 않은 것은 옛날 물건을 사용하면 화를 입는다는 미신풍조가 다시 머리를 쳐들었기 때문이었다. 아쉽게도 이처럼 촌민들이 성벽에 손을 대는 것을 몹시 두려워 할 때까지는 벌써 2,30년이라는 세월이 흘러갔다. 그동안 동쪽 성벽은 강물에 씻긴 듯 말끔하게 사라졌으며 북쪽과 서쪽, 남쪽 성벽은 머리가 잘리고 몸통이 끊어져 꼬리만 약간 남았을 따름이다.

마을의 천년의 역사는 물론이요, 불과 수 십 년 전의 기억도 옛 성벽처럼 간간히 끊어지고 있었다. 옛 현지縣志는 서쪽과 남쪽에 성문이 3개 있었다고 기록하고 있다. 그런데 누군가 동쪽에만 성문이 없었을 따름이며 북쪽과 서쪽, 남쪽에 각기 성문이 한 개씩 있었다고 말하는 것이었다. 잠깐이나마 '기록이 잘못 되었을까?' 하는 생각이 들었다. 그래서 만나는 사람마다 붙잡고 물었지만 실제 성문은 서쪽과 남쪽에만 있었으며 또 3개뿐이었다는 기록을 재확인하는데 그쳤다.

"……청룡이 마을을 지켜준다고 하지요."

남쪽 성문 자리 폐가 옆 길바닥에 비석이 깔려있다고 한다.

노인들의 말에 따르면 마을 서쪽의 서하 기슭에 용처럼 똬리를 틀고 앉은 산은 마을의 수호신이었다. 이 산의 이름은 청룡과 같다고 해서 청룡산이라고 불린다고 한다. 실은 지명지의 기록에 따르면 이 산의 이름은 푸를 청靑 자를 넣은 청산이며, 주조영 마을도 '청산靑山 주조영駐操營'이라고 불린다. 청산이라는 이름이 언제부터인가는 청룡산이라고 개명되고 있는 것이다.

천 년 전의 석성도 분명 색깔이 다르게 바뀌고 있었다. 주조영의 원주인은 '고려인'이며 석성 역시 '고려성'이라고 불린다는 사실을 알고 있는 사람은 단 한명도 만나지 못했다. 오히려 천 년 전의 '고려인'을 '조선족'으로 잘못 듣고 엉뚱한 대답을 하는 것이었다.

"우리 마을에는 '고려인'이 없습니다. 모두 한족이지요."

1930~40년대 일본군과 중국군은 이 지역에서 자주 일진일퇴의 싸움을 벌였다고 한다. 마을 사람들은 산지사방으로 도망했으며 성 안팎에는 키를 넘는 쑥대가 무성하게 자랐다. 마을은 공화국이 창립된 후 다시 흥성하게 되었다고 한다. 오늘날의 마을에는 원주민이 없다고 해도 과언이 아니었다.

성벽 위를 부지런히 오르내리는데 길가에서 만났던 노인들은 집에 들어가서 물 한잔이라도 마시라면서 손을 잡는다. 그들은 익숙하던 고향의 풋풋한 인정을 새삼 상기시키고 있었다. 옛 선인들의 모습은 아직도 석성의 어딘가에 어렴풋하게 남아있는 듯하였다.

그런데 마을에 옛 유물이 있었다고 하는 이야기가 다시 발목을 잡는다.

"석성에 돌비석이 있었지요. 명나라인지 청나라인지 하던데요."

비문이 적혀있었다고 하는 옛 비석은 홀제 천년 너머 숨어있던 미스터리를 풀어줄 것 같았다. 하지만 기쁨은 한순간에 지나지 않았다. 마을에 시멘트 도로를 닦으면서 땅바닥에 파묻혔다는 것이다. 남쪽 성문 아래에 묻혔다고 그 장소까지 소상하게 밝혀주는 노인의 말에 아쉬운 마음을 감출 수 없었다.

석성에 깃든 천년의 미스터리는 그렇게 지척의 땅속에 깊이 묻혀 있었다.

사실 산해관 남쪽에 고구려 성이 있었다는 애기는 오래 전부터 전한다. 석하石河의 양안에 존재하는 고려성은 결코 우연한 게 아니다. 이 복수의 고려성은 산해관 남쪽의 있었던 고구려가 더는 상상 속에서만 그리던 '허상'이 아니라는 사실을 세상에 알리고 있는 것이다.

　옛날 단재 신채호가 우리 고어로 '아리라'라고 했던 '오리의 강' 압자하鴨子河는 바로 주조영의 서남쪽에 위치한다. '아리라'는 산해관 남쪽에도 있었으며 또 백의겨레의 삶의 현장이었던 것이다. 천년의 오랜 세월처럼 하늘 아래 우뚝 서있는 높은 산의 저쪽에는 압자하의 흐르는 강물처럼 분명히 백의겨레의 숨소리가 들리고 있었다.

고구려,
쌍성산에 드리운 천년의 그림자

진황도시秦皇島市의 쌍망雙望은 북경에서 심양沈陽 지역으로 통하는 옛길 위에 있는 자그마한 산간마을이다. 이 마을은 마침 동쪽으로는 무녕撫寧 현성, 서쪽으로는 노룡盧龍 현성과 각기 17km 떨어져 있으며 이 두 곳을 바라본다는 뜻에서 쌍망이라는 이름을 얻게 되었다고 한다.

정작 쌍망에 이르러 잠깐 둘러보니 동쪽과 서쪽의 현성은 모두 지평선 너머 묘연한 신기루였다. 시야에 전혀 잡을 수 없으니 현성을 조망하려는 자체가 어리석은 생각이었다. 결국 쌍망이라는 지명은 바라 볼 망望자가 아니라 잃을 망亡자에서 유래되었다는 설에 수긍하게 되었다. 이 설에 따르면 명나라 때 오吳씨 성의 오누이가 쌍성산을 차지하고 도둑무리의 두목으로 있었다. 나중에 관병들이 산성을 소탕하였으며 오누이는 모

산해관 남쪽에 그려지는 고구려의 옛 지도

두 싸움에서 목숨을 잃었다고 한다. 그리하여 이 고장은 둘이 함께 죽었다는 의미의 '쌍망雙亡'이라고 불렸으며 훗날 잃을 망亡자가 불길하다고 하여 차츰 같은 발음의 바라 볼 망望으로 바뀌었다는 것이다.

안내인으로 나선 도陶 씨 성의 젊은이는 쌍망 태생으로 마을에 자그마한 예식장을 운영하고 있었다. 쌍성산 오누이 두목의 옛 이야기는 그의 입에서 예식장의 상차림처럼 떨어질 줄 모르는 화제였다.

"……오누이가 부자네 집을 털어서 가난한 사람들을 도와주었다고 하지요."

그는 오누이가 나중에 쌍망 마을에 포로로 잡혀와 관병들에게 처형을 당했다고 말한다. 현지縣志에는 등장하지 않는 또 하나의 다른 전설이었다. 오누이의 엽기적인 전설은 이 고장에 여러 가지로 널리 전해지고 있는 것 같았다.

그런데 오누이의 도둑무리가 둥지를 틀고 있었다는 산성 역시 헷갈리는 데가 있었다. 옛날 산위에 돌덩이로 쌓아올린 무덤 즉 적석총이 있었다는 걸로 미뤄 고구려성인 게 분명하지만, 마을 사람들은 모두 훗날의 명나라 때 유적인 걸로 알고 있었던 것이다.

보아하니 도둑무리를 끌고 주변 수십 리 안팎을 휘저었던 오누이 두목은 다른 기억을 불도저처럼 깡그리 밀어내고 있는 것 같았다.

쌍성산은 쌍망 마을에서 동남쪽으로 노룡의 평야를 병풍처럼 막고 있었다. 쌍성산 기슭의 마을은 안安 씨 동네라는 의미로 해석할 수 있는 안리촌安里村이었다. 마을 이름이 옛 산성과 그 무슨 연관이 있지 않을까 하는 생각이 들었다. 그래서 동네 노인에게 물었더니 웬걸, 한심하게 빗나간 짐작이었다. 이전에 산비탈에 절이 하나 있었는데 암리묘庵離廟라고 불렀다는 것이다. 안리는 훗날 이 절 이름의 중국발음을 옮겨서 지은 마을 이름이었다.

정말이지 이 고장은 그 무슨 기괴한 주술이 걸린 게 아닐까 하는 생각이 들었다. 산 위의 옛 성과 그 부근의 마을 심지어 전설마저 모두 쌍을 이뤄 하늘 아래에 실상과 허상을 하나로 어우르고 있으니 말이다.

쌍성산은 마을 동쪽으로 불과 2km 정도 떨어져 있다. 그런데 길을 묻자 그저 산골짜기를 타고 오르라고 하는 대답이다. 성의라곤 없는 대답인 것 같아 다시 물었더니 마을 사람들은 자기들은 산에 오르는 경우가 거의 없다고 구구히 해석하는 것이었다.

"돌과 바위 밖에 없는데요, 산에 오를 일이 없지요."

돌문이 있는 성곽 현지에서는 이 성곽을 돌문이라고 부른다.

돌층계와 층계 위에 패인 홈(왼쪽)
돌로 만든 성문의 안쪽(오른쪽)
쌍성산 동쪽으로 멀리 보이는 토이산(아래)

아닌 게 아니라 마을을 벗어난 수레 길은 산기슭에 채 못미처 끊어지고 있었다. 쌍성산은 지금까지 개발되지 않은 산으로, 시초에는 오솔길이 있었지만 훗날 인적이 끊어지면서 풀숲에 숨어버렸다고 한다.

산기슭의 밭에서 이따금 만나는 농부들이 무작정 산을 오르는 우리에게 일손을 멈추고 이상하다는 눈길을 보낸다. 사실 이상한 생각을 갖게 된 건 우리 일행도 마찬가지였다. 산과 들을 잔디처럼 일색으로 덮은 게 고구마 넝쿨이었는데, 고구마는 분명 이 고장의 토종 농산물이 아니었기 때문이다.

지방문헌에 따르면 원산지가 바다 건너 미주인 고구마는 명나라 시기 중국에 들어오며 19세기 중반 노룡현에 전수되었다고 한다. 1980년대 노룡현은 고구마기지로 변신하면서 드디어 '박힌 돌'을 전부 뽑아 던지는 오늘날의 형국을 연출했던 것이다.

동네 입구에서 손을 내밀면 금방 잡힐 것 같았던 쌍성산은 산정까지 오르는데 한 시간 정도 족히 걸렸다. 산길에는 수시로 돌로 된 '사발'과 '양동이' 등 구경거리가 나타나 다리쉼을 하면서 피로를 풀 수 있었다. 쌍성산에는 기기묘묘한 괴석이 많았고 또 너럭바위에는 빙하시기에 천연적으로 형성된 크고 작은 돌확이 적지 않았다. '사발'이요, '양동이'요 하는 설은 이로부터 생긴 것이지만 또 작은 '물탱크'의 역할을 하고 있었다.

산중턱에는 현지인들이 '비둘기 굴'이라고 하는 작은 동굴 하나가 패어있었다. 1인 정도 수용할 수 있는 이 동굴은 옛날 도둑떼가 인질을 가두던 곳이라고 전한다. 그게 아니라면 위치를 보아 산성 선초시대의 수비병이 비바람을 피하는 천연적인 막사로 쓰지 않았을까 하는 생각이 들었다.

골짜기의 끝머리는 곧바로 낭떠러지로 이어졌고, 골짜기의 양쪽은 바위로 이뤄진 봉우리였다. 양쪽 봉우리에 모두 돌로 쌓은 성벽이 있었다. 쌍성산은 바로 이 좌우 두 성곽으로 하여 지어진 이름이라고 한다.

동쪽 산비탈에 뭔가 이상한 바위가 보여 먼저 그쪽으로 걸음을 놓았다. 동그랗게 홈이 좌우로 뚫린 바위였다. 바위 윗부분의 일부는 일직선으로 잘려 있었다. 고구려는 큰 돌에 쐐기를 박아 작게 자르는 작업이 당시 세계적인 수준이었던 걸로 전한다. 그런데 이런 자취를 산해관 남쪽의 산성에서 만났다는 게 너무도 신기해서 오른쪽으로 다시 왼쪽으로 바위를 서너 번이나 돌았다. 이런 바위가 있다는 것은 여기가 남다른 의미가 있는 곳이라는 징표인 것 같았다. 아닐세라, 부근에는 또 거북이 모양의 바위가 있었다. 너부죽한 바위에 엎드린 몸뚱이와 짧은 목 그리고 하늘을 바라고 쑥 내민 머리는 단지 천지의 우연한 조화라고 하기 힘들었다. 산비탈에 불쑥 나타난 이 조형석造形石은 고구려 동물 숭배사상의 한 귀퉁이를 살짝 열고 있는 듯했다.

고구려의 숨소리가 금세 시공간을 타고 넘어 지척에서 들리는 것 같았다. 산을 오르면서 쌓였던 피로가 일시에 싹 가셔지고 어디서 나오는지 모를 힘이 샘물처럼 솟구친다.

드디어 산등성이에 올라서니 온 세상이 발아래에 펼쳐지는 것 같았다. 사방 수십 킬로미터가 한눈에 안겨 들었다. 날이 맑으면 노룡의 전 경내는 물론 진황도의 앞바다까지 볼 수 있다고 한다.

기암. 돌구멍, 걸상, 돌붕어, 소나무와 너럭바위, 쌍둥이돌, 얹힌 바위, 웅크린 토끼, 천연 병풍

산마루에 위치한 동쪽산성은 동쪽과 남쪽, 서쪽 삼면이 바위벼랑이었으며 산등성이와 잇닿은 북쪽에 성문이 있었다. 한사람이 드나들 수 있는 좁은 성문은 전부 돌로 쌓았는데 이렇게 온전한 성문은 중국의 현존한 산성에서 보기 드문 것이었다. 성문 바로 옆에 있는 돌층계와 층계를 이어 바위에 층계 모양으로 판 홈, 그리고 성돌 사이의 틈을 메운 돌조각, 너럭바위 아래의 동굴 벽에 차곡차곡 얹힌 돌담…… 성곽을 고급스럽고 정갈하게 꾸미려 시도한 흔적은 이르는 곳마다 속속히 드러나고 있었다.

이게 뭐냐, 바위마다 붉은 페인트로 쓴 글들이 가시처럼 눈을 찌른다. '용의 굴'이요, '천연병풍'이요, '돌의 혈'이요 뭐요 하는 생뚱맞은 이름들은 옛 산성의 고풍스런 그림에 흉물스런 얼룩을 만들고 있었다.

"이거 '과객이 주인 노릇'을 하네. 옛날에 이런 이름이 있었으면 모를까……"

저도 몰래 탄식이 흘러나온다. 사실 이런 낙서는 '새의 발에 묻은 피'이다. 산비탈에 있었다고 하는 적석총은 이미 오래 전에 훼손되어 무덤자리마저 찾을 길 없기 때문이다.

그래도 산성 옛 주인의 유물은 하나도 남김없이 사라진 게 아니었다. 서쪽산성 기슭의 수풀 속에는 옛 기와조각이 널려 있었다. 다만 동전잎처럼 작고 또 수효가 너무 적어서 웬만해서는 눈에 뜨이지 않을 뿐이었다. 기와의 일부는 민무늬였고 또 일부는 천 무늬였는데 와중에는 회색 기와는 물론 고구려 특유의 붉은 기와가 적지 않았다. 고구려는 자기의 징표를 산성에 기어이 남기려고 작심한 것 같았다.

서성

 그런데 이런 유물이 동쪽산성이 아닌 서쪽산성에서 나타나고 있다는 게 해석하기 어려운 부분이었다. 서쪽산성은 두 산마루의 둔덕에 각기 돌을 쌓아 성곽을 만들고 있는데, 말이 성곽이지 불과 두세 평 크기의 작은 보루였다. 일행은 모두 위치나 지세, 크기로 미뤄 동쪽산성을 수비하기 위한 망루라는데 의견을 모았다. 쌍성산의 주축은 부지가 100여 평 되는 동쪽산성이라는 것이다. 더구나 동쪽산성이 위치한 산마루 부근에는 동쪽산성의 외성으로 추정되는 돌담 흔적이 보이고 있었다. 현지의 사학계에서도 산성을 답사할 때 유독 동쪽 산성을 특별히 주목했으며, 나중에 쌍성산에 돌을 제외하고 아무런 유물이 없다는 결론을 내린 건 결코 이와 무관하지 않다.
 현지의 일부 학자들은 옛날 조선인들은 성곽을 통상 산정에 축성하고 또 이런 산정은 꼭 수원과 평지가 있는 특점을 갖고 있다고 하면서 쌍성산의 성곽은 옛 '조선마을'이였다고 주장한다. 북위北魏 때 쌍망 부근에는 조선현朝鮮縣이 있었다고 한다. 그 무렵 쌍망을 망라한 노룡盧龍 지역은 북위 정권의 관할에 있었으며 그때 이 고장에는 조선인들이 적지 않게 살고 있었다는 것이다. 그러나 시기적으로 볼 때 그들이 거론하는 북위와 북제의 '조선인'은 실은 '고구려인'이며 '조선마을'은 다름 아닌 '고구려성'이다. 게다가 다른 데는 몰라도 쌍망의 바로 북쪽에는 주변의 고구려인들이 모여서 이뤄진 '고구려 마을'이 있으며 또 이에 앞서 그들이 세운 토성이 있었다고 전하고 있는 것이다.

산 아래 안리촌이 손에 잡힐 듯 보인다

"이 고장에 '고구려성'이 존재한다는 사실 자체를 믿으려고 하지 않는 것 같아요." 누군가 나름대로 추측하는 말이다. 현지 학자들이 고구려의 지경은 난하欒河에 미치지 못한 산해관 북쪽이라는 기존의 설을 철칙처럼 고수하고 있다는 것이다. 와중에는 성곽은 속지屬地 다시 말하면 영토에 대한 영향력 행사를 뜻하기 때문에 현지에서 일부러 '고구려성'이라는 이름을 기피했다는 주장을 세우는 사람도 있었다. 고구려는 단지 중원의 변두리에 있던 지방의 소수민족정권이라는 중국 주류학계의 인식 때문이라는 것이다.

솔직히 산꼭대기에 있는 성곽을 기어이 '조선인 마을'이라고 하는 건 '눈 감고 아웅 하는 식'이 아닐 수 없다. 중원 정권에 복속되었다고 하는 '조선인'들이 도대체 누구를 방비하려고 험한 산정에 '마을'을 짓고 생활해야 했을까…

결국 고구려의 이름은 쌍성산에 그림자처럼 사라지는 게 아니냐 하는 우려가 갈마들어 산을 내리는 걸음이 그렇게 가볍지 않았다. 쌍성산에 걸린 기괴한 주술이 천년의 세월을 건너 새삼 눈앞의 현실로 다가오는 순간이었다.

발해 기슭의 옛 '조선족 마을' 신나채

쌍망雙望 마을은 동서남북으로 통하는 길목인지라 오가는 차량이 줄을 잇고 있었다. 그런데 웬일인지 북쪽의 신나채로 가는 버스는 어디에 꽁꽁 숨었는지 좀처럼 나타나지 않았다. 물어보니 신나채는 그쪽 방향으로 가는 버스를 타고 마을 부근까지 이른 후 한참 걸어 들어가야 한다는 것이다.

우리 일행처럼 버스 때문에 발목을 잡히는 길손들이 적지 않은 것 같았다. 길목의 빈터에는 무허가 택시가 여러 대나 정차하고 있었다. 나중에 우리가 승차한 '택시'의 주인은 가賈 씨 성으로, 마침 동북의 흑룡강성黑龍江省 태생이었다. 그의 서글서글한 성품은 마치 장성 너머 싱그러운 땅 냄새를 몰아오는 것 같았으며 초면의 사나이들에게 금세 서로의 벽을 허물게 하고 있었다.

그는 우리가 옛날의 '조선족 마을'을 찾아왔다고 하자 길을 잘못 들었다고 하면서 차를 돌려 세우려고 했다.

"이걸 어쩌지요? 조선족 마을은 바다 기슭에 있는데요."

왼쪽 연하영으로 가는 길에 신나채가 있다

알고 보니 가 씨가 말하는 '조선족 마을'은 쌍망에서 동남쪽으로 약 40km 떨어져 있는 '조선족촌朝鮮族村'이었다. 무녕현 유수영진留守營鎭에 있는 이 마을은 발해 기슭의 유명한 고장이다. 하북성에서 유일한 조선족 마을이며 또 벼농사로 동네방네 들썩하게 소문난 마을이기 때문이다. 이 조선족 마을은 1950년대 초반, 산해관 북쪽의 요녕성 창도현에서 이주한 조선족사람들로 형성, 현재 마을의 100여 가구가 거의 일색으로 조선족이라고 한다. 마을에 있는 불과 네댓 명의 타민족 촌민도 사실 조선족과 통혼한 식솔이라는 것. 1970년대 이 조선족 마을은 타민족의 천입을 불허하여 세간에 많은 화제를 뿌리기도 했다.

하북의 평야에서 전형적인 언어문화의 외로운 섬으로 떠오른 이 조선족 마을은 세상의 주목을 받고 있었다. 언제인가 중국 관방官方 1호 신문인 '인민일보'도 대문짝만하게 조선족 마을의 기사를 실었다고 한다.

아무튼 지금으로부터 반세기 전에 세워진 마을이니 가히 오랜 마을이라고 할 수 있었다. 옛날의 조선족 마을이라고 하자마자 이 조선족촌을 머리에 떠올리게 된 것은 이상한 일이 아니었다. 실은 우리가 가는 신나채가 명실상부하게 제일 오랜 '조선족 마을'이라고 하니 가 씨는 반신반

의하는 표정이었다. 쌍망에 온지 10여 년이나 되고 또 날마다 쌍망의 촌락들을 제집 드나들 듯 하지만 이런 이야기는 처음 듣는다는 것이다.

"신나채에 조선족들이 살아요? 그런데 제가 왜 모르지요?"

그럴지라도 가 씨의 물음에는 전혀 놀라지 않았다. 반세기 전의 조선족촌을 옛날의 마을로 알고 있었으니 무려 천 년 전의 마을은 이미 옛 기억에 깊숙이 묻힌 화석일 수 있었기 때문이다.

신나채는 쌍망에서 북쪽으로 불과 5km 정도 떨어져 있었으며, 이런저런 말을 잠깐 나누는 사이에 지척에 도착했다.

촌민센터 앞의 길가에 모여앉아 한담을 나누는 노인들의 머리 위로 나무 잎사귀를 비집고 햇볕이 아찔하게 쏟아지고 있었다. 옛날의 '조선족 마을'을 찾아왔다고 하는 우리 일행에게 금세 외계인을 만난 듯한 이상한 눈길이 달려왔다. 마음속에 미리 짐작하지 않은 건 아니었지만 정작 노인들의 반문에는 망연자실하지 않을 수 없었다.

"이보게, 고구려인이 우리 마을에 살았다니 그게 무슨 말인가?"

마을에는 전부 한족이 살고 있고 성씨도 손孫, 장張, 리李 씨 성이 주류를 이루며 고高 씨와 같은 희성은 단 하나도 없다는 것이다.

이때 누군가 마을 내력을 적은 비문이 있다고 귀띔하는 것이었다. 1980년대 현정부縣政府에서 동네의 서쪽 입구에 만들어 세웠다고 한다. 한달음에 달려가서 찾은 이 석물은 언제인가 약간 파손된 상태였다. 공교롭게 '신나채'라는 세 글자에서 새로 옮겼다고 하는 의미의 '신나新挪' 두 글자는 떨어져 나가고 나무우리의 '채寨'만 달랑 남아있었다.

이름자가 떨어진 마을 표지석과 표지석 뒷면(오른쪽)

아쉬운 대로 석물 뒤쪽에 가서 비문을 읽어보았다. 단 세 줄밖에 없는 짧은 글이었다.

"당나라 정관貞觀연간 분산되어 있던 촌락을 재차 이동하여 한데 합쳐 놓았다. 그리하여 신나촌이라고 부른다.
지명판공실 작성.
노룡현인민정부 립立.
1986년 4월"

한순간 썰렁한 바람이 비석의 글자들을 후비고 내려 가슴에 뻥하니 구멍을 뚫는 것 같았다. 비문을 가로세로 읽어보아도 '고구려인'을 연상시키는 글사는 단 하나도 없있다. 원주민의 이름 자체가 비석에서 뜯긴 마을 이름자처럼 감쪽같이 사라지고 있었던 것이다. 누구라도 현지縣志의 원시기록을 모르는 이상 마을 시초의 주민은 이곳에 살고 있는 중국인들의 선조라고 인식할 수 있었다.

그러고 보면 동네 노인들을 마을의 원주민이 '고구려인'이라는 사실을 전혀 모른다고 마냥 탓할 수 없었다.

사실『노룡현지』는 분명히 이곳에 널려 있던 촌락의 주민들은 고구려인이라고 명명백백하게 기록하고 있다.

> (신나채는) 현성 동북쪽 19.6km 되는 곳에 위치한다. 옛 마을이며 일찍 토성 보루를 쌓았다. 무너져서 없어진지 오래된다. 당나라 초기 고구려인, 속말말갈(발해인)이 이곳을 침입했으며 태종 이세민이 동정東征할 때 공략했다. 요동遼東 사람들이 남으려고 하자 어명을 내려 주위에 흩어져 있던 촌락의 주민들을 마을에 모이게 하고 토성 보루를 보강하였으며 그들을 엄하게 관리하고 또 '신나채'라는 이름을 하사하였다.

이런 지방지地方志가 아니더라도 이 지역에 고구려인들이 살고 있었으며 또 당나라뿐만 아니라 그 전대에도 거주하고 있었다는 사서의 기록이 있다.『삼국사기』의 기록에 따르면 영양왕嬰陽王 23년(612년), 수양제隋陽帝는 고구려 침공을 앞두고 이하와 같은 조서를 내렸다.

> 고구려의 무리가 어리석고 불손하여 발해渤海·갈석碣石 사이에 군집群集하고 요동遼東 예맥의 땅을 잠식하니, 비록 한위漢魏(시대)에 정벌을 거듭하여 그 소굴을 잠시 뒤엎어 놓아도 난리亂離에 가로막힘이 많아 그 족종族種이 또다시 모여들어 전대의 취락聚落을 회복하고 번식하여 지금에 이르렀다……

표지석이 서 있는 신나채 마을 서쪽 입구

고구려인들이 '군집'했다고 하는 발해와 그 기슭의 갈석산碣石山은 신나채의 남쪽으로 불과 2,30km 떨어져 있다. '신나채' 인근에는 한위漢魏 시대에도 고구려인들이 회복한 '취락聚落'이 적지 않았으며 고구려인들이 여러 조대를 겪으면서 계속 '번식'하고 있었던 것이다.

그런데 이러한 기록은 비문에 옮겨질 때 '고구려'라는 세 글자를 빠뜨리고 있는 것이다. 고구려가 이 고장에 있었다는 사실 자체를 지우려는 게 아니냐 하고 의심이 드는 대목이었다. 결과적으로 '신나채'의 원래의 주인은 형체가 사라지고 엉뚱한 사람들의 모습이 잘못 비껴오고 있는 것이다

신나채가 있는 쌍망은 북경-심양沈陽 구간의 길목에 있는 요충지이다. 이 지역에는 이세민의 동정東征과 한데 이어지는 지명이 적지 않다. 이세

민이 전마에게 물을 먹였다고 전하는 음마하飮馬河, 이세민이 군대를 인솔하여 전마를 씻었다고 전하는 여마장濾馬庄, 이세민이 청룡하를 건넌 후 갑옷을 벗고 휴식, 정비했다고 전하는 사갑장卸甲庄, 이세민이 군대를 인솔하여 갑옷과 투구를 말렸다고 전하는 양갑욕亮甲峪, 당나라 군대의 장령 설인귀薛仁貴가 인마를 모으고 군사력을 확충하였다고 전하는 초군둔招軍屯…… 등등.

실제 당나라 군대는 동정할 때 신나채 남쪽의 약 10km 되는 곳에 위치한 토이산兎耳山을 공략하기 위해 오랫동안 토이산 기슭에 머무르며 그때의 흔적은 마을 지명으로 또렷하게 남아 있다. 토이산은 수만 명의 병사가 주둔할 수 있는 곳이며, 또 인근에서는 '고려인'의 전설이 널리 유전되고 있다.

그러고 보면 '신나채'의 보루는 쌍망 지역에 있는 고구려의 외로운 섬이 아니었다. 사실상 고구려인들은 당나라 군대의 침입에 대비하여 일찍부터 '신나채'에 토성을 쌓고 있었으며 여느 평지성처럼 이 지역의 중심촌락으로 되고 있었던 것이다. 이세민이 나중에 이곳을 공략한 후 고구려인들의 새로운 집거지로 된 데는 이러한 원인이 있는 것으로 볼 수 있다.

그러나 그때 이세민이 보강했다고 하는 옛날의 토성은 사라진지 오래다. 훗날 비석에 새겼던 신나채의 이름자도 누군가에 의해 문득 떨어져 나간 것이다. '고려인'의 이름은 아예 없는 것으로 치부된다. 신나채는 더는 옛 마을이 아니라 이름 그대로 기억에 새롭게 옮긴 마을로 되고 있었다.

인터뷰를 한 동네 노인들

 어쩌면 북쪽의 승덕承德에 등장하는 박 씨 마을이 여기 신나채에서 그 역사를 재현하고 있는 것 같았다. 승덕의 박 씨 마을의 경우 신라의 고유한 박 씨 성의 사람들은 불과 2백 년 만에 만주족으로 족적을 바꿨으며 또 이미 한족으로 동화되었다. 하물며 이 신나채에는 2백년이 아닌 1,500년이라는 긴긴 세월이 흘렀으니 더 이를 데 있으랴!

 기왕 말이 났으니 망정이지 박 씨는 신나채 바로 북쪽의 연하영燕河營에도 얼굴을 내민 적 있다. 연하영은 당나라 때에 생긴 마을로, 이세민이 이곳에 숙영하면서 내린 이름이다. 이세민이 신나채 지역을 공략할 때 주둔했던 고장인 것이다.

 현지縣志의 기록에 따르면 1939년, 흑룡강성에서 살던 박 씨 형제가 연하영의 땅을 10여 정보 매입하여 벼농사를 시작했다고 한다. 훗날 동북에서 그들의 친지와 친구 30여 가구가 발해 기슭에서 황무지를 일구고

볍씨를 뿌렸다. 그러나 이들은 8.15광복이 난 1945년 여름 모두 짐을 싸 들고 한국으로 귀국했다는 것이다.

그 후 새로 이주한 조선족들이 해변에 있던 이전의 논을 접수하여 새로 형성한 마을이 바로 지금의 유수영진 조선족촌이라고 한다.

박 씨 형제가 연하영에서 처음으로 벼농사를 한 건 불과 70년 전의 이야기이다. 그러나 이 역시 신나채의 사람들에게는 듣지도 보지도 못한 하늘 밖의 기문이었다.

"그게 정말인가? 우리 이 고장에 조선족이 있었다니?"

오히려 엉뚱한 거짓말을 꾸며낸 것 같아 민망하기까지 한다. 발해 기슭의 옛 조선족 마을은 그런대로 외로운 섬으로 남아있지만 마을의 시조인 박 씨 형제의 이야기는 그들의 이주와 더불어 벌써 기억의 저쪽에 멀어져갔던 것이다. 천 년 전의 '조선족 마을'은 더구나 원주민의 행방조차 묘연하고 또 마을의 내력을 적은 비문에도 그들의 기록은 일절 삭제되고 있으니 더 말할 데 있으랴······

솔직히 '고구려인'의 이야기가 다른 데도 아닌 본고장의 집단 기억에서 벌써 말끔히 사라진 현실에 당혹하지 않을 수 없었다. 인제 누군들 '신나채'가 실은 천 년 전의 옛 '조선족 마을'이었다고 그대로 믿어줄 수 있을까?······

금기의 지명 려산

려산驪山은 진시황秦始皇의 황릉이 있는 명소로 중국 중부의 서안西安에 위치한다. 전하는 바에 의하면 태고 시절 여와女媧가 이 고장에서 살고 있었다. 여와는 중국인의 시조라고 하는 전설상의 인물로, 상나라 때 려국麗國이라고 했고 또 려산씨麗山氏라고 불렸다고 한다. 훗날 주나라는 다른 민족에게 개 '견犬' 혹은 말 '마馬' 자를 달아 멸시의 뜻을 나타냈으며, 가라말 '려驪' 자를 쓴 려산驪山이라는 지명은 이로부터 생겨났다고 한다.

옛 지리서 『수경주水經注』는 또 진시황이 려산의 이름을 탐내서 산기슭에 무덤자리를 정했다고 기록하고 있다. 그런데 려산을 고구려의 산이라고 하면 진시황이 황릉에서 벌떡 뛰쳐나와 그게 무슨 소리냐 하고 고함을 지르지 않을까 싶다.

사실 우리가 오른 그 산은 서안이 아니라 진시황이 동쪽을 순행할 때 들렀다는 발해 기슭의 진황도에 있었다. 이 산 역시 진시황의 이름과 한데 이어지고 있었지만 그렇다고 다들 려산이라고 부르는 건 아니었다.

"토이산兎耳山이지요. 저것 봐요, 토끼의 길쭉한 귀 같잖아요."

산 남쪽 기슭의 구현舊縣 마을 촌민들이 하는 하나같은 말이었다. 현지인들은 모두 그렇게 부른다고 한다. 듣고 보니 마을 북쪽에 우뚝 솟은 산마루는 진짜 토끼의 두 귀를 방불케 하였다.

그런데 토이산이 아무리 토끼의 귀처럼 생겼다고 해도 원래의 산 이름은 사실상 토끼와 사돈의 팔촌도 아니라고 한다.

문왕묘 주지 왕운거사

구현 마을의 토박이 왕운王雲 거사는 토이산의 지리와 역사에 밝기로 인근에 소문이 난 사람이었다. 그는 산정의 고찰을 복원하고 나아가 토이산을 개발하기 위해 오래 전부터 현지의 노인들을 찾아 인터뷰를 하고 옛 문헌들을 수집했다고 한다.

"산에는 원래 토끼라는 이름이 없었지요. 려산이라고 불렸다고 합니다……"

그는 옛날부터 이 고장에서 "려산 아래 려성현(驪山脚下驪城縣)"이라고 하는 순구류順口溜(민간의 소리가락 일종으로 운율과 가락이 있는 성어成語라고 풀 수 있다.)가 유전되었다고 말한다. 려성현은 무녕현 경내에 있던 서한 시기의 군현郡縣으로, 동한 시기에 폐기되었다. 1980년대 현성 서쪽의 양하洋河 기슭에서 발견된 옛 성터가 바로 려성驪城의 유적으로 판명되고 있다. 지금도 무녕

현성에는 려성로라는 길이 있어서 당시의 려성 흔적을 드러내고 있다.

토이산 원경 산등성이 너머 왼쪽의 두 산마루가 토끼 귀와 비슷하다고 토이산이라고 불린다.

그럴지라도 문자로 기록되고 있는 토이산의 원명은 려산이 아니라 아들을 토해낸 산이라는 의미의 토아산吐兒山이다. 항간에는 토아산이라고 하는 지명을 두고 이런 전설이 유전되고 있었다.

상나라 수왕紂王은 몹시 산인하고 포악하였으며 간신들의 참언을 믿고 주문왕周文王을 해치려고 했다. 그는 주문왕이 술수를 알고 옛날과 미래를 볼 수 있다는 것을 알고 더구나 그 무슨 구실이든지 만들어 그를 해치려고 했다. 간신이 주왕에게 계책을 바쳤다. 주문왕의 아들을 죽이고 그 아들의 고기를 주문왕에게 먹게 하라는 것이었다. 주문왕이 술수를 알면 아들의 고기인 줄 알고 먹지 않을 것이요, 그러면 어명을 어긴 죄를 물어 그를 죽인다는 것이다. 그러나 주문왕이 술수를 모르면 아들의 고기인 줄 모를 것이니 스스로 아들의 고기를 먹을 것이며 그러면 그를 죽일 필요가 없다는 것. 주문왕은 폭군과 간신의 악독한 궤계를 간파하였다. 아들을 죽여 고기를 올리자 그는 아무런 주저도 없이 그 고기를 먹었다. 주왕은 이를 보자 술수를 모르는 줄 알고 주문왕을 놓아주었다. 주문왕은 감옥을 나서서 큰 산에 이르자 먹었던 고기를 토해냈다. 그가 토해낸 고기는 즉각 열아홉 마리의 토끼로 둔갑했으며 훗날 주문왕 수하의 19명의 장군으로 되었다. 그때부터 이 큰 산은 아들을 토해냈다고 토아산이라고 불리게 되었다.

그 후 토아산은 이와 발음이 비슷한 토이산으로 이름을 바꿨다는 것이다. 사실 이 지명 전설은 지리적으로 서안의 려산에 등장해야 한다. 주문왕의 본거지가 동부의 연산 기슭이 아닌 중부의 진령秦嶺 기슭이기 때문이다. 그런데 토이산 산정에는 또 황하 이북의 유일한 문왕묘文王廟가 있었다고 한다. 항간에는 당나라 때 측천무후가 여기 토이산에 피난했다는 설까지 유전한다고 한다. 정말이지 진황도의 토이산이 아니라 서안의 려산 이야기를 듣는 듯한 착각이 생긴다.

아쉽게도 '려산'의 순구류順口溜를 전승한 노인도 토이산이 왜 려산이라고 불렸는지 모른다고 한다. 지명지로는 제일 오랜 송나라 때의 현지縣志에도 려산이라는 이름은 등장하지 않는다. 토이산이 정말 려산이였다면 그 전의 언제인가 이름을 일부러 지웠다고 볼 수 있다. 그렇다면 진황도의 '려산'에는 도대체 무슨 남모를 사연이 숨어있는 걸까……

잠깐, 서안의 려산 내력을 적은 지명지의 기록을 다시 살펴보자.

1 토이산 기슭의 산마루에 홀로 있는 돌 밑에 돌과 흙으로 고인 인공흔적이 역력하다.
2 문왕묘 마당의 옛 흔적
3 벼랑가에 버려져 있는 연자방아
4 내랑 사이를 막은 성벽
5 산에 성벽처럼 둘린 요와
6 골짜기 입구를 막은 성벽

    려산驪山은 본명이 려산麗山이다. 옛 지리서 『수경주水經注』는 "려산麗山은 려융麗戎의 산이다."라고 기록하고 있다. 전국시대까지 『여씨춘추吕氏春秋』 등 문헌은 모두 려산驪山을 려산麗山이라고 적고 있다……

려융麗戎은 여와女媧 부족이라고 미리 밝히지 않았더라면 실은 고조선의 부족을 지칭하고 려산麗山은 고조선의 산을 의미하는 걸로 생각하게 된다. 훗날 후한서後漢書, 송서宋書, 양서梁書 등은 고조선의 뒤를 이은 고구려의 이름에서 모두 고울 '려麗'자를 지우고 가라말 '려驪'자를 썼던 것이다. 그야말로 려융이 고조선이나 그 후대의 고구려 부족이라고 하면 고울 려의 '려산'과 가라말 려의 '려산' 이름이 생긴 과정이 한결 자연스럽기까지 한다.

솔직히 이 고장에 나타난 '려산'의 지명은 서안의 '려산'처럼 그렇게 어색하게 느껴지지 않는다. 오히려 한순간 밀물에 잠겼던 바위가 다시 수면 위에 드러나듯 당연지사로 받아들여진다. 남의 얘기처럼 듣던 진시황의 황릉이나 병마용이 아니라 정말로 천 년 전의 고조선이나 고구려가 나타나고 있기 때문이다. 더구나 '려산'의 현장인 토이산 동북쪽에서 밭을 만들 때

안내인 양동광 씨 토이산 정상에서

'고려인' 무덤이 여러 기나 나왔다고 한다. 토이산 주변을 답사할 때 서도원촌西桃園村에서 만났던 촌민 양동광楊東光 씨는 이런 무덤의 발견은 1970년대 초반에 있었던 일이라고 하면서 옛날 인근에 '고려인'들이 살았다는 얘기를 노인들에게 자주 들었다고 말하는 것이었다. 토이산 북쪽의 진장陳庄 마을은 바로 옛날 '고려'를 치던 진 씨 장군이 주둔하던 마을이라고 한다. '고려'는 현지인들이 고조선이나 고구려를 이르는 말이다.

조물주의 조화인가

토이산은 말 그대로 산세가 험하고 골짜기가 깊어 천험의 요새로 되기에 손색이 없다. 또한 유주(북경) 지역에서 만주 일대로 통하는 옛길 노룡도와 갈석도의 길목에 위치, 전략적인 요충지이기 때문에 옛날부터 전술가들이 주목하던 산이었다.

토이산의 최초의 산성 기록은 명나라 때의 『영평부지』에서 찾아 볼 수 있다. 건문建文 2년(1400년) 여름 5월, 건문제建文帝 주윤문朱允炆에게 충성하는 군대가 연왕燕王 주체朱棣에게 충성하는 군대를 전승, 토이산채兎耳山寨를 공략했다는 기록이 있는 것이다. 왕 씨가 누설한데 의하면 토이산에는 또 장병동藏兵洞이 있었는데 1976년의 당산唐山 지진 때 동굴 입구가 형체 없이 붕괴되었다고 한다. 산정과 골짜기에 있던 옛 우물도 모두 이번 지진으로 몽땅 소실되었다는 것.

그렇다고 해도 산성은 결코 누군가의 손바닥으로 덮을 수 있는 왜소한 몸집이 아니란 걸 금방 알 수 있다. 청나라 때의 『무녕현지』는 "토이산 꼭대기에 깊은 못이 있으며 구름이 늘 산을 덮는다. 구불구불한 오솔길을 따라 올라갈 수 있다. 산의 위가 평탄하고 넓어 수만 명을 수용할 수 있다."고 기록하고 있다. 명나라 홍무 7년(1374년), 무녕현의 지현知縣 루대방婁大方이 도둑떼를 피해 관리와 백성들을 인솔하여 이곳에서 난을 피했다고 한다. 그 후 누대방은 아예 삼림이 무성하고 숨기 쉬운 토이산 남쪽 기슭에 현의 치소를 옮겼다. 구현舊縣이라는 지명은 바로 이 때문에 생긴 것이라고 한다.

이런 기록을 떠나서 토이산에는 아직도 많은 석성 유적이 널려 있으며 옛 산성의 거창한 윤곽을 다소나마 그릴 수 있게 한다.

그런데 이 옛 성곽은 언제인가 하늘에 불쑥 나타난 '혜성'을 방불케 한다. 명나라 이전의 이야기는 어느 한 시점에서 전부 수면 아래에 잠긴 것처럼 그 기록을 찾을 수 없기 때문이다. 발해 기슭에 웅거하고 있던 고조선이나 고구려가 이런 천험의 요새에 머리조차 내밀지 않는다는 게 이치에 맞지 않는다. 옛날 중국에서 황제의 이름을 이루는 글자가 다른 사람은 쓸 수 없었듯 '려산'과 '려산'의 이야기도 이처럼 일종의 금기로 되었으면 모를까…… 어찌했든 '토이산'에 엉뚱하게 주문왕의 전설이 나타나는 것은 서안의 '려산'과 동명이었기 때문에 가능했던 것으로 볼 수 있다. 괴담 같은 측천무후의 토이산 피신설과 산정의 문왕묘에 깃들어있는 미스터리는 역시 이와 같은 맥락에서 쉽게 풀 수 있다.

정말로 천만다행이 아닐까 한다. 진황도의 '려산'은 아직도 산기슭에 고구려의 작은 흔적을 남기고 있다. 일부 이야기는 '려산'의 이름처럼 사서에는 나타나지 않지만 여전히 지명으로 남아 있었다.

지명지에 따르면 당나라 현경顯慶 연간(651~661년), 당나라 군대가 토이산을 공격하면서 토이산의 서쪽 기슭에 숙영하였다고 한다. 그때부터 당나라 군대가 머문 이 숙영지는 군대들이 주둔했다는 의미의 하채下寨라고 불렸다는 것이다. 하채 마을의 바로 동북쪽에는 원래 고高 씨 성의 마을 고장高庄이 있었는데, 이때 마을 부근에 군량과 마초를 쌓으면서 산기슭의 마을은 그대로 고 씨 마을이라고 불리고 군량과 마초를 쌓아놓은 곳은 고 씨 마을 위의 동네라는 의미의 상둔上屯이라고 불린다. 이 두 마을의 지명은 지금까지 1천 년 동안 연연히 전승되고 있다.

하채와 상둔 마을의 내력은 이런 마을과 동쪽으로 불과 20km 떨어진 토이산 옛 수비군의 정체를 밝혀주고 있었다. 실제 토이산 부근에는 고구려인들의 자취가 적지 않게 남아있다. 토이산 남쪽에는 고구려인들이 군집했다는 갈석산이 있으며 북쪽에는 고구려인들이 토성을 쌓고 있었던 신나채가 있었다. 토이산 서쪽 기슭에는 또 고구려의 상징물이나 다름없는 적석총의 쌍성산 석성이 있다. 쌍성산의 석성은 그 규모나 위치로 미뤄 사실 토이산의 외곽에 있는 전초 시설이라고 볼 수 있다.

"뭐요, 토이산에 고구려가 있었다구요?" 왕 씨는 설마 그럴 수 있겠느냐고 반신반의했다. 하지만 지명 내력과 부근의 고구려 유적을 제외하고 달리 증명할 방법이 없었다.

옛날의 언제인가 진황도의 '려산'이 금기의 지명으로 되었듯 '려산'의 고구려 역시 소실된 이름으로 되고 있다는 것을 실감하는 순간이었다.

일행은 오불꼬불한 산길을 따라 토이산을 내리다 말고 산등성이의 웬 바위 앞에 멈췄다. 누군가 일부러 바위 위에 바위를 얹었고 또 바위 아래를 빙 둘러가며 돌과 흙으로 꽁꽁 다져놓았던 것이다. 말 그대로 고인돌이었다. 이 돌은 산정으로 오르는 길의 옛 표식물일까, 아니면 천 년 전의 고인돌 무덤일까……

그러나 거석의 이 인공 구조물은 벙어리처럼 입을 꾹 다물고 있었다. 토이산의 진실한 이름처럼 어디론가 형체를 감춘 또 하나의 미스터리였다.

'굴욕의 전설' 하간 고려성

답사를 다니다가 외면을 받기는 이번이 처음이었다. 정부청사 마당에서 만난 촌민에게 '거기'를 묻자 대뜸 그건 알아서 뭘 하느냐 하고 반문하는 것이었다. 그쯤이면 다행이었다. 이 장면을 목격하고 다가온 관원 모양의 어느 사나이는 다짜고짜 인터뷰를 막는 것이었다. '비장의 카드'로 기자 증명서를 내놓았더니 더더욱 인상을 찌푸린다. 이번에는 선전부에 가서 허가증을 받아오라고 데퉁스레 말하는 것이었다.

"허가 없이 무슨 취재입니까? 그만 가보세요"

보이히니 하간河澗 현성에서 서북쪽으로 약 6km 떨어진 흥촌興村 마을은 '거기'를 그 무슨 금지구역처럼 경계하고 있는 것 같았다.

하간은 한나라 때 이곳에 있던 제후국에서 답습한 이름이다. 이 제후

국은 북쪽의 역수易水와 남쪽의 하수河水 사이에 놓여 있다고 해서 하간국 河澗國이라고 불렸다고 한다. '거기'는 하간 현성의 서북쪽에 있는 성터로 옛날부터 '고려성'이라고 알려지고 있다.

일행은 한동안 이러지도 저러지도 못하고 마을 한복판에 발목을 잡혔다. 누군가 지나가다가 보기 딱한지 넌지시 알려준다.

"성자하城子河의 동쪽에 있어요. 굴뚝이 있는 그곳이지요"

성자하는 흥촌 동쪽에서 대체적으로 남북 방향으로 흐르고 있는 작은 강이다. 듣고 보니 우리가 현성에서 마을에 오면서 무심히 지나쳤던 곳이었다. 다시 찾은 그곳에는 성자하의 표지판이 다리 입구에 높이 걸려 있었고 조금 북쪽으로 아스라한 굴뚝이 하늘을 찌르고 서있었다.

고려성의 파괴된 성터 그리고 성터에 도열하여 있는 흙벽돌

북쪽 성벽 안쪽의 내성과 참호 흔적

고려성 북쪽 성벽

고려성 서쪽 성벽

고려성 서쪽 성벽
성벽 기슭에 성자하가 흐른다.

굴뚝은 어느 벽돌공장의 분신이었다. 키 높이로 쌓아올린 흙벽돌이 대열을 지은 군대처럼 굴뚝 부근에 가지런하게 엎드려 있었다. 흙벽돌을 만드느라고 지면에 생긴 수 미터 깊이의 거대한 구덩이에는 더러운 물이 잔뜩 고여 있었다. 이 물 때문에 악취가 멀리까지 풍기는 줄 알았는데 그게 아니었다. 가까이 다가가서 보니 이런 구덩이를 쓰레기더미가 왕창 채우고 있었다.

설마 여길까 하고 저도 몰래 발걸음을 멈췄다. 발치에 차이는 지저분한 쓰레기에 신경이 쓰여서 잠깐 눈길을 아래로 떨어뜨리는데 일행 중 누군가 놀란 소리를 지른다.

"어, 여기가 맞구먼."

그의 손길을 따라 북쪽 구덩이 가장자리에 구렁이처럼 길게 기어간 흙 둔덕이 시야에 달려오고 있었다. 떼를 지은 수십 마리의 양들이 둔덕 위에서 바장이고 있었고, 양지기의 메마른 외침이 허공을 가르고 있었다. 쓰레기 구덩이의 북쪽 끝머리를 막아선 그 둔덕이 실은 옛 성터의 북쪽 성벽이었던 것이다.

한순간 두 발로 밟고 선 땅이 꽈당 하고 열길 나락으로 꺼져 내려가는 것 같았다.

'고려성'은 말이 성곽이지 실은 쓰레기 매립장이었다. 천년의 이 고적은 현세에 무슨 겁운劫運을 만났는지 땅을 석자 깊이로 파서 내장까지 들어내고 또 더러운 쓰레기를 몸에 분칠하는 '굴욕'을 당하고 있었던 것이다.

방금 마을에서 우리 일행을 경계했던 사람들의 속마음을 비로소 알

수 있을 것 같았다. 천년의 유적이 벽돌공장으로, 쓰레기 매립장으로 변신한 피폐한 현장을 공개하기 싫었던 것이다. '유적 파괴'라는 죄목은 그렇다 치고 그에 따른 벽돌공장의 철폐 등 후속 폭풍이 닥칠까 두려웠던 것. 사실 한 치 앞의 이익 때문에 이처럼 고적을 송두리째 파괴하는 현상은 중국 땅에서 적지 않게 일어난다. 다만 북경의 자금성처럼 유명하지 않기 때문에 거의 세간의 관심사로 떠오르지 않을 뿐이다.

제일 완정完整하게 남아있는 북쪽 성벽은 높이가 4~5미터, 길이가 200여 미터 되었다. 성곽 옛 웅장한 모습을 다소나마 그려볼 수 있는 유일한 증거물이었다. 성자하를 따라 기슭에 있는 서쪽 성벽은 겨우 수십 미터 가량 남아 있었다. 흙벽돌을 만드느라고 성벽 밑굽까지 파갔던 것이다. 전봇대가 있어서 다치지 못한 성벽은 저마다 돈대 모양을 이루고 있었다. 성곽의 눈과 코와 같은 성문이나 망루 등 유적은 하나도 찾을 수 없었다. 옛 성의 이름을 갖다 붙인 성자하는 눈물도 메말랐는지 바닥까지 바싹 말라있었다.

지금은 이처럼 초라한 모습이어도 옛날의 '고려성'은 하간에서 일대 명물이었다. 북경에서 자금성을 빼놓을 수 없듯 하간이라고 하면 '고려성'이 남달리 이목을 끌었던 것이다. 명나라의 시인 반심攀深은 하간 고적들을 둘러보고 나서 시 '고려성을 읊노라(詠高麗城)'를 짓고 있다.

僻地城門啓, 궁벽한 곳이 성문이 열렸는데
空林雉堞長, 텅 빈 숲속에 성이 길게 뻗어있네.
水明留晚照, 물은 저물녘 햇살에 빛나고
沙暗燭星光, 모래는 별빛 아래 어둑하네.

疊鼓連云起, 빠른 북소리는 구름까지 울려 퍼지고
新花拂地妝. 새로 핀 꽃은 땅을 온통 뒤덮었네.
忽然朝市變, 갑자기 번화한 성시가 변하여
無復管弦鏘. 다시는 음악 소리가 들리지 않네.
荊棘董埃里, 가시나무는 삭막한 땅에 서있고
蒿蓮古道傍. 쑥과 연꽃은 옛 길가에 피었네.
輕塵埋翡翠. 가벼운 먼지 속으로 비취 새 날고
荒隴上牛羊, 황량한 언덕으로 소와 양이 오르는구나.
無奈當年事, 애석하도다, 그 때의 일이여!
秋聲肅雁行. 가을바람 소슬한데 기러기만 떼 지어 나네.

어느덧 전고戰鼓가 높이 울리고 창칼이 어지럽게 춤추던 전장은 역사의 뒤안길로 멀어졌다. 이어 '쑥과 연꽃이 옛 길가에 피어있던' 정경도 땅 위에 먼지처럼 가뭇없이 사라졌다. 난데없는 쓰레기더미가 시인의 애틋한 정취를 모조리 땅에 묻어버리고 있는 것이다. 고려성은 결국 '굴욕의 전설'로 되어버린 것.

고려성 서쪽 성벽 일부
전봇대가 있는 자리가
원래의 성벽이다.

그럴지라도 '고려성'은 한때는 '음악소리'가 들리던 '번화한 성시'였다. 그런데 이 '번화한 성시'의 주민은 말짱 포로들이었다고 『하간현지』가 기록하고 있다. 당나라 고종高宗(649~683년) 때 고려(고구려)를 정벌하고 포로들을 성에 거주하게 했으며 그래서 고려성이라고 했다는 것이다. 영토 지배의 상징물인 '성곽'이 실은 포로들의 '수용소'라고 하는 개념은 황당하게도 이렇게 '하간 고려성'에서 버젓하게 등장한다.

사실 하간 고려성은 '포로 설'이 나오는 당나라 이전부터 있었다는 지적이다. 성터에서 돌도끼, 돌로 만든 삽, 도폐刀幣 등 많은 유물이 발견되었던 것이다. 부근의 촌민들은 강가에서 밭을 다루면서 토기 따위를 자주 파냈다고 전한다. 이런 유물은 한나라 심지어 전국시기를 거슬러 올라간다. '고려인'들이 오래전부터 이 고장에서 살고 있었다는 얘기이다.

그러나 하간 고려성의 '포로'가 실은 '원주민'이라고 하면 다들 허망한 '전설'이라고 할지 모른다. 고구려의 강역이 산해관을 넘어 여기 하북성 남부 일대까지 이르렀다고 하는 결론이 나오기 때문이다.

정말로 이상한 전설이 하나 있다. 옛날 하북성 동부의 노룡 현성은 언제인가 큰 홍수가 나서 바야흐로 물에 잠기게 되었다. 그때 용왕의 노여움을 잠재우느라고 현성의 패쪽을 물에 던졌는데, 그 패쪽이 물에 둥둥 떠서 하간 부근의 창주까지 흘러왔다는 것이다. 노룡과 하간은 천리 길을 사이에 두고 있으며 또 중간에는 동서 주향의 강들이 여러 개나 놓여 있다. 현실적으로 '패쪽'의 창주 이동은 가능성이 없는 것이다. 그렇다면 노룡의 '패쪽'은 무슨 남다른 인연이 있어서 여기까지 흘러와야 했을까……

성자교를 지나면 흥촌 마을이다.

    2세기 말, 한나라는 농민봉기군 황건군黃巾軍 사건 때문에 북방의 많은 강역을 포기하고 지금의 상간하桑干河와 황하黃河 일선에 물러섰다. 한나라의 동쪽 경계는 한때 황하 일대에 머물렀던 것이다. 그 후 중원지대는 또 약 4백 년 동안 삼국, 서진과 동진, 16국, 남북조 등으로 여러 시기에 걸쳐 퍼즐처럼 조각조각 분열되었다.

    이 시기 하간 주위에서는 약속이나 한 듯 고구려인들이 대량으로 출현하고 있다. 천흥天興 원년(398년) 북위北魏는 하간 서북쪽에 있는 태항산太行山 지역의 고구려인들을 한꺼번에 수 만 명 단위로 경사京師로 이주시켰다고 한다. 하간 북쪽의 역수 기슭에는 또 연燕나라 고토의 미인을 읊은 북제北齊(550~577년) 때의 시 '고구려'가 등장한다. 시는 연나라의 이 미인들이 벌써 '국적'을 바꾸고 고구려 사람으로 되었다는 것을 알려주고 있다. 또 북위北魏 열전에는 많은 고씨高氏가 등장하는데, 이런 고씨는 발해인渤海人이라고 하는 기록이 등장한다. 하간 북쪽의 임구현任丘縣이 바로 한나라 때 설치한 발해군渤海郡 자리이다. 이런 고씨 성의 촌락은 아직도 하간 주변에 여러 개나 되고 있다.

하간 '고려성'은 하북성 남부의 외로운 '섬'이 아닌 것이다. 하북성 동부의 노룡盧龍, 무녕撫寧 지역에 있는 '고려성'과 일맥상통한 것으로, 한때 하북성의 많은 지역에 구축했던 고구려 방위체계의 일환이라고 볼 수 있다.

현재 발견되는 '고려성' 가운데서 하간 '고려성'은 제일 남쪽에서 나타나고 있다. 하간 '고려성'이 고구려의 전초 보루일지라도 부근에는 다른 '고려성'이 있을 수 있다는 얘기이다. 시시각각 중원정권의 위협을 받는 이 지역에서 성곽의 '홀로서기'는 늑대에게 던진 '먹잇감'으로 될 수 있기 때문이다. 실제 부근 창주 일대의 일부 옛 성곽을 '고려성'으로 보아야 한다는 주장은 예전부터 있었다.

정작 산해관 남쪽 더구나 하북성 남부에서 고구려 성곽의 등장은 수용하기 어려운 속설로 치부된다. 이에 따라 태항산 일대의 고구려인은 통상 중원에 끌려온 포로로 간주되며, 연나라 고토의 미인은 당연히 고구려에 끌려간 중원의 포로로 간주된다. '고려성'이 졸지에 '수용소'로 둔갑하는 어이없는 일도 그런 맥락에서 나온 것이라고 볼 수 있다.

어쩌면 이런 난데없는 '수용소'의 설마저 영구한 미스터리로 남을지 모른다는 생각이 갈마들었다. 하간 '고려성'의 기록은 옛 성터처럼 전부 소실되고 있기 때문이었다. 현재의 지방문헌에는 '고려성'의 기록을 더는 찾기 어렵다. 하간이 소속된 창주시의 시지市志 기록은 관할지의 도합 41개 옛 성곽 가운데서 유독 '고려성'을 빠뜨리고 있는 것이다. '고려성'

은 결국 지방문헌도 기록 밖에 팽개치는 '쓰레기'로 되고 있었다. 그 무슨 일이 생길까 우려하던 흥촌 사람들의 근심은 실은 하늘이 무너질까 두려워하는 기우였다.

저녁 때 식탁에는 '나귀 고기구이'가 특식으로 올랐다. 하간은 '나귀 고기' 요리로 이름난 고장이다. 하간에 와서 나귀고기 요리를 맛보지 못하면 북경에 가서 '구운 오리'를 맛보지 못하는 것과 똑같다고 한다. 메뉴를 보니 듣지도 보지도 못했던 나귀고기 요리가 무려 50개를 넘고 있었다.

하간의 특색음식은 나귀고기 요리 식당마다 주요 메뉴이다.

부지중 '나귀'가 옛날 노룡 지역에 있었던 고죽국의 특산이었다는 사실이 머리에 떠올랐다. 나귀고기 요리에 이름 못할 친근감마저 생겼다. 그러나 잇따라 뒤뜰에서 들리는 나귀의 애처로운 비명에 그만 입맛을 잃고 말았다.

솔직히 식당주인이 밥그릇에 모래를 쥐어서 뿌리는 것 같아 맹랑하기 그지없었다. 일부러 식객을 내쫓으려고 작정을 하지 않았던들 그렇게 '살육의 현장'을 적나라하게 연출해야 했을까⋯⋯

제3장

강과 산에 복원되는
고구려의 옛 지도

'그곳'은 고조선의 강 조천하와 근접하고 있었다.
'그곳'에는 고구려 지경의 바위가 있었다.
'그곳'에 고구려는 고토수복의 '다물' 깃발을 꽂고 있었다.

조선하에 울린 '공후인'의 노래

조선의 강 조선하

우리말에 '삼수갑산三水甲山'이라는 관용구가 있다. 공교롭게 고조선의 중심의 강이 바로 삼수三水이다. 『사기·조선전史記·朝鮮傳』은 "조선에는 습수濕水, 열수洌水, 산수汕水의 삼수三水가 있으며 이것이 합쳐서 열수가 되었다."라고 기록하고 있다. 또 이 삼수로 비정되는 지역에는 백의겨레의 선민들이 살고 있었던 '갑산甲山' 연산이 있는 것이다.

사실 '삼수갑산'은 함경남도에 있는 삼수와 갑산이 지세가 험하고 교통이 불편하여 가기 힘든 곳이라는 뜻으로 '몹시 어려운 지경'을 비유하여 이르는 말이다. 그렇다면 대륙의 삼수갑산이 언제인가 발이 달려서 동쪽의 반도로 자리를 옮겼을까……

어찌됐든 조선이라는 이름은 이 삼수三水로 하여 지어졌다고 한다. 사기색은史記索隱은 선鮮의 음은 산汕이며 산수汕水가 있음으로 조선의 명칭을 얻은 것이라고 밝힌다.

이런 맥락에서 일부 학자들은 북경 일대의 조수朝水(지금의 조하潮河)와 당산唐山 일대의 선수鮮水(두하陡河의 본명) 등 이수二水에서 각기 첫 글자를 취하여 이 두 강을 아우른 지역을 조선이라고 작명했다고 주장한다. 선수鮮水를 중국어로 발음이 같은 현수玄水(지금의 난하灤河)로 보고 조하와 난하 일대를 두루 걸친 지역을 조선이라고 했다는 설도 있다. 조하와 어깨를 나란히 하는 큰 강이라면 난하가 바로 선수鮮水인 것 같기도 하다.

실제 상나라가 멸망한 후 기자箕子는 연산 기슭에 돌아가서 조하와 난하 부근에 나라를 세운다. 『상서대전尙書大傳』은 "(기자가) 조선에 가자 무왕武王이 이를 듣고 조선을 봉해주었다."라고 기록하고 있다. 기자가 분봉을 받기 전 이미 조선이 있었으며, 그가 도착한 후 국명으로 분봉을 받았다면 이 조선은 본래 조하와 난하 지역을 지칭하는 지명이었다는데 한결 무게가 실린다.

조선의 강 즉 '조선하朝鮮河'라는 지명은 북송北宋 시기의 병서兵書인 『무경총요武經總要』에 최초로 등장한다. 『무경총요』 전집前集 연경주군십이燕京州軍十二의 기록에 따르면 "조선하를 지나 90리를 가면 북쪽으로 고하구古河口에 이른다." 현재 북경시 북쪽에 있는 고북구古北口는 과거 호북구虎北口로 불렸으며 고하구 역시 호북구의 변음이라는 지적이다. "거용관居庸關에서 서북쪽으로 조선하 즉 칠도하七道河를 지나 90리를 가면 호북구에 이른다."고 한 어비御批 『자치통감강목資治通鑒綱目』은 『무경총요』의 이 기록을 여실히 증명해주고 있다.

칠도하는 회하懷河 상류의 지류로 나중에 회하와 더불어 백하白河에 흘러든다. 그러나 조선하를 지류에 불과한 칠도하라고 하는 데는 무리가 있으며, 칠도하가 흘러드는 회하 나아가 백하를 조선하로 보는 게 맞다. 백하는 북위北魏 때부터 조하와 하나로 합류하고 있으며, 따라서 지금의 조백하潮白河가 바로 조선하인 것이다.

이때 조선하라는 지명은 삼수처럼 더는 고조선의 강역을 지칭하는 강이 아니라 옛 땅 위에서 어느 상징물의 강의 이름으로 되고 있다. 고조선의 강역이 동쪽으로 옮기면서 옛 땅에 지명으로 남은 흔적으로 볼 수 있다.

이런 지명의 고장은 고조선과 한데 이어지면서 고조선 사실史實의 일부로 전승되고 있으며 훗날에는 또 한나라에 복속되면서 한나라 사서史書의 일부로 기록되고 있다. 2천 년 전, 바로 옛 지명 장소의 어느 한 나루에서 특기되는 사건이 발생하여 고대 문학사에 일장 파란을 일으켰던 것이다.

나루에서 강을 건너려다 물에 빠져 죽은 광부狂夫와 그를 따라 물에 뛰어들어 죽은 아내 그리고 그 아내가 남긴 구슬픈 노래는 천년의 옛 이야기에 남아 전하고 있다.

조백하에서 그물을 치는 어부

백년 나루터, 흘러간 옛 이야기

조하潮河는 강물이 흐르는 소리가 마치 조수와 같다고 해서 지은 이름이며 옛날 유하濡河 또는 포구수鮑丘水라고 불렸다고 한다. 백하白河는 물에 모래가 많고 모래가 희다고 해서 지은 이름이며 옛날 고수沽水 또는 로하潞河라고 불렸다고 한다. 동한東漢 이전 조하와 백하는 제각기 바다에 흘러들었지만 북위北魏 때부터 북경의 동북쪽에서 합류하였다.

지금은 북경의 백리 안팎에서 나루는 고사하고 나룻배 한 척 구경할 수 없다. "바늘이 가는데 실이 간다."고 강기슭까지 도로가 닿은 곳이라면 반드시 다리가 놓여 있기 때문이다. 그야말로 조백하의 기슭에 나루가 있다는 소식은 마치 어디선가 공룡이 나타났다는 괴담처럼 들린다.

"정말 배로 강을 건너는 거야. 거긴 아직도 다리가 없거든."

소식을 알려준 친구는 북경 동쪽의 통주通州에서 살고 있었다. 얼마 전 북경과 이웃한 하북성 향하香河의 시골마을에 가면서 배를 타보았다는 것이다.

대뜸 귀가 번쩍 열리는 것 같았다. 주말에 친구를 재촉하여 함께 시골 행차를 했다. 통주 현성에서 동쪽의 종착역인 윤가하촌尹家河村까지 버스로 40분 정도 더 가야 했다. 윤가하촌은 명나라 때 조백하 서쪽 기슭에 생긴 마을인데 성씨에 따라 이름을 지었다고 한다.

정작 마을 동쪽의 나루에서 배를 몰고 있는 뱃사공은 강 건너 왕점자촌王店子村의 촌민이었다. 왕점자촌 역시 성씨에 따라 지은 이름인데 300여 가구가 살고 있었다. 강을 건너는 사람들은 거의 왕점자촌 사람들이었다.

 이 나루는 그저 '나루'라고 불리고 있었다. 사람들은 양안의 마을 이름을 나름대로 붙여서 '윤가하 나루' 혹은 '왕점자 나루'라고 부르기도 한단다.

 이李 씨 성의 뱃사공은 60대의 노인이었다. 그는 나루가 언제부터 있었는지 모르지만 확실한건 적어도 60년 전에 벌써 나룻배가 오갔다고 말한다. 중공 해방군이 북평北平에 진입할 때 그의 부친이 여기에서 나룻배로 군인들을 실어 날랐다는 것.

 지금은 번마다 선창船艙에 오르내리고 또 노를 젓는 게 번거로워서 나룻배를 사용하는 경우는 거의 없다고 한다. 이 씨는 널판으로 선창을 막고 배위에 넓은 마루를 만들고 있었다. 사람은 물론 차들을 쉽게 실을 수 있었다. 강 양쪽 기슭에 말뚝을 박고 철삭鐵索 줄을 연결하였는데 배는 이 철삭 줄에 매달려 양안을 오가고 있었다.

 "다리로 건너려면 강을 따라 20리를 더 내려가야 하지요."

 두 마을을 오가려면 유일한 교통수단이 배인 셈이다. 사람은 물론 자전거, 승용차도 이 배를 이용하고 있었다. 사용료는 1회 당 사람 1위안, 자전거 1위안, 승용차 5위안이었다. 말 그대로 극소형 '페리'였다. 몇 년 전까지 사람은 50전(0.5위안), 자전거는 1위안, 승용차와 트랙터는 4위안을 받았다고 한다. 불쑥 우마차를 이용했던 옛날에는 사용료를 어떻게 받았을지 하는 생각이 들었다.

 "이전에는 농산물이나 생필품을 받기도 했어요." 이씨는 그때를 돌이키려는 듯 잠깐 뜸을 둔다.

강을 건너고 있는 배와 그 상공에 떠있는 헬기가 조백하의 풍경도를 그린다.

맞은편 나루터에서 배를 기다리고 있는 사람들

"마을 사람들은 번마다 받은 게 아니고 가을에 가서 한꺼번에 계산했지요."

뱃사공의 수입은 봉급처럼 고정불변한 게 아니었다. 날마다 강을 건너는 사람은 강물처럼 불어나기도 하고 줄어들기도 한단다. 적을 때는 하루에 십여 명에 불과하지만 윤가하촌 서쪽의 서집西集에서 재래 장을 볼 때면 3백 명을 훌쩍 넘기도 한단다.

서집은 명나라 때 연왕燕王 주체朱棣를 영접하기 위해 의장대를 설립하면서 설립된 촌락으로서 의장대 서쪽 끝머리에 위치한다고 하여 서의西儀라고 불렸던 마을이다. 이 마을은 교통 요충지에 위치한 우세로 시장이 형성되어 또 서의집西儀集이라고 불렸으며 서집은 청나라 때부터 불리는 약칭이다. 재래 장은 달마다 2, 5, 8, 10이 들어가는 날에 장을 연다고 한다.

이 재래 장의 뒤에는 바로 사람과 짐을 실어 나르는 배가 있었다. 그러고 보면 나루는 강기슭의 장터처럼 수백 년의 오랜 역사를 갖고 있는 걸로 볼 수 있었다. 그러나 뱃사공에게 전승된 기억은 불과 반세기 정도, 나루에 찍혔던 수백 년의 흔적은 그렇게 조백하의 강물에 말끔히 씻겨 버린 것이다.

손가락을 꼽아보니 나루의 수입은 한 달에 대충 4천 위안 정도 되었다. 뱃사공의 생계를 유지하고도 얼마간의 여유가 있을 것 같았다.

이 씨가 운영하고 있는 나루에 동전닢이 떨어지는 소리가 들리자 위쪽의 조장趙庄 마을에도 얼마 전 나루가 새로 생겨났다. 뱃사공인 조趙 씨성의 중년사나이는 이 나루를 사위와 함께 운영하고 있었다. 배를 타는 사람은 2리 밖에 있는 이 씨의 나루보다 눈자리 나게 적었다. 반나절이 지나도록 손님이 나타나지 않자 조 씨는 배에서 고기그물을 치는 느긋한 여유까지 보였다. 그럴지라도 배를 이용하는 길손은 날마다 2~30명 정도 된다고 한다.

조백하 양안은 각기 북경과 하북성에 속하며, 두 마을 사이의 소득수준과 물가소비의 차이는 결코 작은 편이 아니다. 강 하나를 사이 두고 전혀 다른 세계가 펼쳐지고 있는 것이다. 이에 따라 양안을 오가는 유동량이 이전보다 더 늘어난 것으로 보인다.

옛날 조백하의 강기슭에는 나루가 적지 않게 있었다. 결국 조백하는 하북성 동부 지역에서 북경으로 통하는 길을 끊어놓았기 때문이다. 18세기 박지원의 『열하일기』에서 명문장으로 꼽는 '일야구도하기 一夜九渡河記'가 그 정경을 살짝 드러낸다. 사행단은 열하(熱河, 지금의 승덕承德)로 가는 도중 하루 밤에 한 가닥의 강물(조백하)을 이리저리 아홉 번이나 건넜던 것이다.

나룻배가 또 찌걱찌걱 하는 신음소리를 물에 떨어뜨렸다. 강 건너 저쪽 나루가 다시 뱃머리에 다가온다. 조 씨는 뭔가 재미있다는 표정을 짓고 있었다. 무작정 배를 타고 양안을 수차례나 거듭 오가는 우리 같은 사람은 '조장 나루'가 생겨나서 처음이라는 것. '조장 나루'는 강기슭의 마을 이름을 따서 지은 새로운 지명이었다.

부지중 '조선진朝鮮津'이라는 이름이 머리에 떠올랐다. 조선 나루라는 의미의 이 '조선진'은 유명한 고대가요에 등장하는 배경 지명이다. 그런데 이 나루가 하필이면 '조선'이라는 국명을 갖다 붙였을까……

수면에는 잔바람이 불면서 물결이 살랑살랑 일고 있었다. 배가 나루에 닿는다고 주의를 주는 뱃사공의 공허한 외침소리가 파문처럼 잔잔하게 멀리 퍼져가고 있었다.

'님아 가람 건너지 마소'

公無渡河, 님아 가람 건너지 마소.
公竟渡河, 그예 님이 가람 건너시네.
墮河而死, 가람에 들어서오시니
當奈公何? 어저 님을 어이하리.

공후箜篌라는 악기를 타면서 부른 노래라는 의미의 『공후인箜篌引』은 최초로 사마천司馬遷(약 B.C.145~B.C.90년)이 저술한 역사책 『사기史記』에 등장한다. 이 책에서 『공후인』은 제24권의 악서樂書에 들어있는 『상화편相和篇』에 실려 있다.

『공후인』의 창작 배경은 어느 강기슭의 조선나루이라고 동한東漢 말년 채옹蔡邕(133~192년)의 『금조琴操』에 기록되어 있다. 훗날 유선되는 과성에서 윤색되면서 송宋나라 때의 『악부시집樂府詩集』은 서진西晉 최표崔豹의 『고금주古今注』를 인용하여 이렇게 전한다.

『공후인』의 저자는 조선진朝鮮津 나루지기 곽리자고霍里子高의 아내 여옥麗玉이 지은 것이다. 자고가 아침에 일어나 배를 닦고 있는데, 머리를 늘어뜨리고 호리병을 든 백수광부白首狂夫가 강을 건너려 했다. 그 아내가 뒤를 좇아갔으나 광부는 물에 빠져 죽고 말았다. 그러자 한탄하던 그 아내는 공후箜篌를 타며 노래를 불렀다. 그 노랫소리가 아주 처량하였다. 노래를 끝내고 나서 그 아내도 물에 빠져 죽었다. 곽리자고가 아내 여옥에게 이 이야기를 들려주자 여옥은 공후를 타며 그 노래를 불렀다. 이 노래를 듣고 나서 눈물이 흘리지 않는 사람이 없었다. 여옥은 그 곡을 딸 여용麗容에게 전했으며 곡의 이름을 공후인이라고 했다.

창작지역과 채록자, 문헌 등이 모두 중국이라는 점에서 『공후인』은 단연 중국의 노래라는 주장이 우세한다. 실제 『공후인』은 중국의 시가詩歌에 적지 않은 영향을 미쳤다. 『악부시집』은 이백李白 등 유명한 시인들의 작품을 싣고 있는데, 이중 많은 시들이 바로 공후인의 표현 형식과 제재를 이용하고 있는 것.

그런데 『공후인』의 기록은 16세기 말 또는 17세기 초의 저작으로 보이는 차천로車天輅의 『오산설림초고五山說林草藁』에 나타나며 18세기 후에는 박지원의 『열하일기』, 한치윤韓致奫의 『해동역사海東繹史』 등 저서에 연이어 수록되면서 또 한국의 상징적인 고대가요로 등장한다. 『공후인』을 한국의 고대가요라고 하는 결정적인 증거는 바로 '조선 나루'라는 의미의 '조선진朝鮮津'이라고 할 수 있다. '조선진'이라는 이름은 서한西漢 때의 문헌에서 처음으로 출현하며, 이에 따라 『공후인』은 마땅히 고조선 옛 땅 위의 어느 나루를 배경으로 이뤄진 우리 겨레의 노래로 보아야 한다는 주장이 지배적이다.

『공후인』이 수록된 『사기』 19장의 악부시가는 한나라 무제武帝(B.C.116~

110년) 때 완성된 것이지만 개별적인 악부시가樂府詩歌의 창작연대는 이보다 훨씬 오래전이다. 또 송서宋書 악지樂志에서는 '상화가사가 한나라의 옛 곡'이라고 하였으며, 『상화편』의 가사에서 『공후인』은 단연 첫자리를 차지하고 있다. 『공후인』이 늦어도 한나라의 건국초기부터 중국 땅에 보급되고 전승되었다는 뜻으로 풀이할 수 있다. 한나라의 건국 시기는 B.C. 206년이며 따라서 『공후인』의 전파연대는 B.C.3세기경으로 볼 수 있다. 원래 난하灤河 서부지역에 있었던 기자조선箕子朝鮮은 이 무렵 진秦나라의 통일과 더불어 그 세력에 밀리면서 난하 동부 일대에 옮겨 있었다. B.C.194년, 위만衛滿이 준왕準王을 밀어내고 이 일대에 나라를 세우며, 이 위만조선衛滿朝鮮은 B.C.108년 한무제에 의해 멸망된다. 고조선은 이때부터 세상에 막을 내리게 되는 것이다.

옛날 난하의 동, 서부 일대에서 '조선진'처럼 '조선'이라는 이름을 달고 있는 지명은 이뿐만 아니었다. 진황도 지역에 있는 '조선현朝鮮縣'이 바로 그러했고, 북경 지역에 있는 '조선하朝鮮河'가 바로 그러했다. 진황도의 '조선현'은 옛날 한나라가 위만조선을 멸망하고 그 자리에 세웠던 한 4군의 낙랑군의 현이다. 북경의 '조선하' 역시 기자조선이나 위만조선과 직결되는 지명이며 또 '조선'이라는 이 이름을 만든 강과 한데 이어지는 하천이다.

어찌됐든 조선나루가 조선현이나 조선하처럼 고조선의 옛 땅에서 생겨난 지명이라는 건 더 의심할 나위가 없다. '조선나루'는 고조선의 옛 땅에서 '조선하'와 제일 어울리는 지명이며 따라서 '조선나루'라는 지명은 바로 '조선하'라는 이런 조선의 강에 있었기 때문이라는 해석이 가능하다.

　강 저쪽에서 어서 배를 대라고 소리치는 사람이 하나 나타났다. 뱃사공은 그에게 잠깐 기다리라고 수신호를 보내더니 뱃머리에 감았던 밧줄을 주섬주섬 풀어놓는다. 이윽고 뱃머리에 천천히 다가오는 나루와 나루에서 바장이는 길손……

　옛날 백수광부가 물을 건너던 『공후인』의 배경 장소가 흐릿한 수면위에 안개처럼 뿌옇게 떠오를 것 같았다. 이윽고 배에서 내렸지만 머리에 내내 똬리를 틀고 있던 물음표는 좀처럼 사라질 줄 모른다.

　"도대체 이 고대가요는 누구의 것이라고 해야 할까?……"

　사실 대륙과 반도에 두루 걸쳐있었던 고구려가 그런 시비에 휘말려있으며 또 동포, 교포, 한겨레라고 불리는 '조선족'들이 그런 정체성의 혼란을 극심하게 겪고 있다. 바로 전통민요 '아리랑'이 중국에서 국가 무형문화재로 버젓하게 등재되고 있는 현주소가 아니던가. '아리랑'은 백의겨레의 원초적 정서와 맥을 함께 해온 옛 노래이며, 따라서 사람들에게 주는 타산지석의 메시지는 그만큼이나 파장이 심하다.

　이러니저러니 백의겨레가 살고 있었던 가람의 저쪽에는 '조선'은 물론이요, 한때 '조선'의 옛 땅을 수복했던 고구려 이름자의 지명이 천년의 화석처럼 뚜렷하게 남아있다. 강을 따라 흘러간 공후의 서글픈 노랫소리가 방불히 새의 울음소리처럼 허공에 남아 맴돌고 있는 것 같다.

　　님아 가람 건너지 마소.
　　그예 가람 건느싀네…

고구려의 지경이
청룡하 서쪽 기슭에 있었다

땅을 파던 사람의 '괴담'

처음에는 한낱 '괴담'으로 여기고 귀 밖으로 흘려보냈다. 하북성의 어느 산비탈에 '고구려 지경바위'가 있었다는 얘기였다. 다시 말해서 산해관의 남쪽에 고구려가 있었다는 것이었다.

연길에서 살고 있는 안安 씨 성의 친구의 동료의 부친이 그 '괴담'의 주인이었다. 친구가 언제인가 회사에서 '고구려유적 답사'를 여담으로 화제에 올렸고, 이어 동료가 그걸 밥상에서 '반찬'으로 삼아 부친에게 얘기하였는데 부친이 무심결에 '해가 서쪽에 뜰' 이런 얘기를 하더라는 것이다. 솔직히 '천일야화'의 한 토막을 붕어빵처럼 노릇하게 구워내고 있는 것 같았다.

그런데 이 이야기가 그 무슨 예시라도 되는지 몰랐다. 이 무렵부터 산해관 남쪽에서 기존의 고구려 판도를 바꾸게 될 결정적인 증거물이 나타나기 시작했다. 고구려가 명명백백하게 이 지역을 지배한 상징물인 '고려성'이 있었던 것이다. 한두 개 아닌 대여섯 개의 '고려성'이 마치 밀물에 잠겼던 바위처럼 연달아 수면을 박차고 떠올랐다.

나중에 알고 보니 친구 동료의 부친은 1950년대 중국 동북지질국의 유일한 조선족 지질탐사 요원이었다. 그 시기 동북지질국은 옛 만주국 지도에 포함되었던 하북성 동부 지역을 그들의 탐사범위에 넣고 있었다.

'고구려 지경바위'의 이야기는 웬 시골 할아버지의 '호랑이가 담배를 피우던' 옛말이 아닌 것 같았다.

유적답사를 잠시 밀어놓고 부랴부랴 천리 밖의 연길에 날아갔다. 여든 고개를 바라보는 곽철석郭哲石 옹은 그날 휴가를 내고 집에서 우리 일행을 기다리고 있었다. 지질국에서 퇴직하고 여생을 즐기고 있을 줄 알았던 그가 아직까지 한의사로 일한다고 하니 무언가 이상하였다. 그렇게 시작된 화두는 땅속에 묻힌 광물처럼 반세기 너머 숨어있던 곽철석 옹의 소설 같은 경력을 끄집어내게 되었다.

곽철석 옹은 중학교를 졸업하던 무렵인 1950년 6월, 연변 화룡和龍에서 간부학교(대학교)에 선발되었다. 그런데 행선지인 요녕성遼寧省 심양에 도착하자 본의 아니게 '당과 인민의 수요'로 학생복 대신 군복을 입게 되었으며 뒤미처 중공군에 통역원으로 배속되어 압록강을 건넜던 것이다.

곽철석 노인을 인터뷰하고 있는 필자
아래는 연변 고구려장성 지도이다.

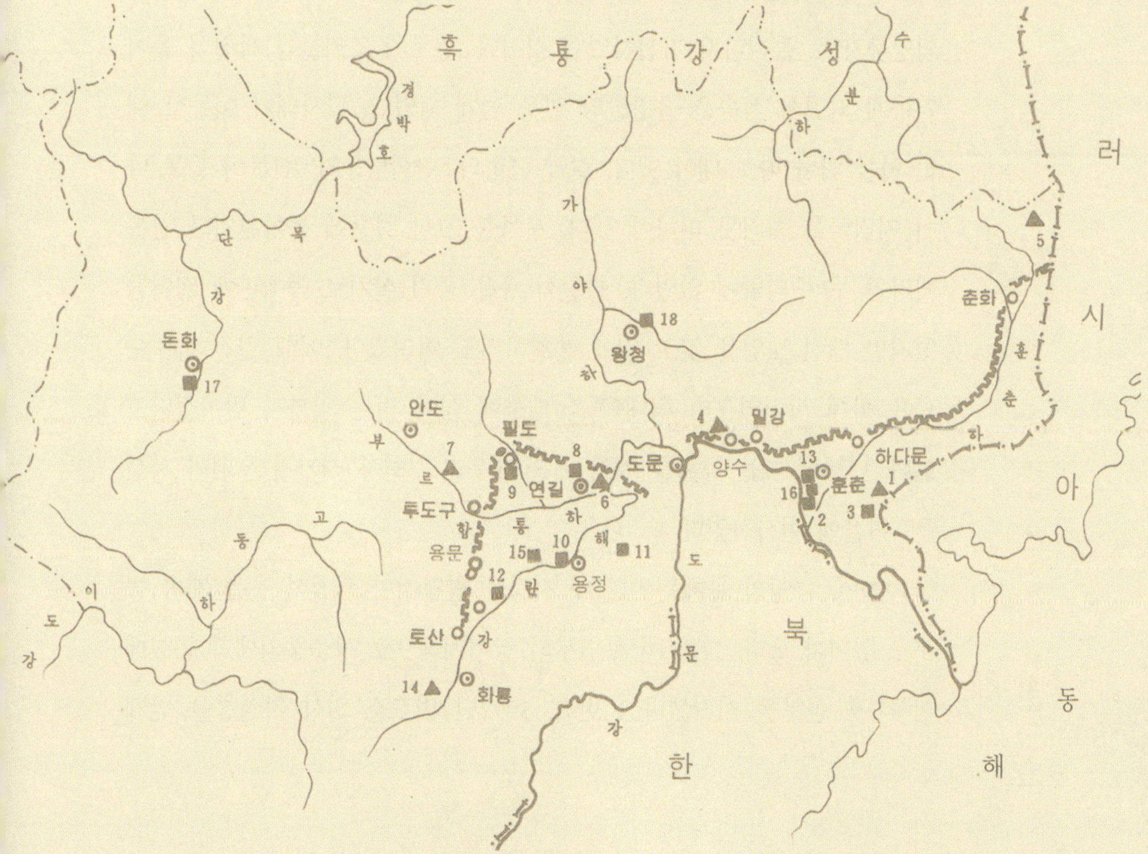

전쟁이 끝난 후 그는 화룡의 심산 벽지에 있는 농장에 배치되었다. 전쟁 때 입은 상처의 후유증으로 내내 고생하다가 얼마 후 농장에서 자진 탈퇴하였다. 마침 신문에 실린 지질대학 모집통지를 보고 호구지책으로 시험을 보았다고 한다.

대학을 졸업한 후 곽철석 옹은 동북지질국의 탐사요원으로 일하면서 여러 번 기술난제를 풀고 또 기술발명을 하여 남다른 두각을 드러낸다. 그리하여 나중에 전국적으로 지질부문의 인원을 80%나 감축할 때 지질국에 버팀목처럼 남아있게 되었던 것이다.

그런데 때 아닌 날벼락이 떨어졌다. 1960년, 큰형이 만주국 시기 일본 나가사키대학을 졸업하고 말단 공무원으로 있었던 경력 때문에 '역사반혁명분자'로 몰리다가 자결하였던 것이다. 철부지 조카들을 곽철석 옹이 거두게 되면서 식솔은 올망졸망 열을 넘게 되었다. 탐사대가 이동할 때는 차를 하나 따로 내야 했다. 결국 큰형의 '반혁명분자' 신분이 들통 나서 지질국을 쫓기듯 떠나야 했다. 부득불 고향 화룡에 돌아왔지만 남은 거라곤 두 주먹밖에 없었다. 곽철석 옹은 죽기 살기로 목재판에 뛰어들었지만 땡전 노임을 갖고 입에 풀칠하기도 어려웠다. 이때 멀건 옥수수 죽은 아예 사치였으며 혁대革帶를 맹물에 삶아 먹는 일까지 벌어졌다고 한다. 나중에 그는 농사를 지어 배를 채우려고 화룡 시가지를 떠나 서성西城 마을에 이사하였다.

1979년, 큰형의 문제는 마침내 시정을 받았지만 곽철석 옹은 계속 농부로 있어야 했다. 그는 이 무렵부터 궁여지책으로 장춘중의대학 통신대학通信大學 공부를 시작했다고 한다. 1992년 비로소 의사 자격증을 받게 되었고 지금도 소일 삼아 인근의 병원으로 나간다는 것이다.

봉화대에 연기는 없었다

 탐사대의 가족은 집시나 다름없었다. 늘 정처 없이 이동을 해야 했다. 괴담 같은 이야기가 수시로 신변에서 일어났다. 언제인가 행장을 풀었던 시골동네는 물이 너무 귀해 일 년에 단 한 번 세수를 하더란다. 그마저 할아버지가 세수를 하고난 물에 아들과 며느리가 얼굴을 씻으며 나중에 손자 몫으로 돌아올 때는 물이 아니라 '죽'이 되고 있었다는 것.
 실은 '고구려 지경바위'의 산 역시 탐사대가 들렀던 그런 수많은 고장의 하나였지만 유달리 기억에 남는 사건이 있었다.

지경바위가 있는 쌍봉산

"우리 맏아들을 평천平泉에서 보았지요…"

그래서 곽철석 옹은 그 고장을 아들의 이름처럼 똑똑하게 기억하고 있었다. 사실 그 고장의 이름은 인터넷에도 검색이 잘 되지 않는 시골마을이었다.

"하북성 평천현 송수대향 홍장자촌(河北省平泉縣松樹臺鄕洪杖子村)"

탐사대는 이 홍장자촌에 약 2개월 동안 기거하면서 날마다 산에서 15kg 정도의 돌을 캐어 배낭에 메고 마을에 내려와서 돌가루를 내고 그 성분을 분석했다고 한다. 이때 곽철석 옹에게 첫아이가 생겨났던 것이다.

홍장자촌에서 병원이 있는 제일 가까운 현성 평천까지 30km나 된다. 버스가 없어서 임산부를 덜컹거리는 나귀 수레에 싣고 울퉁불퉁한 시골길을 대어 갔다. 나귀 수레의 운임은 일인당 50전(0.5위안)이었다. 술 한 병의 가격이 20전(0.2위안)이었을 때였으니 그리 싼 가격은 아니었다.

하나하나 눈앞에서 벌어지는 듯 생생한 이야기들이었다. 곽철석 옹은 반세기 전의 일이 아니라 마치 어제 있은 일을 이야기하는 듯하였다.

평천 비석

글자자리 근경

산신묘 윗쪽 바위의
반듯한 부분이 글자자리라고 한다.

그로부터 며칠 후 답사 일행이 승덕시承德市 동쪽의 평천현에 도착했을 때는 늦은 점심시간이었다. 평천은 옛날 산해관 안팎을 통하는 상업무역의 중심지이었으며 중원문화와 북방문화가 만나던 고장이었다. 마침 버스터미널 부근에 평천 지명을 만든 샘물터가 있었다. 그러나 이 샘물은 1980년대부터 더는 솟아 나오지 않으며, 이 샘물터에서 노닐던 물고기도 전부 죽어버렸다고 한다.

홍장자 마을의 동쪽 동네까지 버스가 통하고 있었다. 운임은 나귀수레의 50전(0.5위안)이 아닌 9위안이었다. 해가 저물기 전에 마을에 도착하기 위해 버스를 포기하고 택시를 불렀더니 편도 80위안이라고 한다. 50년이 지난 후 변한 건 교통수단이나 운임뿐만 아니었다. 옛날 수십 가구에 불과했다던 홍장자촌은 무려 160여 가구나 되는 큰 마을로 변신하고 있었다. 옛날 마을 동쪽의 강에는 징검다리가 있었다는데, 약 10년 전부터 일명 '홍희대교鴻熙大橋'의 콘크리트 다리가 놓여있었다.

탐사대에서 곽철석 옹은 유일하게 악의 없는 별명을 하나 달고 있었다고 한다. 마을에서 '고려놈'이라는 의미의 '꼬우리빵즈高麗梆子'로 불렸던 것이다. 산비탈에 '고구려 지경바위'가 있다는 얘기는 그게 빌미가 되어 나온 것이라고 한다.

"너희네 '꼬우리빵즈'가 여기에 있었어. 산에 그런 글씨가 있거든."

한반도와 천리 너머 떨어진 이 고장이 우리의 '조선 땅'이라니?…… 이마에 털이 돋아서 처음 듣는 이야기이었다. 곽철석 옹은 그때 노인들에게 길을 물어 끝내 산을 허위허위 톺아 올랐다고 한다.

강을 따라 위쪽으로 몇 리 정도 떨어진 그 산은 두 산봉우리의 돌산이었고 절벽이 아스라하게 솟아있었다. 산기슭까지 잇닿은 강에는 옛날 큰 물이 자주 흘렀다고 하지만 언제인가 강바닥이 허옇게 말랐고 돌들이 시체처럼 널브러져 있었다고 한다. 이 강은 나중에 동쪽으로 청룡하에 흘러든다. 청룡하는 하북성에서 두 번 째 로 큰 강인 난하의 지류이다.

홍장자 마을의 동쪽에 있는 '홍희대교'에 서면 곽철석 옹이 얘기하는 '고구려 지경바위'의 이 산은 주변 십리 안팎에서 지상 표지물처럼 금세 시야에 안겨온다. 마을 북쪽에 있는 돌벼랑의 이 산은 두 봉우리의 산이라는 의미의 '쌍봉산'라고 불린다. 현지에서는 속명 '쌍봉첨자雙峰尖子'라고 부르며 또 봉우리에 흰색의 둥근 레이더소가 있다고 해서 크고 흰 주머니라는 의미의 '대백포大白包'라고도 부른다.

옛날 20대의 젊은 곽철석 옹에게 '고구려 지경바위'를 알려주었던 노인들은 모두 저 세상의 사람으로 되었다. 그 무렵 곽철석 옹과 나이가 비슷했던 80여 세의 홍군령洪軍領 옹이 마을의 최고령자로 되고 있었다. 홍군령 옹은 50년 전 마을에 다녀갔던 지질탐사대를 어렴풋하게 기억하고 있었다. 아쉽게도 그 기억은 거기서 마을 동쪽의 강처럼 허연 바닥을 드러내고 있었다.

"산의 바위에 글씨가 있었는가? 그런 이야기는 듣지 못했네."

옛날 '고구려 지경바위'는 항간에 그렇게 널리 알려지지 않은 것 같았다. '꼬우리빵즈' 곽철석 옹이 마을에 나타나자 새삼스럽게 노인들의 화제에 올랐던 모양이다. 부근의 산비탈에 여러 기나 있었다고 하는 고구려 장수의 무덤은 물론이요, 주봉에 있었다고 하는 봉화대도 홀연히 어디론가 잠적한 듯 더는 촌민들의 기억에 나타나지 않고 있었다.

쌍봉산 정상 근경

홍군령 옹은 레이더소가 있는 동쪽 산봉우리가 바로 주봉이라고 알려준다. 사실 주봉은 서쪽 산봉우리보다 훨씬 더 높았다고 한다. 그런데 약 20년 전 군인들이 바위를 폭파하여 산을 깎아내렸고 그 자리에 레이더소를 세웠다는 것이다. 옛 봉화대 유적을 찾아보려 했던 생각은 애초부터 싹 접어두어야 했다. 산꼭대기의 봉화대에는 적정을 알리는 연기가 다시는 솟아오를 수 없게 된 것이다.

해가 서쪽에 떨어지고 땅에 어스름이 내려앉기 시작했다. 드디어 마을에 올 때부터 근심했던 일이 닥친 것이다. 인근에 여인숙이나 민박집이 없어서 다시 평천 현성으로 돌아가야 했다. 이튿날 새벽부터 온 하북성 지역에 60년만의 큰 눈이 펑펑 쏟아졌다. 급기야 이른 아침부터 교통관제가 실시되었고 홍장자 마을로 가는 길이 가로 막혔다.

쌍봉산의 답사는 부득불 뒤로 미루게 되었다. 어쩌면 '고구려 지경바위'가 하늘에 흩날리는 흰 눈보라에 정체를 감추려고 하는 것 같았다. 이름 모를 근심이 땅에 퍼붓는 하얀 눈처럼 가슴에 자오록하게 차올랐다.

목이 잘린 백두산의 토룡

그로부터 약 4개월이 지난 어느 날 쌍봉산을 다시 찾았다. 그간 연길에 가서 곽철석 옹에게 산의 원경 사진을 보여드리고 '지경바위'의 위치를 확인했고 또 '쌍봉산' 남쪽 기슭의 노도와자老道洼子 마을에서 안내인을 찾아놓았다.

사진에서 지경바위 위치를 확인하고 있는 곽철석 노인

노도와자 마을은 동쪽과 서쪽 골짜기의 마을로 나뉘고 있었다. 쌍봉산은 서쪽 골짜기의 제일 마지막 마을인 11대隊를 가로질러 올라야 한다. 돌로 쌓은 담이 동네 길가에 여기저기 나타나고 있었다. 신기하게 아무런 부자재도 이용하지 않고 벽돌처럼 반듯하게 쌓고 있었다. 방불히 고향의 어느 동네골목에 서있는 듯한 착각이 갈마들었다.

멀리서 보면 밋밋하던 산비탈에 오불꼬불한 오솔길이 누워있었다. 뱀처럼 혹은 수풀더미로 혹은 돌무지로 숨어들어 한두 번은 길을 잃을 뻔 했다.

로도와자 돌담(위)
로도와자(가운데)
산기슭에 옛 건물 잔해를 신주로 모시고 있다.(아래)

"저 산봉우리 사이에는 금 오이가 있는 덕대가 놓여 있대요." 안내인 왕지파王志坡가 산길에 말 주머니를 풀어놓는다. 그는 어릴 때 노도와자의 노인들에게 이런 기이한 전설을 들었다고 한다.

"덕대를 아주 큰 구렁이가 지키고 있다고 하지요. 덕대를 다치면 큰 화를 입는다고 해요."

그래서인지 산기슭의 촌민들은 쌍봉산에 남다른 경외심을 품고 있었다. 산중턱에는 산신을 모시는 절 비슷한 작은 건물이 있었다. 향을 피우고 남은 재가 두둑하게 쌓여있었다. 멀리 산꼭대기에서 레이더소가 마치 둥글게 엉킨 흰 솜의 덩어리처럼 떠올라 시야를 가로막고 있었다.

돌짬에 가까스로 나있는 길을 오르면서 숨이 목구멍까지 차올랐다. 마침내 벼랑 기슭에 평대가 나타났다. 주봉 아래에 있는 '쌍봉사雙峰寺'의 입구가 마치 벼랑 속으로 들어가는 입구처럼 보였다. 쌍봉사는 너비 5미터, 깊이 7미터의 용암굴이며 민국民國연간(1911~1949년) 남해관세음을 모시던 절이라고 한다. 민국 시기 해마다 음력 2월 19일 절간장이 있었으며 '문화대혁명'시기 두절되었다가 얼마 전부터 다시 흥성하고 있었다.

이 무렵이면 왕씨도 마을 사람들과 함께 어김없이 산을 오른다고 한다. 향을 피우러 절에 들어가는 그를 뒤로 하고 절벽 위를 샅샅이 훑기 시작했다. 절벽은 약 50미터 높이였으며 들쭉날쭉한 바위로 되어있었다. 글씨를 쓰려면 이런 바위를 깎아서 반듯하게 다듬어야 했다.

주봉 아래에 있는 벼랑 바위, 등반이 힘든 깎아지른 벼랑, 그리고……

실은 곽철석 옹이 알려주던 벼랑바위의 모양새를 구구단처럼 일일이 외울 필요가 없었다. 바로 쌍봉사 위의 벼랑에 반듯하게 다듬은 바위가 있었던 것이다. 실제 몇 리 밖에서도 벼랑바위에 찍힌 네모난 간판처럼 확연하게 안겨오던 바위였다.

그러나 글씨는커녕 그 무슨 획 하나도 없었다. 바위는 고무지우개로 빡빡 지운 흑판처럼 말쑥하였다. 유달리 풀 한 대 자라지 않은 걸로 미뤄 언제인가 새롭게 깎아낸 게 분명했다. 옛날 글자가 있었다면 이미 글자를 말끔히 지웠다는 얘기가 된다.

'고구려 지경'이라는 글자가 이미 유실(파괴?)되었을 가능성이 크다고 미리 짐작하지 않은 게 아니었지만 열 길 벼랑이 그대로 머리 위에 무너져 내리는 것 같았다.

옛날의 사진이 다만 한 장이라도 있었더라면 하는 아쉬움이 다시 가슴을 긁는다. 사실 연길에서 인터뷰를 할 때 사진을 두고 오랜 대화를 나눴었다. 그러나 이 대화는 그야말로 큰 아쉬움을 돌덩이처럼 매달고 오기에 충분했던 것이다.

"탐사대에 카메라가 없었어요? 왜 사진을 한 장이라도 남기지 않았지요?"

알고 보면 어처구니없는 질문이었지만 곽철석 옹은 그걸 탓하지 않고 우리에게 차근차근 해석을 해주는 것이었다.

"지금이야 애들도 장난감처럼 갖고 놀지만 그때는 큰 기물이었다네."

사진기는 탐사대를 수반한 소련 전문가에게만 있었다고 한다. 소련 전문가의 주위에는 언제나 호위병과 간호원, 통역, 요리사, 의사 등 수행원이 담처럼 둘러싸고 있었다. 언제인가 곽철석 옹은 어릴 때 배운 러시아를 몇 마디 해보려고 시도하다가 호위병에게 다짜고짜 쫓겨났다고 한다.

전설의 토롱이 목 잘린 부분

그런 처지에 어찌 임금님의 옥체처럼 귀한 사진기를 함부로 빌릴 엄두를 냈으랴!

더구나 그때는 '고구려 지경바위'가 대서특필할 유적인 줄 몰랐으며, 또 세상에 알려지지 않고 있다는 생각을 꼬물만치도 해본 적 없다고 한다. 그저 시골의 어느 산비탈에 있는 기이한 돌 정도로 간주했을 뿐이라는 것이다.

뭔가 뜬구름을 잡으러 온 듯한 썰렁한 기분이다. 산꼭대기에 웅크리고 있는 흰 레이더소가 당금 눈앞에 떨어질 듯 시야를 꽉 채우고 있었다.

쌍봉산은 맑은 날씨이면 사방 수십 킬로미터가 환히 보인다고 한다. 그리고 보면 여기에 '고구려 지경바위'가 레이더처럼 박혀 있었다는 게 그리 이상하지 않다. 그런데 지금 누군들 그걸 진실한 이야기라고 얘기할 수 있을까……

문득 왕 씨가 재미있는 구경거리가 있다고 하면서 어서 오라고 소리친다. 쌍봉사에 있는 관세음상 뒤에는 자그마한 물웅덩이가 있었다. 위쪽의 바위에서 물방울이 똑똑 떨어지고 있었다. 불과 20년 전까지 웅덩이에는 언제나 물이 가득 차있었다고 한다.

"물웅덩이에 짚을 넣으면 이튿날로 남천봉南川縫의 물에 떠오른다고 하지요."

남천봉은 쌍봉산 동남쪽의 정가구丁家溝 부근 강가에 있는 작은 언덕을 이르는 말이다. 이 언덕은 항간에서 토룡土龍이라고 불린다고 한다. 옛날 장백산(長白山, 백두산을 중국인들은 장백산이라고 부른다.)에서 토룡이 날아왔는데 이곳에 이르러 물을 마시려고 강가에 엎드렸다가 그대로 흙 둔덕으로 굳어졌다는 것이다. 아래와 위의 마을을 오가는 길은 본래 강가에 있는 토룡의 머리 앞부분에 있었다. 그런데 청룡하 기슭에 난데없이 나타난 이 '백두산의 토룡'이 눈에 든 가시였을까, 일본군은 이곳을 강점했을 때 촌민들이 거기로 다니지 못하게 했으며 풍수학적으로 토룡의 목을 자른다고 목 부위의 둔덕을 깊이 파고 따로 길을 냈다고 한다.

실제 '고구려 지경바위'도 목이 잘린 '백두산 토룡'의 형국이다. '고구려 지경'이라는 글자가 언제부터 있었는지 아니, 정말로 있었는지도 더는 확인할 수 없게 된 것이다. 반세기 전까지 바위에 새겨져 있었다는 '고구려 지경' 글자는 그렇게 '백두산의 토룡'처럼 아득한 전설로 멀어지고 있었다.

제4장

대륙의 산과 들에 묻힌 고구려의 눈물

땅을 허비는 바람은 아낙네의 흐느낌인 듯 하고
허공을 두드리는 빗물은 나그네의 눈물인 듯하다.
망국의 한을 달래던 유민들의 슬픔이 젖어있는
대륙의 산과 들을 무심히 스쳐 지나지 말라.

철제 형구에 묶인 청룡의 고려포

청룡의 고려포라고 하면 대뜸 어느 쌍둥이 마을이냐 하는 사람들이 있다. 하긴 서남쪽으로 이웃한 당산唐山에도 고려포가 있기 때문이다. 사실 두 고려포는 하루 이틀도 아니고 한두 해도 아닌 무려 천년이라는 동안을 사이에 두고 있다고 한다. 청룡의 고려포는 청나라 때 세워진 마을이라고 전하기 때문이다.

아무튼 고려포라는 지명은 사막에 나타난 오아시스처럼 반가운 이름이었다. 벼르던 끝에 날짜를 잡아서 고려포로 가는 버스를 잡아탔다.

청룡현 현성은 진황도 시내에서 버스를 타고 서북쪽으로 1시간 반 정도 가야 한다. 현성 동쪽에는 현의 이름자를 따서 용을 형상한 조각물을 세우고 있었다. 청룡현의 상징적인 지상 표지물이라고 한다. 청색의 용은 몸을 꿈틀거리며 당금이라도 푸른 하늘로 날아오를 것 같은 모양을 하고 있었다.

차안에서 이런저런 생각을 정리하다가 슬금슬금 말을 만들어보았다.

"저 용은 남쪽의 고려포에서 기어온 거라네."

"……"

아니나 다를까, 다들 그게 무슨 허튼 소문이냐 하는 눈치이다. 실은 청룡 현성이 있던 자리는 큰 울타리라는 뜻의 '대장자大杖子'라고 불렸는데, 남쪽의 소영자蕭營子와 고려포에서 '분정발호分丁拔戶' 즉 인구를 나누고 농가를 이주시켜 세운 마을이다. 1945년 중일전쟁이 끝난 후 청룡현 정부 주둔지로 되면서 청룡현이라는 이름을 짓게 되었다. 알고 보면 고려포의 '고려인'들이 청룡의 원주민인 것이다.

청룡 현성 전경

『청룡현지명자료회편靑龍縣地名資料滙編』의 기록에 따르면 고려포는 청나라 강희康熙 9년(1670년)에 세워졌다. 일찍이 고려인들의 거주지였으며 그때 그들이 작은 가게를 꾸리고 생업을 유지했다고 해서 지어진 이름이라고 한다. 그 후 만주족 마馬 씨가 영평부永平府 천안현遷安縣의 냉구冷口 관문 밖의 개척지 기슭에 있는 빈터에 마을을 세웠으며 촌락 이름을 고려포라고 지었다고 한다. 고려포 부근의 소영자蕭營子나 왕자점王子店 마을도 모두 이 무렵에 생겼다고 한다. 청나라『천안현지遷安縣志』에 고려포 마을이 기록되어 있다. 고려포는 훗날 진황도시 청룡현에 귀속되었다.

현성에서 남쪽으로 약 20km 떨어진 고려포까지 다시 버스를 이용하면 벌써 중턱에 걸린 해를 길에서 보낼 것 같았다. 버스터미널 부근에서 양楊 씨 성의 기사를 만나 그의 차를 반날 동안 쓰기로 했다.

양 씨는 고려포의 고려인 이야기가 나오자 언제인가 현성 북쪽의 마권자馬圈子에서 고려 동전이 발견되었다고 말한다. 현지縣志 같은 지방문헌에 없는 일이어서 자초지종을 물었더니 누군가 집을 지을 때 땅 밑에서 발견한 것이라고 한다.

"마을의 노인들이 그러시는데 토기에 담긴 그 동전들이 고려 동전이라고 해요. 옛날 고려인들이 살았다고 하던데요."

토기와 동전은 정부의 해당 부문에는 알려지지 않은 채 누군가의 소장품으로 되었고 혹간 세간의 여담에 다시 떠오를 뿐이었다. 지방문헌에는 다만 한 줄도 기록되지 않은 일들이 항간에서 심심찮게 벌어지고 있는 것 같았다.

이러니저러니 현지縣志 등 지방문헌에서 청룡에서 등장하고 있는 '고려인'들은 거의 고구려를 비켜 지나 조선시대의 사람들인 걸로 나타난다. 청룡하 남쪽의 노룡현 지역에는 고구려의 유적이 도처에 널려 있지만 북쪽의 청룡현에는 고구려가 이처럼 땅에 잦아든 물처럼 형체를 잘 드러내지 않고 있다. 그래서 '고려' 지명의 '고려포'에서 혹여 그 무슨 실마리라도 잡게 될지 해서 오래 전부터 이번 답사를 작심했던 것이다.

청룡현에서 나타나는 조선시대의 사람들은 실은 전란 때 대륙으로 끌려갔던 조선인들이라고 한다.

1636년 병자호란에서 인조仁祖가 청나라 태종에게 항복한 후 무려 수십만 명에 달하는 조선인이 포로로 잡혀갔다. 전란의 그 시기를 살았던 조선의 문신文臣 최명길崔鳴吉(1586~1647년)은 『지천집遲川集』에 "청군이 항복을 받고 정축년 2월 15일 한강을 건널 때 포로로 잡힌 인구가 50여 만 명이었다."고 쓰고 있다. 당시 조선 인구는 1천만 명 정도였으니 전체 인구의 5%나 전쟁포로로 이역으로 끌려간 셈이다.

조선인 포로들은 청에게 군인과 농군, 수공업자 등으로 나뉘어 배치되었다. 청룡현의 박 씨는 바로 청나라 8기군 소속의 조선 군인의 후예로 밝혀졌다. 이와는 달리 요녕성遼寧省 개현盖縣과 본계현本溪縣의 박씨 선조는 농군으로 배치된 사람들이다.

그리고 보면 청룡에 나타나는 '고려인'은 그 무슨 신화에 등장하는 보기 드문 '괴물'이 아닌 것이다.

양 씨는 청룡에 조선족이 살고 있으며 언제인가 그의 차에 한번 앉은 적 있다고 말한다. 그러면서 뭔가 담소를 나누고 있는 우리 일행을 약간은 이상하다는 듯한 눈빛으로 이러 저러 빗질한다.

"그 사람은 조선말을 한마디도 모른다고 해요. 그런데 보통말(普通話, 중국어의 표준어를 이르는 말)은 저보다 썩 잘 하던데요."

들어보니 1950~60년대 내지 쪽으로 이주했던 조선족들이 아니었다. 1980년대 원래의 만주족 족적을 조선족으로 바꾼 청룡의 박 씨 같았다. 어쨌든 말이 조선족이지 벌써 한족이나 다름없는 '고려인'들의 후예였다.

고려포는 소영자에 도착한 후 안쪽으로 조금 더 들어가야 했다. 둔덕을 동강내고 가로지른 길에 문득 성문처럼 막아서는 석문石門이 있었다. '고려포'라는 글씨를 쓴 석물이 초병처럼 석문 옆에 서있었다.

한낮이어서 모두 밭에 나갔는지 촌민센터에는 자물쇠가 걸려 있었다. 문밖에서 마 씨 성의 농부를 만나 대화를 나누었다. 1천여 명의 인구를 갖고 있는 마을에는 만족이 대부분이며 한족이 100여 명 된다고 한다.

산과 물에 둘린 고려포는 농사가 잘 되기로 소문난 고장이라고 한다. 1970년대 이름난 모범마을로 되어 국내는 물론 알바니아 등 여러 나라에서 견학을 왔다고 한다. 옥수수가 주요한 곡물로 되고 있었으며 지금은 과수를 재배하고 있었다.

넌지시 마을 유래를 물어보자 별걸 다 물어본다는 기색이다.

"이름에서 보이잖아요? 고려인 때문에 생긴 마을인 걸요. 여기 유치원의 애들도 알지요."

몇 십 년 전 마을 남쪽의 밭에서 고려인들의 유물이 대량으로 발견되었다고 한다. 그때 토기 따위는 물론 연자방아도 있었다고 한다.

"쇠로 만든 형구가 나왔지요. 족쇄라고 하던지 그래요."

고려포 마을 입구(위)
고려포 촌민센터(가운데)
청룡 현성 박물관(아래)

청룡 현성 동쪽에 있는 표지물 대룡

"아니, 형구라니요?"

정말이지 고려포에서 꼬리 대가리 없이 문득 형구 이야기를 듣게 될 줄은 전혀 뜻밖이었다. 고려포라는 게 본래 고려 가게라는 의미이지만 그렇다고 옛날 길가에 '감옥'의 기물을 펼쳐놓고 팔 일이 있었던가.

새삼스럽게 병자호란 때 대륙으로 끌려온 조선인 포로가 상기되는 대목이었다. 그때 적지 않은 포로들은 노예시장으로 팔려나갔다고 한다. 노예매매 시장을 지켜보았던 소현세자昭顯世子(1612~1645년)는 『심양장계瀋陽狀啓』에 "(돈을 치르고 포로에서 면하는) 속환에 요구하는 값이 비싸기 그지없었다. 많으면 수백 또는 수천 냥이 되어 사람들이 모두 희망을 잃었고, 울부짖는 소리가 도로에 가득 찼다. 날마다 관소館所 밖에 울며 호소하니 참혹하여 차마 못 보겠다."라고 적었다.

청나라는 이런 포로들을 산해관 남쪽으로 진출하는데 인력으로 활용하였다. 이때 일부 조선인 포로들이 형구를 차고 있었을 가능성이 있다.

설사 그럴지라도 조선인 포로들이 타임머신을 타고 천년을 거슬러 올라가면 모를까, 실제 고려포의 '고려인'들은 17세기를 뒤로 훨씬 물러서서 벌써 수당隋唐 시기 산해관 남쪽에 진출한 '승리자'이었다.

마 씨가 알려준 대로 '고려포' 석물 옆의 돌에 새겨놓은 마을내력 안내문을 읽어보았다. 지방문헌에서 유야무야하게 희석시켰던 고려포의 생성 시기는 안내문에 명명백백하게 나타나고 있었다.

소영자 마을 입구 환영 표지판

    수당 시기 고구려인들이 이곳을 점거하고 수림을 채벌했으며 마을을 세우고 가게를 꾸렸다. 그래서 고려포라고 불린다. 청나라 강희 8년 후 냉구冷口 관문을 설립하였다. 마馬, 동佟, 우于, 양楊, 유劉, 왕王 성씨의 가족이 이곳에 정착하여 살면서 원래의 이름을 지금까지 답습하였다…

    고려포라는 지금의 마을은 청나라 때 생긴 것이 맞지만 실은 수당 시기 고구려인이 이 고장에 세운 마을의 연속이라는 것이다. 지방문헌의 기록만 본다면 자칫 청나라 때 생긴 '고려마을'로 볼 수 있으며 또 따라서 병자호란 때의 조선인 포로들 때문에 생긴 마을로 오인할 수 있는 대목이다. 고구려가 지방문헌에도 언제인가 기록을 꺼리는 '괴물'이라도 된 것 같은 생각이 든다.

사실 실제 '괴물'은 고려유물과 함께 발견된 '철제 형구'가 아닐까 한다.

중국 대륙의 고구려 문물에서 지금까지 발견된 형구는 철제 족쇄이며 단 하나 밖에 없는 걸로 알려지고 있다. 그런데 이 형구가 출토된 곳은 '고려포'가 아니라 요녕성遼寧省 환인현桓仁縣의 오녀산성五女山城에서 나타나고 있는 것으로 문헌에 기록되고 있다. 오녀산성은 고구려의 개국 왕성으로서 『삼국지』에서 흘슬골성紇昇骨城이라고 처음 언급되며 『광개토왕비』에는 홀본성忽本城이라고 하고 있다. 삼국시대에는 환도성丸都城, 졸본성卒本城이라고 불렸다.

장성 안팎에 쌍둥이처럼 나타나는 고려포의 형구는 도대체 무얼 말하는 걸까. 혹시 청룡의 고려포가 오녀산성처럼 고구려의 개국왕성이라도 된단 말인가……

고려포는 청룡 북부 지역에서 남쪽으로 천안, 노룡으로 가는 길목에 위치, 명나라 때 삼면에 장성을 쌓고 청나라 때 관문을 설치할 정도로 군사적인 요충지였다. 단지 길가에 버젓하게 가게를 꾸릴 마을이 아닌 보루 다시 말해 고려보高麗堡였던 것이다. 그럴지라도 오녀산성처럼 거창하고 유명한 성곽은 아니었다.

"어, 고려포의 형구가 오녀산성의 것보다 더 일찍 발견되었구먼."

누군가 안내문을 읽다가 놀란 듯 혀를 끌끌 찬다. 고려포의 형구는 1960년대 중반에 출토된 것으로 쓰여 있었던 것이다. 그리고 보면 형 맞잡이인 고려포의 철제 형구는 반세기가 넘도록 미아로 버려 있었고 동생 격인 오녀산성의 철제 형구가 오히려 외아들의 행세를 부리고 있는 꼴이었다.

사실 고려포의 철제 형구는 산해관 남쪽의 '고려성'처럼 같은 맥락에서 풀이할 수 있었다. 영토지배의 상징물인 '고려성'의 존재가 산해관 남쪽에서 승인을 받지 못하는 것처럼 고려포의 철제 형구도 존재의 의미를 상실한 것이다. 이러다간 나중에 고구려의 유민이나 포로들에게 채우던 형구로 감쪽같이 둔갑하면 어쩌나 하는 생각이 갈마들었다. '고려성'이 '고려인 수용소'로 주장되고 있는 현주소가 아니던가. 진짜 청나라 때의 조선인 포로 아니 고구려인 포로가 언제인가 철제 형구를 차고 고려포에 실상이라도 되는 것처럼 버젓하게 나타날지 모른다.

그러나 '고려포' 마을에서는 더는 아무런 이야기도 들을 수 없었다. 옛 마을에 깃든 많고 많은 이야기는 이 천년의 형구에 꽁꽁 묶여 있는 것 같았다.

고려장,
옛 운하에 사라진 이야기

18세기 말, 조선 사절단의 일원으로 중국을 다녀갔던 박지원은 『열하일기』에 북경 동북쪽의 군과 현에는 '고려장高麗庄'이라는 곳이 많다고 기록하고 있다. 그러나 현재로선 북경이 소재한 하북성 전체를 샅샅이 뒤져도 고려장이라는 지명은 끈 떨어진 연처럼 도무지 종적을 찾을 길 없다.

나중에 보니 고려장과 중국어발음이 같은 고력장高力庄이라는 마을 지명이 하나 있었다. 북경 자금성에서 동쪽으로 20km 정도 떨어진 통주通州의 농촌 마을이었다. 중국에서 고려와 연관이 있는 지명은 때로 같은 중국어 발음의 고력高力으로 기술되는 경우가 적지 않다. 그래서 통주의 지명지와 현지를 찾아보니, 마을 원래 이름이 바로 고려장이란다.

고려장 입구

통주로 가는 지하철은 출퇴근 시간이 아닌데도 오구작작 붐빈다. "차가 들어옵니다, 탑승객이 내린 후 오르세요!" 홈을 메우는 도우미의 목소리가 한결 더 분주한 느낌을 주고 있었다. 통주는 자금성紫禁城 남쪽을 지나는 장안長安거리의 동쪽 연장선 끝머리에 있는데, 예나 이제나 북경 교통요로의 본색을 드러내고 있는 것이다. 부지중 옛날 이 길을 메우고 흙먼지를 뽀얗게 날렸던 인파를 잠시나마 차량의 굉음 속에 떠올려 보았다. 그러나 길 양쪽은 더는 당시의 올망졸망한 초가의 시골 풍경이 아니다. 허공을 찌르는 고층빌딩이 가도 가도 끝 모르게 이어지고 있는 것이다.

종착역을 하나 앞둔 역에서 내렸다. 강을 임한 동네라는 뜻의 '임하리臨河里'라는 역 이름에 눈길이 다시 쏠린다. 역 부근을 지나는 옛 운하가 상기되는 순간이었다. 사실 통주는 일명 경항京杭 대운하라고 불리는 북경-항주杭州 운하와 직결된 고장이다. 경항 대운하는 세계적으로 제일 길고 토목량이 제일 많으며 또 역사가 제일 오랜 것으로 유명하다. 통주는 이 운하의 북쪽 시발역이요, 종착지인 것이다. 그러고 보면 이곳의 지명에는 모두 뭔가의 이야기가 얽혀 있는 것 같다.

고루금촌 입구

네거리에서 잠깐 방향을 잡지 못해 주춤거렸다. 명색이 시골마을이지 도심의 여느 거리와 별반 차이가 없었다. 임하리 남쪽의 첫 마을은 고루금촌高樓金村으로, 소고력장小高力庄과 루자장樓子庄, 금장金庄 마을에서 차례대로 글자 하나씩 따다가 지은 이름이라고 한다. 맨 북쪽에 위치한 루자장은 국가에너지절약시범마을로 변신, 어느덧 동네 전체가 아파트단지로 변신하고 있었다.

고루금촌 입구에 있는 가게에 들려 마을의 첫 이름자를 만든 소고력장의 위치를 물었다. 웬걸, 가게 주인은 대답 대신 소고력장 마을은 고루금촌 남쪽에 있는 고력장 마을을 말하는 게 아닌가 하고 물어오는 것이었다. 보아하니 고력장 마을이 한때 크고 작은 두 동네로 나뉘어졌고 작은 동네가 바로 소고력장이며 또 각기 다른 행정行政 마을이라는 걸 전혀 모르는 눈치이다.

나중에 고루금촌高樓金村 촌민위원회 청사 관리실에서 만난 장張 씨 성의 중년 사나이가 그 영문을 알려주는 것이었다.

"소고력장 마을의 이름은 바뀐 지 오랩니다. 지금 사람들은 알 수 없지요"

장 씨의 말에 따르면 현재 고루금촌 남쪽에 있는 동쪽마을이라는 뜻의 동장東庄, 서쪽마을이라는 뜻의 서장西庄이 바로 옛 소고력장이라는 것이다. 마을 토박이인 그는 어릴 때 동네 노인들로부터 이런 이야기를 귀동냥으로 들어서 마을의 원래 이름을 가까스로 알고 있다고 한다.

정오의 햇살이 정수리를 따갑게 비추고 있었다. 동네를 얼기설기 엮은 오솔길은 금세 머리에 이름 모를 현기증을 만드는 듯 했다. 현지에 가면 어련히 옛날 지명 장소를 찾을 수 있고 또 지방문헌에 없는 이야기도 들을 수 있으려니 한 것이 한참이나 빗나간 생각이었다.

다행이 고려장 마을의 본체인 대고력장은 아직까지 그 이름이 남아있어서 그냥 뭐가의 기대를 버릴 수 없었다. 고루금촌 남쪽으로 불과 2,3백 미터 떨어진 동네 입구에 대고력 장원莊園이라는 글자를 넣은 철조물이 서있었다. 마을버스는 지하철역 부근에서 대고력장 촌민위원회 청사 밖까지 통하고 있었다.

그러나 결국 가슴 한구석에 내내 품고 있던 한 가닥의 희망 역시 마을버스처럼 종착역에 이르렀다. 마을 유래에 대한 촌민위원회 관원의 해석

고루금촌 촌사무청사

은 단 한마디로 끝이었던 것이다.

"옛날 고려인들이 살던 마을이라고 하지요……"

물어보니 현지에 그렇게 기록되어 있다고 언제인가 귀동냥으로 들었다는 것이다. 지금 마을에는 순 한족만 살며 다른 민족은 없다고 한다. 또 장張 씨나 유劉 씨와 같은 흔한 성씨일 뿐 희귀한 성 씨는 단 하나도 없단다. 결국 그 무슨 선색인가 잡아보겠다는 생각은 뒤로 접어놓아야 했다.

통주 현지縣志는 고려장은 당나라 태종 이세민이 요동에서 끌고 온 고구려 포로들로 세워진 마을이라고 설명하고 있다. 『삼국사기』등 문헌의 기록을 보면 당나라 군대는 안시성에서 최종적으로 참패를 당하기 전 전략요충지인 요동성을 점령했다. 요동성은 대륙에서 고구려의 수도에 진출하기 위해서 반드시 점령해야 하는 거점이었다. 당나라 군대가 요동성을 점령한 후 성에 있던 고구려의 군사 1만 명과 주민 4만여 명이 포로로 되었다. 『중국통사中國通史』에 따르면 이세민은 나중에 고구려에서 쫓겨날 때 1만 4천여 명에 달하는 포로를 관내에 대거 끌고 왔다고 한다. 이런 포로를 유주幽州 즉 오늘의 북경 일대에 두고 공을 세운 장병들에게 포상으로 나눠주었다는 것이다. 이렇게 볼 때 고려장은 당나라 군사들이 고구려 군민을 잡아와서 정착시킨 곳이라고 하는 데는 신빙성이 있다.

아무튼 문헌에 고려장이라는 마을이 최초로 등장하는 건 현지가 아니라 약 700년 전의 『원사元史』이다. 이때 고려장이 명소처럼 사서에 기록될 수 있은 건 마을 부근까지 이어진 옛 운하의 유명세 때문이었다.

운하는 일찍 춘추春秋시기부터 굴착되었으며 오늘날의 형체를 갖춘 건 수隋나라 시기로 전한다. 이때 동도東都 낙양洛陽을 중심으로 나뭇가지가 줄레줄레 뻗어나가듯 여러 갈래의 운하계통을 이룬 것이다. 608년 수양제隋煬帝 때 100여 만 명에 달하는 인부를 동원하여 영제거永濟渠를 파는데, 이 물길은 낙양에서 북으로 내처 지금의 북경 서남쪽인 탁군涿郡까지 배가 이르게 했다. 이 운하의 굴착은 수나라가 고구려와의 전쟁을 준비한 군사공정의 일환이기도 했다. 훗날 당나라도 운하를 이용하여 중원에서 군량미를 유주 부근까지 운반하여 집결시켰던 것이다.

그리고 보면 고구려 유민으로 이뤄진 고려장은 마을이 설 때부터 원체 운하와 운명적으로 연결된 것 같다. 이 연기緣起는 나중에 고려장 마을을 운하와 한데 이어놓는다. 운하는 고려장 마을이 세상에 나타난 수백 년 후 기어이 마을 부근까지 박근했던 것이다. 그때는 고구려와 전쟁을 벌였던 수나라와 당나라 역시 고구려처럼 벌써 아득하게 흘러간 역사로 되었고, 초원에서 굴기한 몽골족의 말발굽이 온 대륙의 땅을 휩쓸고 있었다. 원元나라는 지금의 북경을 대도大都로 정한 후 남방의 곡물운수를 위해 대도를 중심으로 남쪽으로 항주杭州까지 직달하는 대운하를 개

통하였다. 원元 29년(1292년), 대도 서쪽의 여러 물길을 도성으로 끌어들인 후 동쪽으로 지금의 통주에서 백하白河에 흘러들게 했다. 백하는 북경 북쪽에서 발원한 강으로, 통주 동남쪽에서 운하와 한데 이어진다.

마침 이때까지 고려장 부근에는 다른 마을이라곤 없었으며, 그래서 이 고장에서 고려장이 유일한 지상 표지물이 된 것으로 보인다. 대도의 물길이 "고려장에서 백하에 흘러든다.(高麗庄入白河.)"라고 한 『원사元史』의 기록은 이 정경을 여실히 보여주고 있다.

이 『원사』에 기록된 원나라의 역사가 마지막 페이지에 접어들 무렵 원나라의 궁정에는 기황후奇皇后가 있었고 또 환관 박불화朴不花가 있었다. 원나라의 근간을 뒤흔들어놓은 이런 거물은 아니더라도 자금성 주변에는 고려인들이 적지 않게 살고 있었다. 원나라 말 대도에서 삶을 꿈꾸던 고려인들의 중국어 회화서 『박통사朴通事』는 바로 그런 사연을 드러내는 책이다. 대도에서 살던 이런 고려인들은 엎어지면 바로 코가 닿는 운하 기슭의 이 '고려장'에 언제인가 다녀갔을지 모른다.

그러나 원나라 말 고려장이라는 이름은 고려인들에게는 여전히 친근한 지명일지라도 더는 처음처럼 그렇게 유명하지 않았다.

원元 16년(1279년), 대도에 누리 떼가 끓어 식량난이 생겼다. 원나라의 해운 관리官吏 장선張瑄 등이 동남지역에서 북방으로 곡물을 운송하던 배는 고려장 동쪽에 정박하며 이 때문에 배가 정박한 곳에 '장가만張家灣'이라는 이름이 생겨난다. 훗날 대운하가 개통된 후 이곳은 수상운수 종착지로 되어 물자 집산지로 거듭나게 된다.

그때 장가만에는 날마다 우마차가 실북 나들듯 하는 진풍경이 벌어졌다. 진짜 교통체증을 앓고 있는 오늘날의 북경-통주 구간 교통로를 새삼 떠올리게 되는 대목이다. 고려장 주변의 물자를 비축하던 곳은 점차 군락을 끼리끼리 이루며, 이어 중국인 마을 역시 땅을 파고 들어온 운하의 물처럼 강기슭에 웅기중기 들어앉기 시작했다. 고려장 바로 동쪽에 있는 황목장皇木場, 전장촌磚場村은 바로 이때 생긴 지명이다.

그야말로 "굴러 들어온 돌이 박힌 돌을 뽑는 격", 장가만의 유명세는 금세 파도처럼 옛 마을인 고려장을 말끔히 묻어버리게 된다. 그때까지 고려라는 이름을 계속 사용했을 정도였다면 비슷한 사례로 미뤄 고구려인의 색깔은 여전히 얼마라도 남아 있는 것 같다. 그러나 산지사방에서 밀물처럼 모여드는 인파는 강기슭을 할퀴듯 고려장에 남은 고구려의 흔적을 모조리 잠식했던 것이다. 나중에 고려장의 후손들은 중국인과 동화되어 여느 중국마을과 다름없게 되었다. 고려장은 이로부터 약 반세기 후의 명나라 때에는 허울 좋게 중국어 발음만 바뀌지 않은 고력장高力庄으로 둔갑한다.

고려장의 천년 수난사는 그것으로 끝난 게 아니었다. 청나라 때 만주인들은 고력장 북쪽에 작은 마을을 하나 세우며, 고력장과 구분하여 소고력장이라고 부른다. 고력장 마을이 고력장이 아니라 또 난데없는 대고력장 마을로 변신하게 된 건 이때의 일이다. 소고력장은 또 동쪽마을과 서쪽마을로 갈라지는 분신을 한다. 훗날 동소고력장東小高力庄과 서소고력장西小高力庄은 약칭 동장東庄과 서장西庄이라고 불렸던 것이다.

지명은 장소의 이미지로, 그곳의 사연과 유래가 담겨져 있는 법이다. 그런데 고력 심지어 동장東庄, 서장西庄이라는 이 이름을 두고 누군들 한때 고구려인들이 있었던 고려장 마을을 눈앞에 떠올릴 수 있을까……

 북쪽으로 웅기중기 일떠서는 고층건물들이 당장 엎어질 듯 마을을 덮치고 있었다. 고력장 마을 역시 바야흐로 도시의 음영에 묻혀버리고 있는 것이다. 옛날 고려장 마을이 잠식되던 그 슬픈 장면이 영화필름처럼 재현되고 있는 것 같아 한순간 마음이 착잡했다.

장안을 파헤친 수로 고려거

언뜻 보면 로마의 인디언 부락처럼 어울리지 않는 옛 그림이 있다. 바로 진시황의 병마용兵馬俑이 있는 서안西安의 '고려마을'이다. 말 그대로 엉뚱한 곳에서 '고구려'가 문득 나타나고 있는 것이다.

한나라 때 유방劉邦이 섬서성陝西省 중부에 장안현長安縣을 설치, 속지에 새로 성을 쌓고 '장안성長安城'이라는 이름을 지었다고 한다. 장안은 "장기간 나라가 태평하고 사회 질서와 생활이 안정하다."는 의미였다. 이때 장안성 일대는 '경기京畿의 땅'이라는 의미의 '경조京兆'라고 불렸다. 선후로 21개 왕조와 정권이 이 고장에 도읍을 세웠다. 옛날 로마와 아테네, 카이로와 더불어 4대 고도古都로 불렸으며, "서쪽에는 로마가 있고 동쪽에는 장안이 있다."고 전할 정도였다. 장안은 원나라 때 수도의 지위를

고려거는 호현에 위치하며 서안시와 35킬로미터 떨어져 있다. 사진은 고려거 입구에 있는 도로 표지판이다.

상실하며 명나라 때 '서안부西安府'라고 개명하면서 그때부터 서안이라고 불리게 된 것.

그런데 이 천년의 옛 도읍지에 웬 '고려마을'이 있다니 정말로 이상하지 않을 수 없다. 결국은 한반도와 수천 리 떨어진 중국 내륙의 오지이기 때문이다.

최초로 장안의 '고려 마을'을 기록한 문헌은 송宋나라의 장례張禮가 쓴 여행기록『유성남기遊城南記』이다. 장례가 원우元佑(1087~1094) 초 장안 성남에 가서 당나라 도읍 옛 유적을 돌아보고 적은 글이다. 여기에는 "장안현長安縣에는 고려곡高麗曲이 있으니, 고려인이 주거하고 있어서 생긴 이름이다."라고 기록하고 있다.

여기에서 고려곡은 노래가 아니라 지명이기 때문에 곡曲을 가락이 아니라 굽을 곡曲으로 풀이할 수 있다. 고려거高麗渠는 이런 구불구불한 인공수로를 상기시키는 고려마을이며 또『유성남기』의 기록처럼 서안에서 약간 서쪽에 치우친 남부 일대에 위치한다. 곡曲이 거渠의 와전일 수 있다는 해석이 가능한 대목이기도 하다.

하지만 진시황의 병마용과 '고려마을'이 함께 나란히 등장한다는 게 아무래도 황당한 풍속도로 비친다. 아닐세라, 서안으로 병마용이 아닌 '고려마을' 답사를 떠난다고 하자 주변에서 악의 없는 농담을 길바닥에 던진다.

"이러다간 병마용을 고구려 사람들이 만들었다고 주장하지 않겠나?"

서안에 있는 절두의 피라미드 모양의 진시황 능묘

"이보게, 아예 진시황이 고구려 사람이라고 하게."

사실 고려거高麗渠에 고구려인들이 살았다는 것은 누가 지어낸 게 아니라 현지에서 널리 유전되고 있는 이야기이다. 옛날 지역민들은 다들 이곳이 바로 『유성남기』에 기록된 고려곡이 분명하다고 믿고 있었다고 전한다.

고려거는 서안 서남부의 호현戶縣에 자리하고 있다. 호현은 지명 때문에 그 무슨 집이나 가구와 연결되는 듯한 생각을 불러일으키지만 그게 아니다. 한나라 때부터 고을 호鄠 자를 쓰다가 이 호鄠 자가 흔히 쓰는 글자가 아니라고 해서 1964년부터 지게 호戶 자를 쓴다고 한다. 고려거高麗渠

도 언제인가 고울 려麗자 대신 같은 중국어 발음의 힘 력力자를 넣어 지금은 고력거高力渠라는 지명으로 불리고 있었다.

서안 남쪽의 버스터미널에서 고속버스에 탑승하면 약 30분 후 호현戶縣에 도착한다. 택시기사가 고력거라는 마을을 몰라서 일단은 고력거의 바로 북쪽에 위치한다고 하는 초당진草堂鎭 송촌宋村까지 가자고 했다. 초당진은 원래 송촌향宋村鄕이라라고 불렸으며 이 일대의 유명한 풍경으로 꼽힌 '초가의 안개'로 하며 새로 얻은 이름이라고 한다.

"거긴 우리 현성에서 터가 제일 좋은 자리인데요." 유劉 씨 성의 택시기사는 무척 반색하는 표정이다.

송촌은 호현에서 고기와 쌀의 고장이라는 의미의 '어미지향魚米之鄕'이라고 불린다고 한다. 이 고장의 '노른 자위'라는 얘기이다. 태평하太平河가 마을 부근을 흐르고 있으며 남쪽으로 진령秦嶺산맥이 용처럼 구불구불 기어가고 있다고 한다. 옛날부터 풍수가 좋다고 동네방네 널리 소문난 고장이라고 한다.

현성에서 다시 동남쪽으로 약 10km, 택시로 불과 20분 정도의 거리였다. 길가에 마을 이름의 안내패쪽이 이따금 나타났지만 그중에는 고력거가 없었다. 송촌 남쪽마을, 그러니까 송남촌 입구에서 차를 세우고 웬 촌민에게 고력거로 가는 길을 물었다. 이보화李保華라고 부르는 이 촌민은 무슨 일로 찾느냐 하고 묻더니 급기야 웃음을 흘린다.

"그 마을이 없어진지 언제인데요. 뭘 보시지요?"

결국 장이 이미 끝났는데 웬 뒷북이냐 하는 말이었다. 듣고 보니 약 2년 전 현지 정부에서 고력거 등 부근 8개 자연부락의 땅들을 전부 징용하고 산업단지를 개발하고 있단다. 옹근 마을이 철거되었고 지금은 폐가 한 채 없다는 것이다.

이 씨가 안내를 자청하여 함께 옛터에 갔다. 고력거는 바로 송남촌의 서남쪽에 위치하고 있었다. 공지空地에는 농가 대신 모래더미가 군데군데 쌓여 있었다. 수십여 가구의 인구가 옹기종기 모여 살던 고력거는 마치 바위에 떨어진 한 방울의 물처럼 그렇게 형체 없이 증발한 것이다.

고려거를 말해주는 손남촌 촌민 이보화 씨

사실 이 고장에 고구려 유민들의 흔적을 밝혀줄 다른 기록이 있다. 고구려가 멸망한 후 고구려 유민의 상당수가 상간하桑干河와 황하黃河, 양자揚子江 일대에 자리를 잡게 되었다. 『구당서舊唐書』 고종본기高宗本紀의 기록에 따르면 당나라는 669년 고려호高麗戶 2만 8천 200호와 수레 1,080대, 소 3,300마리, 말 2,900마리, 낙타 60마리를 내지로 옮기게 했는데 강회江淮(양자강과 회하淮河 지역)의 남쪽과 산남山南(지금의 호북湖北, 섬서陝西, 하남河南, 사천四川

지역), 병주幷州(지금의 태원太原 일대), 양주凉州(지금의 감숙성甘肅省 지역) 등 서쪽 여러 주의 공한지空閑地에 안치하였다.

이때 당나라의 도읍이었던 장안에도 적지 않은 유민들이 와서 살고 있었다. 현지 학자들의 연구에 따르면 고구려가 멸망한 후 부흥운동을 하다가 나중에 사천성 일대로 유배되었던 고구려의 마지막 왕 보장왕寶藏王의 무덤유적은 바로 서안 북쪽 교외의 고채촌高寨村에 있다. 고구려 유민의 후예로 당나라의 유명한 장령으로 있었던 고선지는 현재의 섬서측회국陝西測繪局(섬서 측량제도국) 동북쪽에 위치하고 있었던 옛 의양방宜陽坊에 저택을 두고 있었다. 그리고 연개소문의 손자 연헌성淵獻誠과 고손자 연비淵毖의 저택은 옛 정정문定鼎門 주변의 존현방尊賢坊, 집현방集賢坊에 있었다.

섬서성측량국 청사 바로 동북쪽에 고선지의 저택이 있던 의양방이 위치한다.

고력거의 수로는 또 백의겨레의 자취가 깃든 천년의 고적과 하나로 통하고 있었다. 옛날 고력거 남쪽의 종남산終南山 기슭에는 유명한 고도古道가 있었다. 당나라 때 현장玄奘 법사가 불경을 얻기 위해 천축天竺으로 갈 때 지났던 이 길은 일명 '신선의 길'로 불린다. 동쪽으로 장안에서 시작되어 호현戶縣 등 지역을 지나 나중에 서쪽의 감숙성甘肅省 천수天水에 이르는 것이다. 삼장 법사의 수제자 원측圓測(613~696년)은 중국에서 활약한 신라 출신의 승려로, 현재 서안 동쪽의 흥교사興敎寺에 탑이 남아 있으며 탑 안에 초상이 새겨져 있다. 원측이 중국에서 수행에 정진했던 종남산 기슭의 서명사西明寺와 그가 입적했던 부근의 정업사淨業寺는 모두 신라 승려들이 많이 머물던 곳이었다. 여행기 『왕오천축국전往五天竺國傳』을 남겼던 신라의 승려 혜초慧超(704~787년)는 당나라에서 유학했으며 장안에서 떠나 해로를 통해 천축으로 갔었다. 그가 장안에 머물 때 전대의 신라 승려들이 있었던 '신선의 길' 부근의 사찰에 들렀을 가능성이 보이는 대목이다.

고력거에는 고구려인들이 집단적으로 농사하던 수리시설이 있었고, '신선의 길'에는 수행에 정진하던 신라인들이 발길이 오갔던 것이다.

그런데 송나라의 장례가 기록한 고려곡高麗曲이 고구려의 수로라는 고려거高麗渠의 와전이라고 한다면 장안에는 또 고려음악이라는 의미의 고려곡高麗曲이 따로 있었다. 당나라의 유명한 시인 이백은 악부樂府 시 '고구려'에서 "당나라에 고려곡高麗曲이 있었으니 이적李勣이 고려를 이긴 후 들여왔으며 훗날 이빈인夷賓引이라고 고친 것이다."라고 하고 해석하고 있는 것이다.

일찍 16국시기, 북연北燕(409~436년)에는 '고려악高麗樂'이 아주 유행되었다고 한다. 577년, 북주北周가 북제北齊를 멸망하자 고구려, 백제가 사절을 장안에 파견하여 음악을 올렸다고 한다. 수당隋唐의 '칠부악七部樂', '구부악九部樂', '십부악十部樂'에는 모두 '고려악' 부部를 두고 있었다.

『통전通典』의 기록에 따르면 "고려악은…… 당나라 무태후武太后 시기 아직 25곡이 남아있었다." '고려악'은 당나라 궁정 음악의 1부를 차지하고 있었으며 아주 아름다운 무용으로 간주되고 있었다.

당나라 때 예인들이 공연했을 뿐만 아니라 귀족들도 연회에서 즉흥적으로 고구려 춤을 추는 일이 있었다. 『신당서新唐書』에 따르면 측천무후가 집권할 때 어사대부 양재사楊再思가 술이 거나하게 되자 고운 명주를 베어서 건巾 위에 달고 또 자주색 두루마기를 뒤집어쓰고 고구려 춤을 추었으며 그 춤동작이 가락에 잘 맞았다고 한다. 짧은 이 기록에서도 '고려악'이 당나라 때 몹시 유전되었다는 사실을 알 수 있다.

그때의 고구려의 멋진 춤사위를 이백의 시 '고구려'에서 일각이나마 엿볼 수 있다.

金花折風帽, 금꽃으로 장식한 절풍모자를 쓰고
白馬小遲回, 흰 신을 신은 이 조금 늦게 도네.
翩翩舞廣袖, 넓은 소매 너울너울 춤추는데
似鳥海東來. 훨훨 날아오르는 해동청 같도다.

아쉽게도 『통전通典』이 책으로 묶어질 무렵인 만당晩唐 시기 '고려악'은 불과 한곡밖에 남지 않았으며 그 옷장식과 악무 등은 모두 원래의 고구려의 풍격을 잃고 있었다고 한다. 그럴지라도 장안에서 모여 살던 고구려 유민들의 모습이 이백의 시에 언뜻언뜻 비치고 있는 듯하다. 어쩌면 장안에 수로를 파고 고구려의 옛 기억을 묻었던 고력거가 시의 행간에 홀연히 나타날 것만 같다.

장안성에 살고 있던 고구려인들과 '신선의 길'에 있던 신라 승려들이 언제인가 고향마을을 찾듯 여기 고력거에 다녀가지 않았을까…… 고구려 유민의 2세나 3세였던 고선지도 혹여 이곳을 다녀갔을지도 모른다는 생각이 번갈아 든다. 그러나 이런 물음에 대답을 얻더라도 인제는 의미가 별로 없는 듯하다. 나중에 중원에서 고려악이 전부 실전되듯 고구려인들이 살던 장안의 '고려마을' 역시 마침내 역사의 뒤안길로 사라진 것이다.

시내에 돌아온 후 '엎딘 김에 절'이라고 북쪽의 려산驪山에 진시황의 병마용을 구경하러 갔다. 폐가처럼 한산한 고력거와는 달리 병마용 유적지는 인산인해를 이루고 있었다. 웬 일인지 땅에 다시 묻히고 이름마저 사라진 고구려의 수로가 자꾸 눈에 밟혀왔다. 온종일 뭐라고 이름 할 수 없는 쓸쓸한 기분이 하늘에서 내리는 빗물처럼 몸을 질척하게 휘감는 것이었다.

북망산, 낙양성 십리 허에 묻힌 고구려의 눈물

"**낙양에는** 문물이 많지요. 자갈처럼 지천에 널린 것이 문물입니다요."

택시기사 소邵 씨는 침이 마를세라 고향 자랑을 한다. 그의 중고택시도 어느 왕조 때의 고물인지 시도 때도 없이 찌걱거렸다.

중국 중부의 하남성 낙양洛陽시는 약 3천 년의 역사를 갖고 있는 고도古都이다. B.C.770년, 주周나라가 이곳에 도읍을 정한 후 선후로 13개 왕조가 흥망성쇠를 거듭했다. 조조曹操와 유비劉備, 손권孫權이 등장했던 그 유명한 삼국지의 무대가 바로 이곳이다.

한겨울의 낙양은 자욱한 운무에 잠겨 있었다. 그 때문에 서북쪽 산기슭에 위치한 고분박물관은 흡사 엷은 베일에 가린 듯 했다. 고대 의상을 입은 12지의 동물이 마치 고분속의 망령을 옹위하는 듯 박물관 앞에 두 줄로 시립하고 있었다. 고분박물관은 부지면적이 약 3만㎡로, 서한 시기부터 북송 시기에 이르는 20여 기의 고분을 복원하고 있다. 혹여 고구려의 무덤이 있을지 하고 참빗질 했지만 어디에 꽁꽁 숨었는지 그림자도 보이지 않는다.

북망산 고분박물관

　박물관 북쪽의 2리쯤 되는 곳에는 뉘엿한 산등성이가 파도처럼 이어지고 있었다. 호릿한 안개에 잠긴 산은 마치 꿈속인 듯 몽롱했다.

　낙양 북쪽에 자리 잡은 이 산등성이가 바로 망산邙山이다. 망산은 낙양에서 시작되어 황하黃河 남쪽 기슭을 따라 동쪽으로 무려 100여 km를 줄레줄레 뻗어나간다. 북망산은 낙양시 북쪽의 황하와 그 지류인 낙하洛河의 분수령을 이르는 말이다.

　옛날 중국인들은 "소주蘇州와 항주杭州에서 살고, 북망산에 묻히는 것을

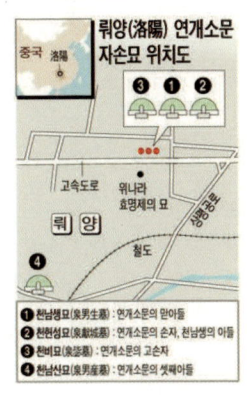

최고"로 삼았다. 따라서 낙양의 제일가는 자랑거리는 죽은 사람의 무덤이었다. 그것은 중국에서 가장 많은 고분군이 집중되어 있기 때문이다. 해발 300m의 망산은 지리적 조건이 알맞아 고대 고관대작들의 이상적인 무덤으로 되었다. 여기에는 네 개 왕조 10여 기의 황제능묘를 비롯하여 청나라 때까지 수십만 기의 무덤이 쓰였다. 그래서 북망산은 사람이 죽어서 묻히는 곳의 대명사로 불리는 것이다.

늘 한숨과 함께 땅에 흘리던 동네 노인들의 긴 탄식이 금세 귀가에 들려올 것 같다.

"후유, 인제는 북망산으로 가야 할 때가 되었는데……"

놀랍게도 사람들은 거의 '북망산'을 한반도의 어디쯤에 있는 걸로 착각하는 경우가 많다. 사실 북망산을 잔등에 업고 있는 낙양은 한반도와 2000km나 떨어진 '천애지각'이다. 그렇다면 낙양은 도대체 백의민족과 어떤 인연으로 이어져 있는 것일까?…

고구려가 나당 연합군에 의해 멸망한 이듬해인 669년 약 20만 명의 고구려 유민이 중국으로 강제이주, 그중 상당 부분이 중국 남방으로 끌려가며 서안과 낙양 지역에는 주로 왕족과 귀족 세력이 기거한 걸로 전한다.

1922년과 1926년, 연개소문의 맏아들로 고구려 멸망 직전 막리지莫離支를 지낸 연남생淵男生(634~679년)과 그의 동생 연남산淵男產(639~701년), 연남생의 둘째 아들 헌성獻成(650~692년), 연개소문의 고손자 비毖(708~729년)의 묘지석이 낙양에서 출토되었다. 그러나 출토 당시의 상황이 정확하게 기록되지 않아 그동안 고분의 위치를 찾지 못했다. 그들의 분묘는 묘지석이 발견된 약 80년 후에 '참모습'이 드러났다. 길림성 사회과학원이 발행하는 고고·역사학 계간지 '동북사지東北史地'는 "2005년 4,6월 조사·발굴을 벌인 결과 이들의 무덤을 낙양시에서 찾았다."고 발표했다. 이중 연남생과 연헌성, 연비의 분묘는 맹진현孟津縣 송장진送庄鎭 동산두東山頭촌 남쪽 500m 되는 밭 가운데에 위치한다. 현지에서 세 개의 큰 무덤이라는 의미의 '삼총三塚'이라고 불리는 이런 분묘는 모두 원형으로, 크기는 직경 16m, 높이 6m 정도이며 고구려 기와와 당삼채唐三彩 등이 출토되었다고 전한다. 연남생의 동생 연남산의 분묘는 '삼총' 서남쪽의 류파촌劉坡村에 따로 위치하는데 무슨 까닭인지 표범의 무덤이라는 의미의 '표자총豹子塚'이라고 불린다. 그건 그렇다 치고 왜 형제끼리 한곳에 분묘를 쓰지 않았는지는 아직까지 미스터리로 남아있다.

동산두촌 남쪽 밭 가운데 있는 삼총 무덤 왼쪽부터 헌성묘, 남생묘, 비묘.

1929년 낙양 북망산에서는 또 한 백제인의 분묘가 도굴되었다. 도굴꾼에 의해 팽개친 묘지석은 무덤주인이 흑치상지黑齒常之임을 밝혀주었다. 흑치상지는 백제 부흥운동을 벌이다 당나라에 투항, 당나라의 군부서열 12위권에 드는 높은 자리에 올랐지만 나중에 간신의 무함을 받아 죽임을 당했다. 훗날 장남 흑치준黑齒俊의 덕분에 측천무후則天武後로부터 좌옥금위대장군左玉錦衛大將軍으로 추증 받아 명예를 회복하며 왕족과 귀족들만 묻히는 북망산으로 유해가 이장되었던 것이다. 북망산은 또 백제 의자왕의 아들 부여륭扶余隆 등이 묻힌 곳으로도 알려져 있다.

고구려와 백제 고위층의 분묘가 북망산에 알려진 것만 해도 이처럼 여럿 되니, 그들을 따라 당나라에 이주하고 또 이 북망산에 묻힌 유민들의 분묘는 또 얼마이랴.

> 낙양성 십리 허에 높고 낮은 저 무덤은
> 영웅호걸이 몇몇이며 절세가인이 그 누구냐…

분명 십리 허 부근의 북망산 어디인가에서 유민들의 망혼亡魂이 떠돌고 있는 것이다. 서글픈 음조의 성주풀이가 천년의 시공간을 헤가르고 금세 한 올의 바람처럼 귓가를 스칠 듯하다. 음울한 구름장이 하늘나라의 설음처럼 북망산에 낮게 드리워 한결 슬픈 분위기를 연출하고 있었다.

낙양의 동쪽 외곽에 고대 관방측이 세운 첫 불교사찰이 있다고 해서 내친 김에 그리로 차머리를 돌렸다. 사찰에는 참배자가 붐비고 향불이 자오록하게 피어오르고 있었다. 사찰은 상주하는 스님이 100여 명에 달하며 부지면적이 10여 정보에 이르는 등 큰 규모였다.

전하는 바에 의하면 한나라 명제明帝는 꿈에 흰 빛을 뿜는 금빛 신을 보고 사절을 서역에 파견하여 불법을 얻고자 했다고 한다. 사절들은 서역에서 백마에 불경과 불상을 싣고 와서 명제의 명을 받아 경성 낙양에 사찰을 세웠다. 사람들은 불경을 싣고 온 백마의 공로를 기리어 그때부터 이 사찰의 이름을 '백마사'라고 부른다.

'백마사', 참으로 연상의 끈을 잡게 하는 이름이 아닐 수 없다.

낙양 백마사

한국문헌에 말이 처음으로 등장하는 건 '삼국유사'와 '삼국사기'이다. 신라의 박혁거세 탄생설화에 따르면 사람들이 백마의 울음소리를 듣고 가보니 백마가 승천하면서 큰 알을 하나 두고 갔는데, 바로 그 알에서 박혁거세가 태어났다는 것이다. 이밖에도 백제의 견훤 탄생설화 등에서 백마는 역시 상상의 동물인 용과 함께 하늘을 날 수 있는 신성한 동물로 그려지고 있다. 신라의 고분인 천마총 벽화에서도 벽화의 주인공은 바로 날개가 달린 천마이다.

그러고 보면 백마의 길상적인 이미지는 국경과 아무런 상관이 없는 듯하다. '백마사'는 고향의 유물처럼 머나 먼 이역 땅에서 한반도 유민들의 향수를 다문 얼마라도 달래지 않았을까 하는 생각이 들었다.

드디어 시내로 향한 택시는 불과 십여 분 후 도심에 이르렀다. 낙양성은 워낙 크지 않은 도시였다. 낙양의 도심지역인 옛성은 변두리가 각기 4km 정도인 네모꼴 모양이었다. 한국의 계량법을 따른다면 각기 10리 길이의 옛 성으로, '낙양성 십리 허墟'라고 하는 성주풀이의 가사가 새삼스럽게 떠오르는 대목이었다.

"낙양의 볼거리는 땅 위에 있는 것이 아니지요. 낙양의 문물은 대부분 땅속에 있거든요."

소씨의 농담 섞인 소개이다. 진짜 허풍이 아니었다. 외곽에서 고분박물관을 보고 왔는데, 도심에도 이와 비슷한 박물관이 있었다. 말이 도심이지 번화한 상가나 호화스런 빌딩 대신 주나라 임금의 수레와 말 무덤이 이색적인 풍속도를 그려내고 있었던 것이다. 임금의 수레에는 여섯 필이 말이 메워졌다는 뜻의 '천자육가天子六駕 박물관', 고관대작의 고분으로 유명한 낙양의 모습을 일축하고 있었다.

낙양성은 도심을 흐르는 낙하洛河에 의해 남북으로 갈라져 있었다. 바야흐로 안개가 걷히는 낙하 기슭에는 낚시꾼들이 삼삼오오 앉아 있었다. 낚시 줄에 매달려 이따금 수면 위에 파닥파닥 튀어 오르는 물고기들은 도심의 낙하에 기이한 풍경을 연출하고 있었다.

낙양성 천자육가 박물관

　6~7천 년 전 황하에서 몸뚱이에 그림을 그린 용마가 뛰어오른다. 이때 여기 낙하에서는 또 천서天書를 등에 업은 거부기가 떠올랐다고 한다. 이게 바로 유명한 하도河圖, 낙서洛書의 전설이다. 중국 삼황오제三皇五帝의 수장인 복희伏羲 씨는 하도, 낙서에 근거하여 팔괘八卦를 그렸다고 한다.
　한국 국기에 그려진 팔괘도가 결국 여기 낙하에 연원을 두고 있다는 게 하도, 낙서처럼 신비한 일이 아닐 수 없다. 수수천년 흘러온 이 낙하에는 또 얼마나 많은 전설이 숨어 있을까?

동산두 마을 가운데 있는 도로보수기념비 기념비 남쪽으로
약 4백미터 되는 곳에 삼총 무덤이 위치한다.(위)
동산두 촌정부건물(가운데)
낙양 기차역(아래)

낙양의 거리에 드문드문 보이는 한글 간판의 식당이 그렇게 반가울 수 없다. '제주도', '한도韓都', '한풍韓風'…… 제잡담 문을 열고 들어가 인사를 했더니, 점원들은 오히려 이방인을 보는 듯 어리둥절한 모습이다. '양머리를 내걸고 개다리를 파는 격'이었던 것이다.

나는 맥없이 문고리를 다시 잡았다. '이방인'의 행동거지가 이상했는지 식당에서 금방 뭐라고 소곤거린다. 그런데 먼 나라의 말처럼 도무지 알아듣기 힘들다. 하남 특유의 사투리인 탓이다. 천리 너머 먼 이방인이었던 한반도의 유민들은 이처럼 난해한 방언을 어떻게 해득하고 말했을까……

이 몇 해 사이 낙양 거리에도 '한류'를 타고 '한식당'이 오늘내일로 불쑥불쑥 나타났다고 한다. 그러나 밀가루 음식이 위주인 낙양에서 원조 '한식당'은 전무하다시피 했고, 또 그런 짝퉁 '한식당'마저 금방 문을 닫는 경우가 많다고 한다. 쌀밥문화는 낙양사람들의 체질에 전혀 어울리기 힘들었던 모양이다. 이역의 낙양에서 언어소통은 둘째 치고 쌀밥조차 구경하기 힘들었던 한반도의 유민들은 식탁에 어떤 음식을 올렸을지 궁금하다. 그리고 보면 서안에 농사를 짓기 위한 물도랑으로 볼 수 있는 고려거高麗渠가 출현한 게 그렇게 이상하지 않다.

먼 동쪽하늘 아래의 한반도를 바라고 하염없이 눈물을 짓는 유민들이 동화 같은 화면으로 떠오른다. 태를 묻은 정든 고향에는 언제나 돌아갈 수 있을 기냐?…… 애수에 젖은 유민들의 노래 소리가 금세 안개를 헤치고 세상 저쪽에서 흘러나올 것 같다.

375

……
저 산비둘기 잡지 마라, 저 비둘기는 나와 같이
님을 잃고 밤새도록 님을 찾아 헤맸노라.
에라 만수 에라 대신이야.

낙양 삼종 고분 앞에서 필사

중국의 역사 연대표

역사 시작전		BC 170만년 ~ BC 21세기	원시사회
하(夏)		약 BC 21세기 ~ 약 BC 16세기	노예사회
상(商)		약 BC 16세기 ~ 약 BC 1066년	
주(周)	서주(西周)	BC 1066년 ~ BC 771년	봉건사회
	동주(東周)	BC 770년 ~ BC 256년	
춘추전국(春秋戰國)	춘추(春秋)	BC 770년 ~ BC 476년	
	전국(戰國)	BC 475년 ~ BC 221년	
진(秦)		BC 221년 ~ BC 206년	
한(漢)	서한(西漢)	BC 206년 ~ AD 25년	
	동한(東漢)	AD 25년 ~ 220년	
삼국(三國)	위(魏)	220년 ~ 265년	
	촉(蜀)	221년 ~ 265년	
	오(吳)	222년 ~ 280년	
	서진(西晉)	265년 ~ 316년	
	동진(東晉)	317년 ~ 420년	
16국(十六國)	16국(十六國)	304년 ~ 439년	
남북조(南北朝)	남조(南朝) 송(宋)	420년 ~ 479년	
	남조(南朝) 제(齊)	479년 ~ 502년	
	남조(南朝) 양(梁)	502년 ~ 557년	
	남조(南朝) 진(陳)	557년 ~ 589년	
	북조(北朝) 북위(北魏)	386년 ~ 534년	
	북조(北朝) 동위(東魏)	534년 ~ 550년	
	북조(北朝) 북제(北齊)	550년 ~ 577년	
	북조(北朝) 서위(西魏)	535년 ~ 557년	
	북조(北朝) 북주(北周)	557년 ~ 581년	
수(隋)		581년 ~ 618년	
당(唐)		618년 ~ 907년	
오대십국(五代十國)	후양(后梁)	907년 ~ 923년	
	후당(后唐)	923년 ~ 936년	
	후진(后晉)	936년 ~ 946년	
	후한(后漢)	947년 ~ 950년	
	후주(后周)	951년 ~ 960년	
	십국(十國)	902년 ~ 979년	
	북송(北宋)	960년 ~ 1127년	
	남송(南宋)	1127년 ~ 1279년	
요(遼)		907년 ~ 1125년	
서하(西夏)		1032년 ~ 1227년	
금(金)		1115년 ~ 1234년	
원(元)		1279년 ~ 1368년	
명(明)		1368년 ~ 1644년	
청(青)		1644 ~ 1911년	반식민지 반봉건사회
중화민국(中華民國)		1912년 ~ 1949년	
중화인민공화국(中華人民共和國)		1949년 10월 1일 성립